《高校社会创业教育研究》
课题组成员

组　　长：黄兆信

副组长：卓泽林　李炎炎

成　　员：严从根　陈　凡　季诚钧　杜金宸　黄扬杰　严毛新
　　　　　徐小洲　王　鹏　倪　好　林爱菊　李远煦　黄蕾蕾
　　　　　梅伟惠　戴维奇　盛　南　陈　晨　赵国靖　龙泽海
　　　　　罗志敏　张玉利　李国彪　蒋玉佳　蔡　旭　杨紫菡
　　　　　刘志阳　斯晓夫　屠霁霞　万倩雯　王重鸣　刘文杰
　　　　　赵　蕾　俞俏燕　向　敏　谈　丹　刘明阳　刘丝雨

国家社科基金
后期资助项目

"高校创新创业教育研究"丛书

丛书主编：黄兆信

高校社会创业教育研究

Research on Social Entrepreneurship Education
in Colleges and Universities

黄兆信　等　著

人民出版社

国家社科基金后期资助项目

出版说明

后期资助项目是国家社科基金设立的一类重要项目，旨在鼓励广大社科研究者潜心治学，支持基础研究多出优秀成果。它是经过严格评审，从接近完成的科研成果中遴选立项的。为扩大后期资助项目的影响，更好地推动学术发展，促进成果转化，全国哲学社会科学工作办公室按照"统一设计、统一标识、统一版式、形成系列"的总体要求，组织出版国家社科基金后期资助项目成果。

全国哲学社会科学工作办公室

总　序

受邀为黄兆信教授团队的"高校创新创业教育研究"丛书作序,我十分高兴。这套丛书的出版对推进中国高校创新创业教育理论探索和实践尝试都具有关键价值。黄教授是创新创业教育领域的长江学者特聘教授,专攻创新创业教育的实践探索和理论研究,率先提出岗位创业教育新理念,曾为此荣获教育部人文社会科学优秀成果奖一等奖,并负责牵头起草制定了我国高校创新创业教育质量评价标准。回应全球发展的百年未有之大变局和新冠肺炎疫情对人类社会发展的系统性、复杂性影响,黄教授团队再出佳作,在此表示祝贺。

2002 年,我在一篇文章中针对高校毕业生就业难问题,提出高等学校要加强对大学生进行创业教育。我当时就认为,应该在学校里就向学生进行创业教育。所谓创业教育,就是教育学生不是消极地等待单位招聘就业,而是在没有就业机会的情况下勇于自己创业。后来,随着国际和国内整体形势的变化以及教育社会化程度的加深,我又提出学校不仅要对学生进行职业生涯教育,指导学生设计职业生涯,同时还要加强创业教育。在这里面,有一个关键点就是,学校应与社会各界联手,为学生创业创造一个良好的氛围。这样做的目的就是,为学生创造条件和环境,帮助他们创业。

2019 年,我在《创新创业教育:国际视角》一书中讨论了全球创新创业教育的发展,从国际比较视角分析了创新创业教育为回应和引领社会发展所作的贡献及可改善的空间。我当时就提出,教育的深化改革需要尽早开始培养学生的创新思维和创业能力,高校是创新创业的基地。创新创业教育的升级转型中,我们不仅要提高对创新创业的认识,以提高人才培养的质量为核心,以创新人才培养机制为重点;还要把理论研究和实际应用结合起来,推动创新和创业相结合。我们在关注创新创业实践发展的同时,还应当重视基础理论研究。

2020 年,我国仅高校毕业生总数已近 900 万,学生就业变成了时下民生的热点和急需解决的重点问题。与此同时,中国特色社会主义的建设及"脱贫攻坚"工作的开展,也激发我们对教育功能的思考。毫无疑问,疫情将对大学生就业创业产生持续性的影响,我们需要一段时间来适应新的发展形势。创新创业教育注重人才培养质量,关注社会问题的多样性、复杂性和变化性,直接回应了当前我国高等教育内涵式发展中对质量和效率的追求。然而我们也应该注意到,由于长期以来在我国教育领域中存在的唯分数、唯升学等观念障碍和行为弊病,导致创新创业教育的先进理念和模式虽然早就被黄教授等学者提出来并得到广泛认同,但在学校"培养具有创新创业意识和能力的人才"中却成效不彰。令我们感到振奋的是,2020 年 10月中共中央、国务院发布了《深化新时代教育评价改革总体方案》。这一方案的出台不仅是贯彻落实习近平总书记关于教育的重要论述和全国教育大会精神、深化教育综合改革以及释放教育系统深层活力的重大举措,也对新时代做好学校的创新创业教育具有十分重要的指导、牵引和规范作用。

我之所以这样讲,是因为这一总体方案对各级各类学校、教育教学工作,对学生、教师的评价都提出了不同要求。比如坚持把立德树人成效作为根本评价标准,不得向学校下达升学指标,要坚决改变以往简单以考分排名评价老师、以考试成绩评价学生、以升学率评价学校的导向和做法。这样做,显然有利于创新创业教育能真正融入到国民教育体系中,融入到各级各类学校的人才培养体系中,融入到课程体系和教师平时的教学工作实践中。在当前我国大力推进教育改革的今天,创新创业教育一定会在我国的学校教育中结出硕果,对此,我是满怀信心的。

黄兆信教授所开展的创新创业教育研究始终站在时代最前沿,不断探索解决社会发展问题的办法。这套丛书在岗位创业教育理念的基础上进一步深化,形成了系统性的成果,主题还扩展至创新创业教育的社会性与教育性,并尝试以质量评价引导高校创新创业教育的内涵式发展。这一系列研究既放眼全球发展新形势和创新创业教育国际实践,又立足于中国社会的实际和特色,立论基础扎实,调查全面,分析深入。他们所做的工作,不仅有利于创新创业教育研究的进一步深化,而且有助于我国学校创新创业活动的开展。

2020 年 11 月 30 日

目　　录

第一章 高校社会创业教育的
内涵与文献分析

社会创业(Social Entrepreneurship)又译为公益创业。1987年罗伯特·西奥博尔德(Robert Theobald)发表《极速转变:喧闹时代的社会创业》(*The Rapids of Change:Social Entrepreneurship in Turbulent Times*)一文,开启了学术界对其的关注。迪斯(Dees)等学者试图通过其与商业的关系来厘清社会创业的性质,社会创业是社会使命与商业类学科(Business-like discipline)两者的结合。麦尔(Mair)认为社会创业是通过政府或者商业机构提供产品和服务,来迎合仍未被满足的基本需要(权利)的创新模式。社会创业者们有商业创业者的素质和行为,但相对于营利,他们更加聚焦于关怀和帮助。尽管没有任何一个学派质疑"社会目的"在社会创业活动中的中心角色,但极具争议的问题是创业动机中社会目的所处的位置。有学者认为,它是至高且唯一的,即社会目的是最高动机,创造财富只是通向社会目的的手段;也有学者认为,社会目的是外围的,盈利动机在社会目的之上,因为后者是公司绩效的重要组成部分。"社会创业教育"与一般的创业教育不同,它除了要求学生掌握企业创办所需的知识和技能之外,还需要着重培养学生的社会责任感,引导学生关注社会现实问题。"教授学生在价值创造的社会创业技能之前,首先应该营造一种能够培养社会创业家的环境,使他们不仅能发现社会所需解决的问题,而且要意识到自己应该来做这些事情"。①

由此可见,社会创业是一个阶段性、动态发展的概念,是人类社会发展到一定阶段,随着经济、社会问题的产生而出现的新的创业形态。社会创业的产生与人们对社会问题、居住环境、特殊群体的关注密切相关,其发端于企业社会责任感的高涨、企业家精神与社会精神的结合、社会组织与商业运作模式的融合。

在社会创业实施过程中,社会创业者作为实施主体,其素质与知识能力结构对于创业项目的成败、创业组织相关机构的运作以及发展起着至关重

---

① Winfield,I.,"Fostering Social Entrepreneurship though Liberal Learning in the Social Science", *Peer Review*,2005(7).

要的作用,因此社会创业者也被称为"社会变革的推动者"。① 与一般创业者相比,社会创业者兼具公益性与营利性、社会责任感与商业敏锐感、宏观把控与微观识别、政策实施与创新发现的特征。高校人才培养、社会服务的使命及其与经济社会发展不可分割的属性使其具备培养社会创业者的能力,因此,对于社会创业者的教育和培养必须由高校完成。基于经济社会可持续发展需要和实际社会问题的发现与认知,通过内部资源统筹、外部资源对接、社会责任感培养、实践项目引导、各类组织契入等方式和途径,高校将成为培养社会创业者的核心"阵地"。

第一节　高校社会创业教育的发展动因

一、社会问题:高校社会创业教育的理念与实践来源

　　社会创业活动的开展始于对社会问题的发现以及运用创新方法予以解决的理念,当社会必需品不能满足大部分人的需求并且政府的政策不能完全实现高效率及有效分配时,社会创业活动能够通过资源有效调配、创新的生产方式以及替代产品的供应弥补政府政策的"暂时性失灵"。"今天,由于社会问题日趋复杂,我们应该如何通过更有效、更创新的方法解决社会问题以有效地回应社会的需求成了最大的问题。在美国,联邦政府以前在信息存在不对称的时代能够通过立法形式,比如一周 40 小时工时立法、规定最低工资标准、建立住房法规等一系列手段小范围地解决这些问题。但是,今天全球化使得区域的问题,例如教育、健康、环境等的挑战变成了全球化的共性问题,需要我们在诸多方面实施变革。"②

　　21 世纪初美国金融危机及后续的欧债危机所造成的全球经济动荡,使得政府的公共支出需要进行必要的调整,以美国为首的西方发达资本主义国家逐渐减少了对社会福利支出的政治支持,使得传统地进行社会活动的非营利组织需要寻找其他多元渠道以支持其生存和可持续性发展,而实现部分财务的自给自足则成为传统的非营利性组织寻求更为自由的、独立的生存和拓展的途径。应当指出的是,当前日益兴盛的新工业革命带来的技术创新和变革也为社会创业

---

① Dees, J. G., *The Meaning of Social Entrepreneurship*, 1998-10-31, https://centers.fuqua.duke. edu/case/wp-content/uploads/sites/7/2015/03/Article_Dees_Meaning of Social Entrepreneurship, 2001. pdf.

② Bornstein, D., *The Rise of Social Entrepreneurship*, New York Times, 2012, http://opinionator. blogs.nytimes.com/2012/11/13/the-rise-of-social-entrepreneur/.

活动实施途径和成果的创新化、多样化提供了重要的支持。新技术、新业态、新行业、新职业的产生使得应用于社会创业的知识能够更快和更有效地转化为现实生产力和成果,并能够针对更为具体的社会问题提供相应的解决办法和工作岗位。例如1980年美国联邦政府颁布的《拜杜法案》(*Bayh-Dole Act*)允许大学、小公司或者非营利机构拥有由联邦政府资助发明所产生的财产权,并将研究成果推广商业化,①以此激发了创新者、发明者追求创新和创业的动力,也进一步增强了基础研究成果与现实社会问题应用需要的对接。

基于对社会问题的解决方式和途径,社会创业分为三种类型,从非营利组织的角度出发,社会创业是传统的非营利性组织;基于公益性的角度出发进行筹资的方式或途径,也可以理解为以创造价值为核心构建的一种管理组织模式;从企业经营与管理角度出发,社会创业是企业家精神在社会问题解决层面上的体现以及企业出于对社会责任的承担及社会问题的解决所进行的融合营利手段及非营利目的的行为,通常涉及企业与其他非营利性组织、社会团体、社区的合作;而基于典型及具有普遍性的社会问题来看,社会创业则是个体创业者为了缓解贫困、教育、饥饿等社会问题、加速社会转型以及改良特殊群体生活条件而进行创新性方法和途径的探索行为。②

综上所述,社会创业是一个受到多因素交叉影响的复杂过程,其影响因素可分为宏观、中观和微观三个层面。宏观因素有经济和文化等。受全球经济危机的影响,创业者们开始更多地关注社会经济部门,认为社会创业在经济不佳状况下具有更大的潜力应对亟待解决的社会问题,更能够为全球经济和社会发展作出贡献。③ 并且,由于文化背景的差异性,社会创业会有不同的形式。④ 中观层面的影响因素如社会网络、高校特征或组织能力⑤等。"创客运动"和"创客空间"作为公众参与创新的社会网络,前者根植于不断扩展的后者,他们以开源、大众创新为特征,并且"创客运动"代表了公

① Powell,W.& Owen-Smith,J.,"Universities and the Market for Intellectual Property in the Life Sciences",*Journal of Policy Analysis and Management*,1998,17(02).

② Mair,J.& Marti,I.,"Social Entrepreneurship Research:A Source of Explanation,Prediction,and Delight",*Journal of World Business*,2006,Vol.41(1).

③ Sonnino Roberta,"A Resilient Social Economy? Insights from the Community Food Sector in the UK",*Entrepreneurship & Regional Development*,2013,25(3-4).

④ Phillips Wendy & Lee Hazel, et al.,"Social Innovation and Social Entrepreneurship:A Systematic Review",*Group & Organization Management*,2015,40(3).

⑤ Martin Roger L.& Osberg Sally,"Social Entrepreneurship:The Case for Definition",*Stanford Social Innovation Review*,2007,5(2).

众参与创新的新趋势。① 社会创业的微观层面的影响因素则如社会创业者的个人特质等。如有研究指出社会创业者相对于商业创业者,具有对当地社会问题关注度更高、更乐于共同行动等特质。② 也就是说,政府调节社会平衡政策的"暂时性失灵"以及用于公共支出的预算缩减;非营利性机构和企业出于可持续发展初衷寻求更有效地解决社会问题以及发挥企业家责任的目的;更多成果的应用以及更多工作岗位的获得共同构成了社会创业活动产生与发展的根源和动力(见图1-1)。

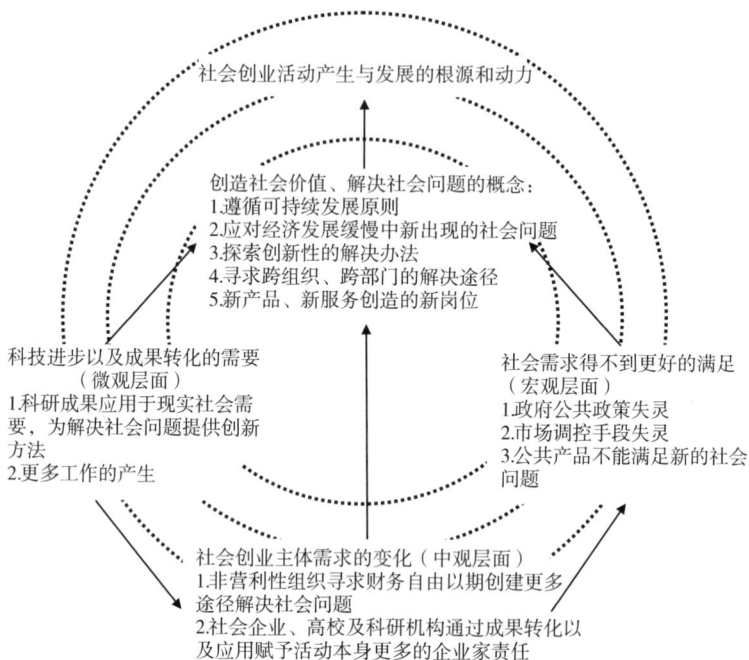

图 1-1　社会创业活动产生与发展的根源和动力

　　从社会创业活动产生与发展的根源和动力看出,社会创业是创新性地创造社会价值的活动,它能够发生在商业组织和非营利性组织、公共部门之内或者之间,③并以创新性为实施导向使用和组合资源来促进社会变革和满足社会

①　徐思彦、李正风:《公众参与创新的社会网络:创客运动与创客空间》,《科学学研究》2014年第12期。

②　Williams Colin C. & Nadin Sara J.,"Beyond the Entrepreneur as a Heroic Figurehead of Capitalism:Re-representing the Lived Practices of Entrepreneurs", *Entrepreneurship & Regional Development*,2013,25(7-8).

③　Austin,J. & Stevenson,H.& Wei-Skillern,J.,"Social and Commercial Entrepreneurship:Same,Different,or Both?", *Entrepreneurship Theory and Practice*,2006,Vol.30(1).

需要的过程。① 从其宏观层面来看,社会创业为应对经济层面造血功能的不足,对外部伙伴有较强的依赖,这决定了社会创业过程中合作多于对抗。由于其受众多数来自被市场和政府所忽略的金字塔底层需求,这与商业创业(Commercial Entrepreneurship)追求突破性、创新性需求不同,表现出基础、长期、普遍、可及等特征,需要在各种环境下持续产生社会价值的活动。② 因此,社会创业不仅应该包括外部创业,即创建一个新的社会企业,也应包括内部创业,即现存组织内部创造社会价值的活动。③ 社会创业涉及的主体分布于宏观、中观、微观层面,主要针对的问题是基于当前现实中的社会问题,除了具有外部因素推动外,组织内部的创新驱动也成为社会创业实施的主要力量,因此,关于社会创业的定义也很难完全将这些因素进行融合(见表1-1)。

表 1-1　社会创业的定义

学者	年份	定义
杨(Young④)	1986	社会创业者主要以非营利为目的,通过采用创新的方法、成立针对某些社会问题的新的组织,开发和执行新的项目,并通过应用新的技术和创新性的途径,组织和扩大服务范围,并指导新创立的社会创业企业和组织
罗伯特·西奥博依德(Robert Theobald⑤)	1987	作为社会的变革者,愿意为实现个人、团体、机构变革寻求新的解决方案和路径,愿意承担相应的风险以及具备推动社会进步的创新意识是社会创业者应该具备的主要特征
迪斯(Dees⑥)	1998	社会创业者在创业活动中扮演了"变革者"的角色,依靠完成一项社会使命或者一个社会问题提出创新性的解决方案,为社会特殊群体提供产品或者服务,最终实现社会价值的创造(同时也实现个人价值);通过持续性地发现和开拓新的机会,跳出现有资源的束缚,形成服务社会的良性循环。在此过程中,社会创业者仍继续进行创新、变革、调整和学习

① Pless Nicola, M.,"Social Entrepreneurship in Theory and Practice—An Introduction", *Journal of Business Ethics*,2012,111(3).

② 陈劲、王皓白:《社会创业与社会创业者的概念界定与研究视角探讨》,《外国经济与管理》2007年第8期。

③ 王晶晶、王颖:《国外社会创业研究文献回顾与展望》,《管理学报》2015年第1期。

④ Young, D. R.,"Entrepreneurship and the Behivor of Nonprofit Orangizations:Elements of a Theory", *The Economics of Nonprofit Institutions:Studies in Structure and Policy*,1986,1.

⑤ Robert Theobald,"The Rapids of Change:Social Entrepreneurship in Turbulent Times", *Knowledge Systems*,1987,Vol. 1.

⑥ Dees,J.G.,"The Challenges of Combining Social and Commercial Enterprise", *Business Ethics Quarterly*,1998,Vol. 8(1).

续表

学者	年份	定义
布林克霍夫 （Brinckerhoff①）	2000	社会创业者具有以下主要特征：较强的承担风险的能力、探索和使用创新性的方法解决社会问题和帮助特定的目标群体、将资源分配的过程视为投资、关注每一笔投资的社会收益和经济回报、清晰地分辨主观需求和客观需求之间的差异性、不认为社会创业是完全公益性的
巴努里 & 纳布里 （T. Banuri, A. Najam②）	2000	社会创业是以社区为导向的行动，社会创业者应该在贫困地区或者创造性的志愿者组织中工作，通过利用潜在的、未被开发的资源满足该区域的需要
弗鲁姆金 （Frumkin③）	2002	社会创业者既是服务的提供者，也是社会服务工具的使用者，既具备慈善家的意志也具备企业家精神，因此他们的活动是带有商业性质和慈善性质的，他们所创立或者所在的企业也具备双重性质，并且慈善性更强
莫特，威尔德纳 & 卡内基（Mort, Weerawardena & Carnegie④）	2003	社会创业者的使命是创造出更多的社会价值，因此具有企业家责任和道德；在评判社会现象的公正性上，相对于非社会创业者，社会创业者能够在较短的时间内处理复杂的社会问题；社会创业者善于发现创业机会并高效地利用，为目标群体创造更好的社会价值；社会创业者在推动创业项目并作出关键决策时显示出充分的创造力、积极性和风险承担能力
波梅兰茨（Pomerantz⑤）	2003	社会创业者可以被界定为倡导创新方法和途径、支持社会使命完成、通过自主经营获得一定收入、利用解决新问题的成果创造就业机会，并有权力发放许可证书或营业执照给开办非营利性企业以及带有社会创业性质的营利性组织或公司的创业者
汤普森，阿莱 & 李（Thompson, Alvy, & Lees⑥）	2003	社会创业者能够发现机会来满足国家未能满足的社会需要或者人民需求，他们能够调动必要的资源（志愿者、资金和一些基本条件），并采取更高效和创新的方法利用有效的资源创造更好的业绩

① Brinckerhoff, P., *Social Entrepreneurship: The Art of Mission-based Venture Development*, New York: Wiley, 2000, pp. 147-169.

② Banuri, T. & Najam, A., "Civic Entrepreneurship: A Civil Society Perspective on Sustainable Development", *Ecological Economics*, 2002, Vol. 48(1).

③ Frumkin, P., *On being Nonprofit: A Conceptual and Policy Primer*, Cambridge, MA: Harvard University Press, 2002, pp. 78-89.

④ Mort, G. S. & Weerawardena, J. & Carnegie, K., "Social Entrepreneurship: Towards Conceptualization", *International Journal of Nonprofit and Voluntary Sector Marketing*, 2003, Vol. 08(01).

⑤ Pomerantz, M., "The Business of Social Entrepreneurship in a 'Down Economy'", *In Business*, 2003, Vol. 25(02).

⑥ Thompson, J.G. & Alvy & Lee, A., "Social Entrepreneurship: A New Look at the People and the Potential", *Management Decision*, 2000, Vol. 38(05).

续表

学者	年份	定义
梅尔 & 马蒂（J. Mair, I. Marti①）	2005	社会创业者可以选择成立一家企业并获得相应利润,也可以不以营利为目的通过从事社会工作实现社会价值;更进一步,社会创业者通过与私人、公共以及社会组织合作,在新项目和企业中发掘机会
奥斯丁,史蒂文森 & 维斯克尔恩（Austin, Stevenson, & Wei-Skillern②）	2006	社会创业活动一般发生于非营利性部门、政府部门、营利性组织中,同时具有跨组织的特点,但是其活动的初衷都是采用创新性的手段解决社会问题
莱特（Light③）	2006	社会创业者是通过打破原有模式来寻求可持续的变革,并通过个人、集团、网络、组织或组织联盟传播这一理念,同时也与政府部门、非营利组织、商业组织进行协同,以求更高效地解决重大社会问题
佩雷多尔 & 麦克莱恩（Peredor & McLean④）	2006	当社会创业者或者社会创业组织进行旨在创造社会价值的行为时,会通过政策、法规的形式使行为具有权威性;有充分发掘和利用机会达成目的的能力;在创造或者分配社会价值时,能够采用创新的方法,利用外部的条件完成创业项目;在创造或者分配社会价值时,愿意承担更多的风险;在追求社会事业目标时通常有更多的办法和途径,不受资源限制
迪斯（Dees⑤）	2007	社会创业行为包括社会任务以及其为社会发展带来的益处。并且社会创业同样蕴含趋利性,是为了针对社会特殊群体或者是实现相应的社会目的,是建立相应的组织机构、关系、实施特定的方式、构筑相应的经济结构的行为

① Mair, J. & Marti, I., "Social Entrepreneurship Research: A Source of Explanation, Prediction, and Delight", *Journal of World Business*, 2006, Vol. 41(1).

② Boschee, J., "Eight Basic Principles for Non-profit Entrepreneurs", *Non-profit World*, Vol. 19 (04).

③ Light, P., "Reshaping Social Entrepreneurship", *Standford Social Innovation Review*, 2006, Vol. 04(03).

④ Peredor, A. M. & McLean, M., "Social Entrepreneurship: A Critical Review of the Concept", *Journal of World Business*, 2006, Vol. 41(01).

⑤ Dees, J. G., "Taking Social Entrepreneurship Seriously", *Society*, 2007, Vol. 44(3).

续表

学者	年份	定义
马丁 & 斯伯格（Martin & Osberg①）	2007	社会创业者能从现有的社会问题解决过程中寻求稳定但是不公正的均衡，这种均衡是由缺乏经济调节手段或者有效的政策保障导致改革失败或者政策法规在执行过程中未能体现其有效性。一方面，能够在不均衡的公正中发现机会，通过探索解决社会问题的办法带来灵感、激发创造力、果断采取行动，从而改变不均衡的状态；另一方面，实现新的稳定的均衡，激发潜力，缓和目标群体的痛苦和解除其面临的困境，并借助新的均衡建立稳定的生态系统以实现社会目标和价值
社会创业促进中心（CASE②）	2008	社会创业者通过营利组织、非营利组织或者具有混合性质的组织，运用创新性且有远见的方法来解决社会问题
夏克尔·爱·扎拉（S. A. Zahra③）	2009	社会创业为整合不同资源的过程，分解为社会公平和正义、社会价值、变化的社会经济问题、推动新的均衡、应用创新、创业技能、市场缺口、解决社会问题等元素，并将社会创业者看作变革的推动者，其行为能够满足社会需求、创造社会价值、加速社会进步以及通过这些资源的整合实现创新性的改变
瑟里卡威特 & 劳齐卡斯（M. E. Cernikovaite, M. Lauzikas④）	2011	社会创业不仅能够为社会的发展提供益处，还能够为不同的利益群体创造利益：基于企业层面，能够为企业创造额外的收入和利润，满足顾客的需求，加强顾客的忠诚度，提升企业的声望；基于目标社会群体，满足社会目标群体的需要，降低失业率以及增强社会包容性；基于国家层面，提升公众的凝聚力，提升国家形象，实现可持续发展
科斯泰斯卡 & 别列兹亚克（I. Kostetska, I. Berezyak⑤）	2014	社会创业的发展、提升和扩展促进了各种基础设施和组织的建设，例如瑞士的 Schwab Foundation、印度的 Ashoka Foundation

① Martin, R. & Osberg, S., "Social Entrepreneurship: The Case for Definition", *Stanford Social Innovation Review*, 2007, Vol. Spring.

② Center for the Advancement of Social Entrepreneurship (CASE), "Developing the Field of Social Entrepreneurship: A Report from the Center for Advancement of Social Entrepreneurship (CASE)", Duke University, The Fuqua School of Business, http:// www.caseatduke.org/documents/CASE_Field-Building_Report_June08.pdf.

③ Zahra, S.A., "Typology of Social Entrepreneurs", *Motives Search Processes and Ethical Challenges*, 2009, Vol. 24(5).

④ Cernikovaite, M.E. & Lauzikas, M., "Issues of Social Innovations among Social Organizations in Lithuania", *Socialiniai Tyrimai*, 2011, (02).

⑤ Kostetska, I. & Berezyak, I., "Social Entrepreneurship as an Innovative Solution Mechanism of Social Problems of Society", *Management Theory*, *Studies for Rural Business and Infrastructure*, 2014, Vol. 36(3).

续表

学者	年份	定义
曼纽尔·伦多 （M. London①）	2015	社会创业者需要为社会问题寻求可持续性解决方案并在很大程度上协同各主体,改变相关个人、团体、组织以及社会网络对社会问题的认知和反应

通过对社会创业主要概念的梳理能够发现,大部分概念侧重于阐述社会创业者的特质和特征,认为取得社会创业活动成果的关键在于社会创业者行动的目标和应该具备的品质。营利性、非营利性组织以及政府部门为社会创业者进行创业活动以及实现社会目标和价值提供了行动平台。也就是说,如果创业者不具备创新性、社会目标、风险承担的魄力以及充分利用有限的资源实现社会目标的话,那么就不适合成为社会创业者。

二、经济社会可持续发展需要:高校社会创业教育的外部驱动力

可持续发展的概念出现于 1960 年,但是引起人们关注则是由于 1968 年航天员威廉姆·安德斯(William Anders)从阿波罗 8 号上传回的一张地球表面"千疮百孔"的照片,这使得人们开始正视自第二次世界大战以来由于盲目追求战后重建和经济复苏而造成的对环境和资源的"不可逆的伤害"。② 1970 年以后,一系列世界范围内的大会的举行,尤其是针对环境恶化、资源消耗等举行各种运动,使得这个概念更加广为人知。

但是,在强调可持续发展的同时,人们开始正视一个现实问题,即各国的经济社会发展呈现不均衡发展的局面。可持续与发展作为未来社会发展和谐统一的两个方面,将消灭贫穷和由贫穷引起的环境和社会问题作为可持续的基础条件。只有"发展"了,才能真正实现"可持续"。跳出生物学和环境学,将可持续发展的理念与社会学因素相融合,容纳了经济、社会、环境三大因素,才能真正实现人类的共同进步。

在可持续的背景下,社会创业,即通过建立相应的组织机构、关系或者通过特定的方式以满足特定的社会需要、达到创新目的的创业行为,不仅具备营利性和非营利性,同时能够为社会发展、经济平稳运行、政府治理、市场

---

① London, M., "Social Workers as Social Change Agents: Social Innovation, Social Intrapreneurship, and Social Entrepreneurship", *Human Service Organizations Management Leadership and Governance*, 2015, Vol. 39(1).

② Mcintosh, M., *Thinking the Twenty-first Century: Ideas for New Political Economy*, UK: Greenleaf Publishing, 2015, pp. 67-69.

调节提供另样的方式和手段,从而弥补政策规制和市场调节手段的不足。其虽有商业资本注入,但出发点和落脚点仍具有公益性质,更偏重于针对社会特殊群体以实现相应的社会目的。社会创业是社会创新发展的驱动力,社会创业者首先是创新者,他们具备承担风险的能力和意愿,努力寻求创新性解决社会问题的方案,深入细致地观察和思考社会问题的根源并针对相应的社会问题和社会群体挖掘可持续性、创新性的方法。"社会创业者为变革的推动者,他们愿意为实现个人、团体、机构的变革寻求新的解决方案和路径并愿意承担相应的风险。能够承担相应的风险并且具备推动社会进步的创新意识,是社会创业者的必备特质"。①

在实施社会创业教育的过程中,可持续发展是高校进行社会创业过程中有效地将发展观作为重要的理念支持,即进行现有创业教育资源和企业资源的可持续开发与创新发展。在社会和经济发展领域,高等教育的适应性要求将可持续发展理念和方法与"经济和社会循序渐进的变革"要求相融合。在此基础上,高校社会创业教育的发展目标和形式,需要以"可持续发展理念"和企业社会价值为外部驱动力,将内容与实践形式以及参与主体、实施对象与社会发展趋势、国家战略和地方社会现状相结合,以高等教育内部和外部规律为导向,对社会创业人才的培养进行开发与转型升级。从社会创业教育自身发展的角度出发,将可持续发展战略和企业社会价值作为高校推动社会创业教育发展的行动纲领,高校要注重教育发展的规律以及创业实践形式的发展,在历史、现状与未来相互衔接的社会发展背景下,着眼于社会创业未来人才的发展与高校社会创业教育不断提升的能力,统一已有的创业教育、现实社会需要和未来出路,从而找到自身发展的优势与发展前景,以突破现实的瓶颈,寻找未来可行性发展的出路。

可持续发展是高校社会创业教育结合社会学理念和教育学原理,进而推动新的创业教育形式的支撑点,也是高校构建社会创业教育理论的出发点。与此同时,高校社会创业教育还需要构建自身的可持续发展目标和理念,即经过不断反思、适应和调整自身发展规划,充分把握现实社会发展的机遇与挑战,充分发挥高等教育的四大基本功能,在创业教育与创业实践中,将人才培养、科学研究、社会服务和文化传承与社会发展相结合、与社会需要相匹配。同时,社会创业通常要解决的是一个复杂性、深层性、公益性的社会问题。社会创业是围绕特定的关键问题,整合各类人力、物力、财力

① Robert Theobald, "The Rapids of Change: Social Entrepreneurship in Turbulent Times", *Knowledge Systems*, 1987, Vol. 1.

资源以满足需求、解决问题的过程,它克服各种困难,追求完美实现社会价值和商业价值双赢之目标,这离不开政府、高校、社会、"众创空间"等各创业要素的高效运行。因此,相对于商业创业,社会创业更依赖于广泛的社会关注、政府的政策支持,也亟须社会舆论对社会创业的典型榜样进行宣传,尤其是大学生身边的同学、学长榜样。相关部门亦可举办更多以"社会创业"为主题的创业大赛,资助社会创业者,帮助他们在成功的同时更好地为社会创造价值。

三、社会创业者:高校社会创业教育的最终培养目标

社会创业的启动和组织显然离不开它最核心的行动者——社会创业者。在早期对社会创业者的研究中,学者主要侧重界定承担的角色。社会创业者需要具备相应的能力去统筹和协调不同主体之间的关系,并协同这些主体为解决相应的社会问题寻求持续性的解决方案。[1] 当然,除了具备相应的统筹、协调、协同能力外,还有学者认为,社会创业者还需要拥有相应的创业知识、社会学知识、商业知识、对政策的敏感性,并能够利用这些知识更好地帮助社会边缘及弱势群体。若基于利益导向视角,社会创业者除了能充分利用创新型方法、相关政策以及手段,并通过整合相应的资源解决社会问题外,还能够通过提供财政方面的支持、不同的融资渠道以实现社会目标,即将商业行为与社会创业行为相融合,使各方资本融入社会创业行为,从而使相应的群体获得利益。[2]

上述对社会创业者的分析,无疑都表明他们的一个很突出的特质——社会创业者首先是创新者,即他们应具备承担风险的能力和意愿,努力寻求创新性解决社会问题的方案,深入细致地观察和思考社会问题的根源并针对相应的社会问题和社会群体挖掘可持续性、创新性的方法。并且社会创业者在创业过程中会面临多变的社会环境和层出不穷的非典型性的问题,创新思考能力、应变能力以及创新模式的可复制性、可扩散性和影响力成为社会创业者必须具备的核心能力。但是,作为创新者的社会创业者,能否在社会创业过程中取得成功,取决于其能否将创新理念、方法与创业行为有机

---

[1] Cernikovaite, M.E.& Lauzikas, M., "Issues of Social Innovations among Social Organizations in Lithuania", *Socialiniai Tyrimai*, 2011, (02).

[2] London, M., "Social Workers as Social Change Agents: Social Innovation, Social Intrapreneurship, and Social Entrepreneurship", *Human Service Organizations Management Leadership and Governance*, 2015, Vol. 39(01).

结合。① 因为社会创业者面对的是不断发展的社会形势以及在不同时期呈现出的多面性的社会问题,这就需要社会创业者能探索和发掘创新方法去推动社会创业。这也就是说,社会创业者的创业行为也是一种创新性的行为。

迈克尔·波特(Michael Porter)将社会创业者的行为与新的未来使命相联系,将其称为"具有变革能量的资本主义发展驱动力",为社会发展创造可分享的价值。② 其价值体现为四个层面:基于社会层面,社会创业者的创业行为不仅能够为社会的发展提供相应的对策和解决方案,还能够为不同的利益群体创造切实的利益;基于企业层面,能够为企业创造额外的收入和利润,满足顾客的需求,加强顾客的忠诚度,提升企业的声望;基于特定群体,能满足目标群体需要,降低失业率以及增强社会包容性;基于国家层面,则能提升公众凝聚力,提升国家形象,实现可持续发展。③ 若从社会创业者的创业行为对社会发展的创新驱动角度出发,社会创业者则能够较快地推动社会发展并促进新的就业机会产生,即作为供给侧的社会创业者通过与第三方(外部组织机构、政府部门、企业、社会团体)联合,以及创办企业、组织活动、实施项目等途径,寻求创新性地解决问题的方法和渠道,以满足特定对象的需求或产出新的社会产品(需求侧)。④ 换句话来讲,社会创业者通过社会资源分配、创业资源整合,可以重塑现有的社会价值,引导社会公平和正义,提升社会价值,实现社会资源的均衡分配,从而产生应用型的创新成果,弥补现有社会问题解决方式的缺陷,提升社会发展领域的创新水平。⑤

在社会创业最终目标即实现公益性的社会影响、扩散社会变革创新手段的目标引导下,社会创业者在解决具体社会问题以及实现其"社会理想"过程中,应对每一个阶段的具体目标进行评估、设置不同阶段的 KPI,确定不同阶段的项目活动内容,进而形成一个可持续性发展、在每个阶段都具有

---

① Zadek,S.& Thake,S.,*Send in the Social Entrepreneurs*,New Statesman,1997,pp. 84-97.

② Bornstein,R. F.,"Might the Rorschach be a Projective Test after all? Social Projection of an Undesired Trait Alters Rorschach Oral Dependency Scores",*Journal of Personality Assessment*,2007,Vol. 88(03).

③ Manfredi,F.,"Social Responsibility in the Concept of the Social Enterprise as a Cognitive System",*International Journal of Public Administration*,2005,Vol. 28(9-10).

④ Cernikovaite,M.E.& Lauzikas,M.,"Issues of Social Innovations among Social Organizations in Lithuania",*Socialiniai Tyrimai*,2011,(02).

⑤ Mair,J.& Marti,I.,"Social Entrepreneurship Research:A Source of Explanation,Prediction,and Delight",*Journal of World Business*,2006,Vol. 41(1).

不同程度影响力的创业方案或者创业计划。这要求社会创业者能够具备相应的商业思维能力、资源统筹能力、项目评估能力。除了具备这些商业创业者必须具备的能力外,社会创业者要清晰地认识社会创业与商业创业的本质区别。由于社会创业项目缺乏吸引资本市场的天生优势以及缺乏获得丰厚经济回报的"诱惑",因此需要不断扩大社会影响力和加深大众对社会创业的接纳程度来吸引更多资源、触发更多的商业企业的社会意识和社会责任感。在进行社会创业的同时,除了具有商业知识外,社会创业者的社会声望以及社会形象也需要进行塑造和树立,社会创业者对于把握和营造项目或者企业的创新文化也尤为重要。

　　基于社会创业的属性,社会创业者作为探究机会和创造价值的主体,当然不仅仅是从事商业行为的逐利者,他们还通过满足社会需求来创造价值。[①] 这种创造价值的途径有很多,如社会创业者可以通过凭借自身的创意和技能,深入贫困地区或志愿者组织中开展创造性的工作,以满足该区域的发展需要;[②]或者通过与当地政府部门、非营利性组织、带有社会服务性质的企业协作以寻求更具有创新性的想法和解决问题方法;[③]或者选择成立社会企业,将获得的大部分利润投入社会创业活动;或者与私人、公共以及社会组织进行合作,针对特殊群体或者特定需求,以项目为载体,从而达到社会创业的目标。[④]

　　通过对社会创业者行为指向和属性、创业路径的理解和分析,高校社会创业教育的主要落脚点即是培养社会创业者,它在培养目标、师资要求、课程模块、教学模式等方面有别于一般的侧重于商业的高校创业教育,[⑤]其对象涉及校内及校外,教育领域也覆盖专业教育、职业教育、社会培训。为此,高校在实施社会创业教育的过程中,首先要明确社会创业教育的内涵、角色和定位,明确社会创业教育的多重含义和实现方式,将社会创业教育作为原有创业教育体系的新形式、新补充。借鉴国外高校的课程和专业设置的成

①　Dees, J. G., "The Challenges of Combining Social and Commercial Enterprise", *Business Ethics Quarterly*, 1998, Vol. 8(01).

②　Keith S. Glancey & Ronald W. Mc Quaid, *Entrepreneurial Economics*, Palgrave Macmillan UK, 2000.

③　Austin, J. & Stevenson, H. & Wei-Skillern, J., "Social and Commercial Entrepreneurship: Same, Different, or Both?", *Entrepreneurship Theory and Practice*, 2006, Vol. 30(1).

④　Mair, J., & Marti, I., "Social Entrepreneurship Research: A Source of Explanation, Prediction, and Delight", *Journal of World Business*, 2006, Vol. 41(1).

⑤　Erin Worsham, "Reflections and Insights on Teaching Social Entrepreneurship: An Interview with Greg Dees", *Academy of Management Learning & Education*, 2012, Vol. 11(3).

熟做法,全国创业教育须注重专门学科的建设、社会创业师资的联合培养、理论体系的完善、实践体系的落地。

基于社会创业教育是创业行为、创新精神、社会责任深度融合的载体和实现途径,在实施社会创业的过程中,需要打破原有专业、学院系限制,突破创业教育起源于经济管理类专业或者商学院的课程设置框架理念,实现各专业课程和培养重点融合的思维,培养以社会思维、公益知识、社会责任感为基础,以企业家精神和创新精神为核心,以树立经济与社会双重目标为重心,具有应对市场风险、达成经济与社会双重目标的能力,以融合创业行动思维、公益运作理念与相关专业、岗位、项目为载体的社会创业者,从而实现社会创业教育的广谱化、协同化、专业化,对象涉及校内及校外,领域覆盖专业教育、职业教育、社会培训。课程设置主要围绕社会创业的概念、社会创新、企业社会责任和创造社会价值的途径等展开。实践环节则是通过与私人、公共以及社会组织共同组建工作室,并针对不同对象运营不同的社会创业项目,且以学生为核心开展项目的设计、实施、总结和评估。

第二节　高校社会创业教育发展的历史探析

一、国内社会创业教育的演进史

随着社会创业学科的产生,高校面临社会问题时积极与政府、企业和社会进行跨界合作,由此社会创业成为高校教育工作的热点话题。东部沿海及教育水平较高的省份(如湖南、北京、广东等)最先开展社会创业教育,是我国社会创业教育的早期阶段。与此同时,我国社会创业教育最初就注重理论与实践相结合,这为今后社会创业教育的改革和探索树立了正确的发展观念。当然,我国在社会创业教育过程中也存在部分"重理论轻实践"的现象,例如一些高校的社会创业教育只局限于课堂授课、理论学习,未能突破校园的壁垒,冲向社会并与实践高度结合。

社会创业是一种新型创业模式,它将社会公益性和创业相结合,在解决各类社会问题中发挥重要作用,从而促进经济发展,扩大就业群体。我国高校社会创业教育经历了三个阶段:

(一)社会创业教育创立阶段

湖南大学于2006年创立的"滴水恩社会创业协会"可以作为我国首个以"社会创业"命名的大学生社团。同时,该校还成立了"滴水恩社会创业基金",它是非营利性的慈善公益基金,旨在通过海内外的支持,寻求多种方式帮助来自贫困地区或贫困家庭的大学生顺利完成学业,如鼓励有能力、有激情的大学生创业,招聘大学生加入基金创业项目等。

此外,湖南大学还于 2007 年设立中国大学社会创业研究中心(包括天使关爱事业中心)。其下的天使关爱事业中心属非民办企业单位,旨在通过寻求社会各界或公益创业项目的支持,关注社会问题,搭建公益平台(如与高校合作进行慈善研究),从而帮助有需要的人群(如留守、流动儿童),一方面促进了公益创业理论的发展,另一方面促进了中国公益慈善事业的发展。

将"公益创业"有关理论编入教材、引入课堂,将公益品质和社会责任融入教育目标培养体系,有助于提高大学生在面临社会问题时的公益志愿服务行动力。如中国传媒大学和北京成龙慈善基金会合作成立了善·行公益慈善传播研究中心,双方依托各自优势,通过学界与业界的结合,利用传播理论指导该机构,促进了社会慈善事业的发展。①

此外,武汉大学成立的公益与发展法律研究中心,以武汉大学社会弱者权利保护中心为依托。最初该机构的创设源于中国 9 亿农民权利现状和发展的背景下,灵感来源于公益法运动、法律与发展运动以及东南亚国家"发展性法律"运动等。该中心坚信,理论与实际相结合,既要"认识中国",也要"走向从实践出发的社会科学"。他们秉持这种理念,以法学为基础,以公益和发展为切入点,调查社会弱者权利现状,宣讲法律知识等,推进政府对法律援助制定的完善,促进发展性的法律援助机制。此外,他们还举办各种圆桌讲座、开展公益培训、积极参与国内外学术交流,成立专门的学术顾问开展学术研究等,这都推动了整个公益慈善理念的提高。

(二) 社会创业教育发展阶段

该阶段具有代表性的有:零点研究咨询集团于 2008 年开展的"大学生公益创业行动"项目,该项目以扶持有公益理想的大学生及其团队为目标;北京大学于 2009 年设立的社会创业研究会;清华大学于 2010 举办的"北极光—清华"社会创业时间挑战赛等,在此基础上,其他学校也纷纷加入社会创业的队列,如复旦大学的社会创业基地、上海财经大学的社会创业研究与发展中心等。在此期间也产生许多具有影响力和认知度的社会创业实践的成功案例。

(三) 社会创业教育转型阶段

该阶段社会创业实践发生了许多转变,2012 年《中国创业教育报告》中

① 刘明阳:《中美高校社会创业教育的比较与启示》,硕士学位论文,温州大学,2019 年。

首次阐述中国在社会创业中的实践;2014 年"挑战杯"全国大学生创业计划竞赛升级为"创青春"全国大学生创业大赛,并将社会创业竞赛作为主题赛事纳入大赛;2015 年清华大学、中国社会科学院、中国青年政治学院等 5 所大学研究机构相关专家教授与中国青年报社、KAB 全国推广办公室联合发布了国内首份《中国青年公益创业调查报告》,全面阐述当前我国青年社会创业现状,分析和总结当前社会创业存在的问题并提出相应的解决措施。

此外,该时期产生许多社会创业实践成果,较有代表性的是武汉大学推出的消费者维权项目。武汉大学公益与发展法律研究中心于 2014 年 3 月 15 日发布《老年人法律援助服务手册——医疗保健用品消费篇》并提出倡议,希望消费者法律赋能并向"让消费者维权"转变。该手册由公益法中心与湖北省司法厅法律援助中心一同开发,以 2014 年 3 月 15 日施行的《消费者权益保护法》为依据,结合老年群体在医疗保健消费中常遇问题,全面、系统地介绍了如何预防和救济。该手册通俗易懂,针对性强,也是司法部法律援助中心的成果之一。

二、我国高校社会创业教育存在的问题

(一) 高校社会创业人才的高流动性

高校作为当今社会人才培养的重要场所,承担着人才社会化和社会竞争力培养的重要使命。处于大学阶段的学生普遍具备思维活跃、有创新精神、有冲劲等特质,与此相对,不少学生也存在"三分钟热度""有激情没耐心""重视短期目标的特点",这使得他们难以保持对社会创业实践持之以恒的精神,表现为实践运营缺乏远期目标和长期规划。此外,教育对象的个人诉求也影响着学生社会创业实践的参与。据调查数据显示,大学生参与社会创业实践活动基本上集中于大二、大三阶段,时间不超过两年的居多。不少学生或因为好奇心满足过早离开社会组织或面临毕业而最终离开社会组织。对于大二、大三阶段的学生来说,由于部分高校未能对社会创业成果有较好的认定和具备相应的教学管理制度,学生创业成果未能抵扣应修学分、不能作为参评获奖的材料,面临"完成学业"和"做好创业"的两难压力,面临"自我追求"和"未来发展"的矛盾困境。在高校社会创业教育软件设施不够完善的情况下,不少学生学习成绩下降,在考研机会、就业前景等问题上痛苦挣扎,最终导致学生不得不从社会创业团队中离职。这一方面导致了社会创业人才的流失,另一方面这些困境选择也打破了创业团队的队伍结构并对团队成员关于创业发展预期带来了消极影响。探索改善大学生社会创业团队的管理办法,确保学生在高校内进行社会创业实践与完成专业

学业,与自身发展不相冲突,确保高校社会创业教育和社会创业实践的可持续发展迫在眉睫。

（二）高校社会创业教育问题意识不强

社会创业是一种具备创新性的活动和行为过程,这种创新性的内涵体现在新产品、新服务、新理念、新商业模式、新组织结构、技术等社会问题上的应用。这种采用新方式进行社会变革的价值理念应作为高校社会创业教育内涵的应有之义。只有持续不断地推陈出新才能发挥创业的核心竞争力,形成社会创新创业的良性互动。在社会创业教育初期,高校为实现社会创业教育的快速发展,以扩规模、增体量的思维运作高校社会创业教育。在社会创业教育中,高校采用急功近利的创业引导,使得学生们在社会创业过程中对社会痛点关注不足(作出理论上有价值、现实中无意义的产品),对商品化市场化关注不足(作出具有实际功能,但不符合市场规律的产品),对自身资源条件估计不足(过早做大做强,导致后续资金资源难以为继)。不成熟亦不符合社会创业发展规律的社会创业实践不仅对创业实施者和准创业实施者带来了"创业难"的印象,还导致了许多社会创业公司出现"离校即死"的状况。具体来说,不少学生在进行社会创业项目选择时,通常选择操作成本小、技术含量低的项目进行商业化运作,这确实有利于创业项目的迅速展开。但从核心竞争力来看,这种缺乏核心资源的创业公司的替代性很强,未来发展要么出现做不大,要不就会出现成本条件一变就无法生存的窘境。从创业领域来看,我国青年的社会创业领域分布分别是教育文化(25%)、老人和残障(20%)、环境保护(17%)、扶贫开发(13%)、医疗卫生(12%)和妇女儿童(12%)。其中,老年人和残障人士作为学生社会创业服务的主要目标群体。这个分布说明现今大学生创业集中于社会保障领域,对社会发展领域关注较低。而通常来说,解决社会发展的主流群体的社会问题,将更有助于社会创业公司的快速发展和成熟。所以在这一点上,高校社会创业教育在培养大学生对社会痛点的思考时应注重其前瞻性和发展性眼光的形成。此外,大学教育作为高等教育的一环,高校大学生作为高等教育人才和社会发展的主要人才,在思考社会问题、解决社会问题上应具备与时共进、创新精神和国际视野的素质,应具备强烈的问题导向意识,应提出对于全国人民乃至全世界人民都需要的社会问题解决方法。也就是说,社会创业教育应培养高校学生社会创业的国际视野和全局观,培养其对社会痛点的核心问题的把握,透过困境看本质,抓住重点实现社会变革。

（三）高校社会创业教育价值失衡

高校社会创业教育价值体现在两方面:一方面是以解决社会问题、变革社会为其根本使命的"公益性"内涵;另一方面是以实现技术、知识、模式创新及迁移转化的"创造性"内涵。近年来,社会创业教育作为研究热点,在我国社会创业教育发展起步晚、规模小、环境不成熟、体制不完善,这导致了我国社会创业教育的价值失衡。

虽然政府出台了一系列纲领性文件推进社会创业的发展,并且学术界、企业界、政界三方开展了多种形式的项目合作。但是由于社会创业文化氛围不足,导致舆论氛围和文化环境对于社会创业者与准社会创业者的社会支持力度不够,对社会创业行为存在误解和偏见,存在高估社会创业风险、对创业失败风险评价严重化等错误认知。由于缺乏先天的创业文化环境,消极的社会创业认识也普遍存在于高校学生群体中。高校为了拉动学生参与社会创业活动和学习,降低学生畏难情绪,在社会创业教育教学过程中,过多地强调"公益性"而忽视了"创新性",这导致所培养的社会创业人才虽然具有较高的社会责任感和奉献精神,但企业运作、组织管理等商业技能却有所欠缺。这种偏颇的社会创业教育内容,引起社会创业教育成果(社会创业人才)能力上的失衡。

三、国外社会创业教育发展历程

美国作为社会创业理论的提出和实践先驱,其社会创业教育体系完善。从 k-12 项目到高等教育乃至终身教育都具备社会创业的教育项目。此外,美国的社会创业教育体系的学历层次和专业设置完备,设有社会创业学士、硕士、博士学位甚至部分高校还开放了社会创业博士后项目,专业设置上不仅涉及创业学科、商科,甚至还与许多交叉领域形成交叉专业(医学社会创新、公共卫生与创新管理)等具有产业特色和地方特色的专业。鉴于其社会创业教育体系完备、机制成熟,考察其社会创业教育发展轨迹将有助于为我国构建社会创业教育体系提供借鉴与参考。

总的来看,美国社会创业教育的产生始于 20 世纪 80 年代,当时社会创业教育并未受到教育界的过多关注和重视。随着社会创业活动的发展及相关培训需求的增加,关于社会创业的课程和教学项目逐步得到发展。至 21世纪初,美国已有 200 多所大学推出了 400 多个社会创业项目。作为美国社会创业研究的鼻祖迪斯见证了这一发展过程。[①] 其从事社会创业教育已

---

① Mirabella,R.M.,"University- Based Educational Programs in Nonprofit Management and Philan-
thropic Studies:A 10-Year Review and Projections of Future Trends", *Nonprofit and Voluntary
Sector Quarterly*,2007,36(4 suppl) .

有 20 余年,曾在哈佛大学、斯坦福大学、杜克大学开设社会创业课程,此外,2007 年,迪斯教授被阿育王组织和阿斯彭学院评为社会创业教育终身成就奖。其从教经历从一个侧面反映出了美国社会创业教育的发展过程,具体来说,包括个人推动、社会拉动、产学研互动三个阶段。

（一）高校社会创业教育个人推动阶段（早期阶段）

该阶段的时间跨度为 1989—1995 年。迪斯教师于其间获得了耶鲁大学管理学硕士学位,毕业后他进入麦肯锡公司任职。在企业任职数年后,他重回高校从事教育工作,开启了自己的教学生涯。他将自己执教的《小企业管理》这门课改造成了一门创业课程（主要教学生如何撰写商业计划书）。学生模拟建立自己的企业时,可以自由选择建立营利的企业还是非营利的企业。其间,迪斯教授发现很多学生都对创建社会企业感兴趣。在这之后,迪斯转入哈佛商学院任职,并于 1989—1990 年开发出了一门全新的创业课程《社会创业》。由于当时校方将创业课程的价值内涵设定为如何传递讲授商业价值而非社会价值,因此他所开发的《社会创业》课程被认为偏离了教学重心,最终未能如期开设。在校方的反对下,迪斯教授不得不作出妥协,他保留了《社会创业》课程的知识点,将社会创业相关的概念和案例作为教材和教学内容的补充部分。哈佛商学院最终接受了他的这一改变,社会创业教育的教学自此萌芽。其后,迪斯开设了名为《利润、市场和价值》的课程,尽管这门课程并不算真正意义上的社会创业课程（具备系统的社会创业学科理论、知识基础、概念体系）,但该课程强调学生在课程学习过程中尽量通过创新的方式创造社会价值,思考实现社会变革的新途径。总的来说,早期的社会创业教育缺乏"合法性",被商业创业教育所排斥,进行社会创业教育的学者在社会创业教育工作中缓慢推进,且社会创业教育内容难以在学院学校立足。

（二）高校社会创业教育社会推动阶段（正名时期）

该阶段的时间跨度为 1996—2000 年。这一阶段的起因是一位来自哈佛商学院的校友提供的捐款资助。捐赠者希望资助开发第三部门组织管理的课程。其间哈佛商学院考虑再三,最终通过了这一提议。为保证该课程有足够的人数参选,校方决定将课程主题从非营利组织扩展到具有社会目的的营利性企业。此间,迪斯教授参与了哈佛商学院社会创业课程的开发和教学。得此机遇,迪斯教授最初设想的《社会创业》的教学方案得以实践和推进,他与同僚共同决定将此门课程更名为《公共部门当中的创业》,至少这使得该课程表面上更像一门商学院课程,这有利于提高参选量。当时哈佛商学院校方将这门课程纳入部分专业的课程体系中,并被排进了创业类课程中。至此,社会创业课程在商学院彻底扎下了根。从总体上看,这一阶段社会创业教育在商学院获得了充分的合法性,校方对社会创业教育态度发生改变,这一改变根本上来自于学校对社会需求的响应。即是说,现实市场中社会创业行为和实践展露出对学科科学原理、科学方法指导的需求。

(三) 高校社会创业教育产学研整合阶段(黄金时期)

该阶段的时间跨度自 2000 年开始至今。进入 21 世纪后,美国高校的社会创业教育发展明显加快,随着政府部门在公共领域的资助和投入减少,以及民众对公共需求的升级和增长,使得市场存在的公益缺口越来越大,伴随着慈善市场"献血式"公益力量的难以为继,市场和社会都在寻求一种可持续的、适应市场竞争、能自己造血、新的公益输出的供给方式。此外,由于公益组织的业务增长、客户需求复杂化以及组织规模的扩大,原有的松散式人治管理模式、走一步看一步战略规划已越来越不适应当今的公益服务市场。也就是说,社会组织的人员渴求获得系统和专业的商业技能培训、社会公关素养培养(社会组织特有的)。集创新和教育为一体的高校自然而然成为满足其社会需求的天然场所。为顺应公益领域对组织和从业者发展的时代形势,美国大学加大了社会创业教育供给力度。在哈佛商学院的示范下,社会创业教育快速入驻了美国其他商学院的课程体系(斯坦福大学、纽约大学、宾夕法尼亚大学、杜克大学等一流大学均开设了社会创业课程)。很多大学要么成立了社会创业研究中心,要么与企业或政府部门联合创建了社会组织。例如,哈佛大学的"社会创业倡议组织"、斯坦福大学的"社会创新中心"、杜克大学的"社会促进中心"等。这一时期,社会创业的理论研究在数量和质量上都实现了突飞猛进的发展。从研究主题来看,包含社会创业内涵、社会创业决策框架、社会创业过程等。伴随着学科理论体系的发展和完善,社会创业教育相应开展了众多的社会创业教育项目,将社会创业开设为主修或辅修专业供学生选择。截至 2006 年,美国共有 238 个高等教育机构开设了 426 个社会创业教学项目。据初步统计,2011 年美国大学约有 500 名教授从事社会创业相关的研究与教学工作。[①] 这一系列状况都表明,这一阶段美国社会创业教育进入了快速发展的黄金时期。

美国高校社会创业教育经过不断地试错和纠错,形成了大量的宝贵经验。具体来说可从教学内容设计、教学方法运用、实践教学强化、教学组织

---

① Pache,A.C.& Chowdhury,I.,"Social Entrepreneurs as institutionally Embedded Entrepreneurs: Toward a New Model of Social Entrepreneurship Education", *Academy of Management Learning & Education*,2012,11(3).

设计、创业社区整合五个方面分析。

1. 依据社会创业者的实际需要设计教学内容

传统商业创业的根本目的在于为股东谋取价值,而社会创业不仅要保证经济和财务上的可行,同时更要创造社会价值,形成积极的社会影响力。社会企业要追求"双重盈余"——社会价值与经济价值的兼顾——而非简单的经济利润。因此,对创业者来说,社会创业是比商业创业具有更高难度的"游戏"。斯科尔基金会创始人萨利·奥斯伯格把社会创业者和商业创业者分别比作美国历史上两个著名的舞者——金杰·罗杰斯和弗雷德·阿斯特尔。[①] 前者除了能做后者会做的动作外,还能"倒着跳"和"穿着高跟鞋跳"。

社会创业者除了要像一般创业者那样寻找、开发商业机会、建立组织、调度资源、管理人力资本以及控制财务绩效等,还要解决一些特有的问题。如什么样的机会才是有吸引力的"社会创业机会";如何平衡经济目标和社会目标两者的关系;如何衡量社会企业的绩效与社会影响;如何从特殊的融资渠道获得融资;如何设计能同步实现经济目标和社会目标的商业模式;等等。为帮助社会创业者顺利解决上述问题,美国社会创业教育引入了一些新的内容、工具和框架。例如,在衡量社会企业绩效方面,引入了途安所归纳的8种衡量社会影响的方法。在社会企业的扩张方面,引入了泰勒、迪斯和艾默生在2002年所提出的深度扩展和广度拓展的方法。通过这些努力,美国社会创业教育基本上涵盖了社会创业者需要学习的核心内容。

威利和贝里在2015年对来自美国多家公共管理学院的16份社会创业教学大纲进行了细致的分析,发现主干课程涵盖社会创业营销、社会创业融资和社会企业管理等6项。有研究者一方面调研分析了社会创业者的培训需求,另一方面采用内容分析的方法归纳了目前美国社会创业课程所教授的内容,发现两者在很大程度上是一致的。这表明,美国现有的社会创业教育在内容上是很有针对性的,[②]能帮助社会创业者应对实际的挑战。

2. 综合运用多样化的教学方法以提高转化能力

最初,美国大学使用较为传统的教学方法讲授社会创业,致使教学内容难以全面转化为学生有意义的个体知识,也难以运用到未来的工作实践。

① Erin Worsham,"Reflections and Insights on Teaching Social Entrepreneurship:An Interview with Greg Dees",*Academy of Management Learning & Education*,2012,Vol.11(3).

② Miller,T. L. & Wesley,C. L. & Williams,D. E.,"Educating the Minds of Caring Hearts:Comparing the Views of Practitioners and Educators on the Importance of Social Entrepreneurship Competencies",*Academy of Management Learning & Education*,2012,11(3).

由于学生无法识别这一课程的独特价值,因而社会创业课程备受质疑。为应对这种局面,美国大学开始使用多样化的教学方法,并探索各种教学方法的有效性。目前,涌现出来的较为常用和有效的教学方法包括以下几个方面。第一,邀请成功的社会创业者来授课或做讲座。这样做可以使学生更好地接触社会创业,通过感性的互动形成理性的认识。除了成功的社会创业者之外,还邀请与社会创业相关的专业协会和政府部门负责人参与课堂教学。第二,请学生开发社会创业相关案例。教师对学生进行适当的案例写作培训,然后请他们选择感兴趣的社会企业,剖析该社会企业面临的突出问题,然后编写完整的教学案例。其中,最好的案例被用来进行深度讨论,甚至请学生来主持讨论。对学生来说,尽管这个作业比较费时费力,但由此获得的真知灼见是其他教学方式难以比肩的。第三,开展社会创业计划书写作。创业计划书涵盖的内容广泛,可以促使学生深入思考社会企业的方方面面,从而达到学习的效果。第四,让感兴趣的学生参与社会企业管理咨询项目,即学生扮演"管理顾问"或者"管理咨询师"的角色,为社会企业的发展提出咨询建议。这一教学方法不但有利于学生获得社会企业的"一手"资料,同时也让学生体验管理咨询的过程,综合运用所学专业知识。第五,让学生前往社会企业实习。通过实习,学生可以直接体验管理社会企业,洞察社会创业的细微之处。上述教学方法仅仅是其中的一部分。总的来说,美国社会创业教育将传统课堂与非课堂教学方法结合,有效地激发了学生对于社会创业的热情,满足了学生的好奇心,同时提高了实际的社会创业能力。

3. 特别重视运用实践性与体验性的培养方式

很多学者认为无论是一般创业知识还是社会创业知识,很大部分都是难以编码化的缄默知识,①传统的课堂教学方法难以有效实现知识转移。因而,创业教育应当特别重视体验的成分,将实践性和体验性的教学作为"重中之重"。美国的一些大学深谙此道,实践性和体验性的教学在其社会创业教育中表现得非常突出。有研究者分析了107份美国大学社会创业课程的教案,发现75%的课程要求学生参加"服务学习"或"经验学习"项目,并规定学生总评成绩在很大程度上取决于学生在这些项目中的表现。比如,在杜克大学福克商学院,本科生有一门叫作《"影子"社会创业者》的课

---

① Tracey,P. & Phillips,N.,"The Distinctive Challenge of Educating Social Entrepreneurs:A Postscript and Rejoinder to the Special Issue on Entrepreneurship Education",*Academy of Management Learning & Education*,2007,6(2).

程。学生在一个学期的时间内跟着一位知名的社会创业者,进行"学徒式"的学习。学生可以了解社会创业者的日常工作和活动,分析他们是如何进行决策以及处理各种问题的;在工商管理硕士(MBA)层次,学生有机会加入一些国际性咨询公司开展实习,深入到一些发展中国家,了解现实的社会问题,提出并实施解决方案。

4. 以商学院为核心开展跨学科、跨学院培养

商学院是否是开展社会创业教育的主要场所? 这个问题可从两方面来讨论。一方面,商学院在教授商业技能方面很有经验和实力,无论是商业创业还是社会创业,都需要基本的商业技能。同时,商学院还擅长教授一些"软技巧",后者对于处理社会变革过程中的复杂问题具有很高的价值。从这个意义上讲,商学院是开设社会创业课程的理想场所。另一方面,社会创业是为了解决社会问题,而随着社会问题的日益复杂化,仅凭商学院所拥有的知识和技能已难以形成全面有效的解决方案。[①] 因此,社会创业教育要整合来自其他多个学科的专业知识,开展跨学科合作。而从现实情况来看,大学内部专业知识的生产基本上以学院、学科为单位,拥有较高的独立性。为了实现跨学科的联合,必然要求不同学院之间能够相互协作。除了商学院之外,其他学院和系科,如公共管理、法律、医学、教育、文学、工程技术等学院,应当被纳入社会创业教育体系,成为解决社会问题提供异质的视角和资源。美国一些知名的大学也是这么做的。比如在美国斯坦福大学,设计学院与商学院合作开设社会创业相关课程。在课程中,商学院和设计学院的学生运用他们各自的知识来制造产品原型,撰写商业计划,为购买力低下的人设计产品和服务。

5. 将周边社会创业社区整合到教学中

美国大学重视通过与周边社会创业社区的合作来开展教学。所谓社会创业社区,主要包括本地的社会创业者、政府部门、非营利组织和社会企业等。例如,宾夕法尼亚大学沃顿商学院与当地社区合作,开设社会创业课程。在课程当中,学生有机会加入当地的社会企业去解决社区当中存在的社会问题。再如,纽约大学斯特恩商学院与非营利组织和社会企业合作,联合开展社会创业教育。本科生可与非营利组织或社会企业的高层管理者合作,设计和完成一个社会创业项目。纽约大学还与一些专门为社会企业提

---

① Kickul,J. & Janssen-selvadurai, C. & Griffiths, M. D.,"A Blended Value Framework for Educating the Next Cadre of Social Entrepreneurs",*Academy of Management Learning & Education*,2012,11(3).

供咨询服务的公司合作,联合培养社会创业人才。学生在校期间进入这些咨询公司实习,毕业后则直接进入这些公司工作。

第三节　高校社会创业教育的内涵分析

一、商业创业与社会创业:目标与行动指向

有关社会创业与商业创业关系的研究,可以说自从有了社会创业思想开始就一直在进行,尽管探讨它们之间关系的文献汗牛充栋,但并不能说明已经厘清好了它们之间的关系,可以说社会创业和商业创业之间的关系至今仍处于"公说公有理,婆说婆有理"的状态,甚至某些情形下,它们之间的区别并不大。

首先,社会创业者为了生存和更好地解决社会需求,他们必须创造利润,他们需要尽可能多的社会关系来获取他们创业所需要的人力资本、资金和知识等资源,显然这些资源是需要社会创业者支付费用才能得以获得的。而为了自身企业的持续发展,填补支出,管理自身的风险和投资人的风险,他们不得不通过营利来维持企业的正常运作,与此同时,他们还不能忘记自身的社会使命,对于社会和商业目的,他们确实具有双重底线。社会创业者需要投资者在必要的时候施以援手,以保证长期运作,从这个角度来说,社会创业者和商业创业者并没有太大的区别,创造利润不是他们的目的,但他们却不得不这么做,因为经营企业需要承担相应的成本。事实上,确实存在很多社会企业,它们创建的初衷就是为了更多地解决社会问题,满足社会的需求,但是往往也通过商业活动来谋求利益以维持机构和企业的健康运作,比如联合国儿童基金会。

其次,很多商业创业者或许不会将自己视为社会创业者,但是他们对利益最大化的兴趣却不如对其他事情兴趣浓厚,例如,销售、发明和维持他们自己创建或从父母手中继承的工作。[1] 可是现实生活中,对社会创业中的"社会"一词似乎就潜移默化地认为商业创业不重视社会价值,甚至反社会价值,因为那是他们无视的东西,利益最大化才是他们的最终目的。以美国讯佳普(Skype)公司为例,很多老年人现在能够通过 Skype 的电子屏幕与他们的儿孙进行交流,而不需要支付费用。就消除老年人的孤独感而言,

---

① Asceline Groot & Ben Dankbaar, "Does Social Innovation Require Social Entrepreneurship?", *Technology Innovation Management Review*, 2014, Vol. 4(12).

Skype 可以被称为社会创业,然而 Skype 却没有被划入为社会创业的行列之中,因为 Skype 公司的创始人的意图并不是消除老年人的孤独感,而是利益最大化。因此,除非使用明确的意图来界定社会创业,否则要想把社会创业和商业创业区分开来是件困难的事情,这两者之间存在很多重叠部分。

最后,以商业目的和社会目的这两种双重底线作为区别社会创业与商业创业的主要标准,并不十分合理。那些认为只有社会创业具有双重底线,而商业创业没有的观点,并不令人信服。恰恰相反,每个商业企业都存在商业目的和社会目的两种双重底线,每个企业在运作过程中都会产生一定的社会和环境的影响(包括消极和积极的)。另外,很多商业企业家如今也承担了社会责任,例如,确保他们企业在运作过程中二氧化碳的减排符合或者低于相关的要求和减少其他不良的环境影响。如果笔者分析的角度从意图转移到产生的实际影响上,是否存在一些商业企业表现出来的社会性比一些社会企业产生的效果还要显著,笔者持肯定的态度。因此,笔者认为,应该把"社会"和"商业"作为分析创业的两大变量,所以就会存在有些企业的创业模式或实践在"社会"这一变量上表现不佳,却在"商业"上表现突出,反之亦然,又或者在两个变量上都表现得很好,而任何想要在两者之间划清界限的意图都是徒劳的。

二、社会责任感:高校社会创业教育的核心理念

社会创业在回应现代社会的挑战中扮演着核心角色,它的出现会明显增加研究型大学在解决这些问题时所产生的影响。除了社会创业者所追逐的远大目标以外,在高校层面,还有很多切实的原因足以解释研究型大学为什么要接受社会创业。

当前学生积极参与社会事务的激情不断高涨。大学是理想主义思潮的发散地,有证据表明它的发展到了 20 世纪 60 年代末达到最高水平,"20 世纪 60 年代,婴儿潮那代人更加坚定地质疑社会价值,并积极投身到矫治社会不公正的活动中,很多人卷入了由教会领导的民权运动。在废除种族隔离、争取投票权的游行示威中,大学生和牧师以及其他关心此事的市民肩并肩站在一起"。① 不仅如此,20 世纪 60 年代末,全世界的大学生都在抗议,他们斗志昂扬,从反对不受欢迎的战争,争取公民权利,到反对大学的招生政策、课程与教学模式,有的涉及环境问题以及资本主义世界的所有罪恶,这些都引起了大学生的不满。

---

① ［美］亚瑟・科恩:《美国高等教育的历程》,梁燕玲译,教育科学出版社 2012 年版。

　　美国是世界上对社会创业活动最早给予关注和研究的国家之一,"社会和公众的服务日益突出,这也要求大学生利用自身所学为社会和公众解决问题,提供优质的公共服务,在此过程中实现商业价值和社会价值的双赢"。① 总体而言,美国大学生在社会创业的组织过程中,无论在目标、产生价值还是运作方式和内容上,都与社会创业实质相符,能够产生高度的社会价值和反响。本部分笔者主要以案例的形式介绍和分析美国北卡罗来纳大学教堂山分校医学院学生凯利·福格尔曼(Kelly Fogelman)如何推行"饥饿午餐"社会项目,并分析该社会项目在帮助解决非洲地区饥饿问题上的效应和由此带来的积极响应。

　　"饥饿午餐"的想法和其他很多创业思想一样简单和具有可行性。北卡罗来纳大学学生的午餐是以最低成本提供的米饭和豆类,而这些食物都是捐赠的。这种每周一次的午餐为支持相关的饥饿项目凑集资金,并且提升全世界对这个问题的重视。在回到学校之后,凯利每个月在医学院内举办两次这样的活动。食物由医学院的餐厅提供,每盘午餐 3 美元,学生都是自愿参加该活动,在学年末,活动的收益达到了 2500 美元左右,这些钱已经足以为 Los Chavalitos 孤儿院的孩子购买鸡笼和母鸡了。计划开展之后,这些母鸡很快就可以每天生产 25 个鸡蛋,已经满足了孩子们的营养需要,并且还能有所剩余,凯利将收益盈余部分存进银行,用这些钱在后期继续改善和支持孤儿院。

　　在后期的运作过程中,营养国际化组织也通过寻求外界的帮助来完善和补充"饥饿午餐"项目,且该项目在所参加的竞赛中获得了相应的奖金。2008 年夏天,来自全美各个校园的学生汇集到教堂山,参加一个为期一周的项目,到秋天的时候还会在 23 个校园内举办营养国际化项目的活动,这些学校包括哈佛、耶鲁和斯坦福。"饥饿午餐"项目在美国高校的不断扩张,在更大范围地帮助解决饥饿问题的同时,也会面临运作过程中带来的更多挑战。可以肯定的是,在社会创业过程中,大学生将不断地加强自己的专业能力和创业知识的学习,不断开拓自己的创新精神和国际视野,提高专业素养、风险承担能力以及企业运作的能力,创造更多的社会价值。因此,高校应该鼓励大学生积极参与到社会创业行动中。

　　此外,大学教师应该积极响应社会创业行动。大学教师积极响应社会创业行动或许是塑造明星教授关键。对此,北卡罗来纳大学教堂山分校在2005 年首次做了尝试,该校邀请了比尔·德雷顿和阿育王首席执行官到学

---

　　① 李远熙:《社会创业:大学生创业教育的新范式》,《高等教育研究》2015 年第 3 期。

校做了系列社会创业研讨会,两位社会创业的先行者着重介绍了自己团队为社会带来持久的改变所付出的努力,他们进一步强调,改变社会乃至使其持续发展通常需要创业作为基础,比尔·德雷顿鼓励大学教师把创业看作与自己价值观吻合的实践活动。此次研讨会直接促成了北卡罗来纳大学在人事招聘上倾向于招聘具有社会创业兴趣的学者,甚至大学内部不同部门之间就争取社会创业课程的主办权进行了激烈竞争。随着声誉颇高的教授接受了社会创业理念,年轻的教师也被逐渐鼓励进来,虽然创业对于有的人来说可能希望渺茫,而且需要承担的风险较高,但是它仍然是一个热门的话题,创业思维不仅获得了大学社区的认可,还得到了他们的大力支持。

最后,大学与外部社会创业组织合作共同解决社会问题是高校发展社会创业的新态势。大学虽然致力于解决重大的社会问题,但是由于本身研究经费的匮乏,尤其是20世纪80年代以来,高等教育一直面临公共经费裁减的困境,即使已经培养了少量由外部基金或机构资助的项目,但当基金被抽走之后,社会创业活动便难以为继,存在许多不确定性。所以,要想让创业成为大学文化的一部分,大学需要构建一个清晰的知识框架,即需在社会创业领域构建一个连接大学多个学科部门的统一结构。此外,它还需连接大学与其他追求创造社会价值的教育机构,私营基金会和新的社会运动。

而影响大学创业文化最典型,亦是最有效的做法便是开设社会创业课程。斯坦福大学在2001年创建了一个社会创业研讨会,目的是运用硅谷的研究成果来解决社会问题,研讨会吸引设计学院、法学院和机械工程学院参与。当然,如果继续追溯成立这一研讨会的深入原因便是为了更好地为学生进行社会创业活动提供资源和项目援助。在该研讨会成立的第五年,哈佛大学肯尼迪学院也成立了相似的研讨会,如今很多研究型大学都建立了相似的研讨会,这些研讨会还催生出一些微小但却重要的中小企业和项目。

尽管如此,社会创业者和教授在高校教授社会创业的方法仍然高度依赖轶事趣闻方式(Anecdotal Approach),缺乏严谨的学术规范和标准。总体而言,研究型大学举办社会创业研讨会已经取得了积极成效,高校应该以发展这样的研讨会促进社会创业长足发展。可以确定的是,使社会创业从普遍意义上与创业分离出来变得越来越困难,营利性机构和非营利性机构之间的界限将变得越来越模糊,并且它们之间的差别将不再起决定作用,很多创造利益的企业仍然拥有重要的社会地位。

三、理论与实践:高校社会创业教育的本体探析

(一) 理论与应用:高校社会创业教育的学理范畴

高校社会创业教育即以高校为组织主体实施的关于社会创业教育知识和应用性目的、全真及仿真项目的原理或者法则。理论是人类获得自然界及社会发展规律真理和原理认知的总和,是人们实践经验的集合。而应用以及全真和仿真项目的实施则是指在一定的场所,通过一定的载体,实施特定的活动而获得的,以能够完成某项任务或者实现某个特定的目标活动,具有鲜明的导向性和目标的指向性。理论和应用分属于教育内容的不同维度,曾经具有明确的分界线,但是随着高等教育面对的社会问题越来越复杂以及我国高等教育向普及化阶段迈进,两者之间的界限呈模糊化趋势,甚至形成了相互融合的态势。

而高校社会创业教育理论与实践的边界,则体现在理论教育方面,特定范围内的社会创业教育与其他实施主体所进行的社会创业教育有着本质的区别。除了具备理论范围的一致性,即都属于创业教育范畴以外,其由于实施主体以及受众的不同,高校与其他主体实施的社会创业教育各自具备明显的特性,对培养人的目标和质量起着至关重要的作用。在培养社会创业者的社会价值和伦理道德素养、培养社会创业者的创新性以及抗风险能力和应对突发事件的心理素质方面,通过与各组织和各部门的融合以及授课教师所具备的外在经验和实践的融合,两者都能实现显性目标与隐性知识在施者和受者之间的转移。

改革开放 40 多年,我国经济与社会高速发展,成果举世瞩目,但是企业的社会责任感与推动社会进步的社会组织发展现状严重滞后于经济发展。回顾世界发达国家的社会发展经验,其经济和社会发展经历了"自由市场经济—市场失灵—政府介入—负面影响—社会创业、社会创新"的历程,社会创业伴随着弥补和规范政府治理行为和制度失调的背景而产生,其构成主体、社会组织和兼顾社会营利性及社会责任、解决社会问题的企业参与社会化治理、致力于社会公共服务、提供社会公共产品、创新社会问题解决途径的深入程度对于促进就业创业、创新发展、维护社会稳定、弥补政府治理失衡,具有不可替代的调节作用和平衡功能。

而我国创业教育的蓬勃发展和再上新台阶是高校创业教育主动适应新时代中国特色社会主义发展特点的必然趋势。深化高校创业教育改革、鼓励大学生进行多种类型的创业活动成为建设创新型国家、深入贯彻创新驱动发展战略的重要组成部分,同时激发大学生创业的内生动力精神。随着

社会的发展、企业家精神的提升以及对社会责任感和认同感的加深,与基于盈利为目标的创业行为相比,根植于社会转型、社会问题解决方案多样化探索、民生问题改善的社会创业正逐步成为高校创业教育以及大学生创业新的发展方向和关注点。社会创业教育及实践,能够加强大学生的社会使命感和责任感,同时提升社会公共产品、公共服务的贡献力度,实现创业行为健康化、稳固化。

因此,在新时代中国特色社会主义建设和发展背景下,准确认识、精确把握、明确实施社会创业教育的内涵和趋势,成为既符合"以创业带动就业"的战略,又能够实现深入探索社会问题、满足目标群体的社会需要、缓和化解社会风险的创业教育"新风向"。此时,社会创业的调节性工具作用应进一步得到发挥,社会创业将激活社会活力和创造力,提升社会主动性和参与性,最终形成社会合力。社会创业教育经历了由商学院发起,到高校各个学院开设相关课程,再到成立专门的社会发展或创新学院的发展阶段,形成了相对系统和完整的社会创业教育体系。目前社会创业呈现出的包容性、开放性、多元化的特点,其活动具有跨部门、跨区域的发展需求,国外一些高校开始探索使用合作模式,多方协同、共同开发社会创业教育课程或项目。比如,杜克大学福卡商学院、耶鲁大学管理学院、百森学院、斯特灵学院及加州大学伯克利分校哈斯学院联合成立社会创业教育提升中心,为在校学生、社会组织及其他第三方机构提供培训项目。

再如,在来自斯坦福大学在校大学生开发的、旨在为非洲妇女提供与当地文化不冲突的、基于本地资源的"全球妇女用水行动社会创业项目"中,正是斯坦福大学哈斯中心等组织和机构的配合和支持,大学生才能有机会与来自东非当地的志愿者一起担任用水培训师和技术研发创业者的角色。此外,在大学生与社区志愿者、政府组织及其相关企业进行合作的同时,斯坦福大学的教师全程参与项目的实施,并在各个阶段对学生进行指导、纠正学生的行动目标、缓和学生与社区志愿者以及原住民之间由于文化差异造成的矛盾,从而也使得社会创业教育的体系与实际项目更加贴合,并有助于学生社会创业技能的提升。

（二）学习与创业:高校社会创业教育的行为范畴

学习活动与创业活动在目标、内容、行为等方面存在着相互衔接的关系。高校社会创业教育的目标是培养合格的社会创业者（包括自己建立企业以及企业或者组织内部的内创业者）,主要职能是通过学习社会创业相关的理论知识,通过竞赛、创业项目以及和相关组织部门合作提升学生应用知识的能力及社会素养和道德情操。创业实践则是通过项目实施、问题解决、社会问题发现、创新途径检验创业教育所培养出来的人才。当前越来越多地强调创业教育要与专业教育相融合、创业教育实行多主体实施,这意味着学习与创业实践的物理边界、行为边界越来越模糊,两者的融入性越来越强。不管是何种类型的高校,在进行创业教育的过程中,需要明确创业人才的培养是需要将现实需求和可持续成长相结合的,因此单纯就培养创业人才而言,培养理念具有一定的功利性,所以在界定学习与创业行为边界的时候不能单纯从教育规律出发,必须要结合当前的社会特点以及未来社会发展。

与商业创业教育的实施主体以商学院为主不同,社会创业教育实施的主体基本覆盖了高校的大部分专业,包括医学、社会学、管理学、工业设计等相关学科和专业。究其原因,在于社会创业是创业者通过与其他组织和机构合作共同解决社会问题这一本质属性,即在满足特定社会群体的需求、针对特定社会问题提出解决方案、设计创新型的产品和服务的过程中,需要具备不同专业知识的创业者共同完成。因此,社会创业教育的外延性和覆盖面超过了商业创业教育,除了商学院开设相关课程和专业外,社会创业教育逐渐扩展至其他非商科学院,课程或由多个学院进行联合设置。如以传播媒体与文化创意、艺术课程等专业和课程著称的伦敦大学金匠学院开设国际硕士项目,除了凭借自身优势开设了一些特殊课程外,还联合其他学院开设了一些技能性、操作性的社会创业教育课程作为商业类创业课程的补充,包括社会企业发展沿革、合作性创新网络构建、社区关系枢纽维护、数字平台应用、政策分析与建议等课程,旨在为有意愿从事或已经从事社会创业的学生和社会人士提供相应的社会学知识。

与社区项目深入合作,学生充分了解社区项目运行的情况并参与其中是社会创业教育实践的基础。学生参与地方非营利性组织开展的服务型学习项目,初步掌握如何成功地组织并传递社会改变的理念和观点。通过设计具有较大影响力的募捐活动或其他慈善活动,学生能够进一步了解相关社会活动的辐射面及特定群体的需求,获得组织和实施社会活动的实践经验。同时,学生通过任务驱动型的组织和活动树立较强的社会价值和文化,与课本上的知识进行有机融合,为今后进一步设计和创新社会产品和服务建立正确的价值导向并对职业生涯规划产生重大的影响。比如,美国的春假休闲团项目利用春假招募学生志愿者,通过调查当地特殊群体,每个项目小组与当地社区合作选择相应的社会项目,并全程参与该项目的运行和实施。通过这一项目,学生能够获得相应机会与区域性的非营利组织合作,从事服务性学习。这种经历能够促使学生深入探索区域性问题,针对特定的群体发掘其需求以及政策实施的偏差,寻求更科学的项目运作方式。这种经历能够培养学生开阔的视野,多层次地发掘和解剖相应的社会问题,发现特定群体的精准需求,为今后开发相应的产品和服务奠定基础。

(三) 教育与实践:高校社会创业教育的内涵及外延

社会创业教育兼具社会性和创业性等多重属性。社会创业教育具有三层内涵:一是不以单纯的营利为目的,凸显满足社会需求以及实现某种社会目标;二是以创业行为为指向,即具备创业行为所包含的所有特征和创业者个体所具备的特性;三是以教育为归属,即具备持续性、终身性、教化性以及可迁移性的教育形式。其定义具有复杂性、多角度性和多层次性,很难从一个角度对其进行限制。被称为"社会创业教育之父"的美国学者迪斯曾说,社会创业的特点就在于其混合复杂的环境,而这种特性是社会创业教育内在生成的。①

因此,在定义社会创业教育时,国内外学者并没有给出直接或者明确的概念,而是从其社会属性、创业行为的指向性以及教育的本源性,即从人才培养角度出发。而从实践角度出发,社会创业教育的理论和实践有着各自的规律,一般而言教育主要是指在学校受到的教育,是根据学校定位、指向社会需要、符合受教育者发展规律的有目的、有计划、有组织地对受教育者的影响。而实践则是指更为广泛的受众,也就是人通过社会活动解决问题,并能够通过活动获得赖以生存的资源的行为。教育是有目的性的,而实践有时缺乏目的性,因此在高等教育范畴内,实践需要纳入到教育中,为社会培养具有一定职业素养和多层次技能的人,其目的在于培养满足社会与时代发展需要的人。在高校社会创业教育过程中,实践是教育的延续和深化,两者最终指向都是提高受教育者知识和能力,因此从实践指向的层面来说,高校社会创业教育的覆盖面应该更广泛、内容应该更丰富。

国外高校社会创业教育的受众面较广,实践环节和理论教育环节的衔接相对自然。在美国麻省理工学院的社会创业就支持旨在帮助世界的企业家。通过各种各样的项目,如 D-LAB 奖学金(该奖学金通过一年的时间帮助扶贫产品或服务达到一定的市场规模)、全球创业实验室(Global Startup Labs,主要通过培养青年科技创业者来促进新兴地区的发展)、全球挑战大赛(IDEAS Global Challenge)等。许多项目开始只是在宿舍或实验室里的一个想法,但后来在学院支持下发展成为面向社会公益并发展良好的创业项

① Erin Worsham,"Reflections and Insights on Teaching Social Entrepreneurship:An Interview with Greg Dees",*Academy of Management Learning & Education*,2012,Vol.11(3).

目,并为众多缺医少药的社区提供了低成本的技术。

在我国以自主创业为导向的传统创业教育更多地倾向于鼓励部分学生参与创业实践,而忽视普适性更高的传授学生创业知识、培养学生创业精神的课程教学主战场,社会创业受益面较窄。① 另外,我国较缺乏像比尔盖茨、扎克伯格、巴菲特等创业型的公益性榜样,整个社会还较缺乏社会创业的氛围,最终使得大学生从事社会创业的比例也较小。国外高校社会创业教育课程体系相对成熟,保证了理论教育和实践教育之间的有机融合。

徐小洲教授在分析哈佛大学的社会创业教育时还指出,该大学通过开发融合性社会创业教育课程,如商学院开设的《金字塔底端的商业》《教育中的创业与技术创新》、法学院开设的《社会创业导论》等,以及通过基于多元体验学习平台创业实践、打造紧密协作的社会创业教育共同体等策略成为全球高校社会创业教育的标杆,为我国高校的社会创业发展提供了启示。再如芝加哥大学(University of Chicago)的社会创业的体验式学习与课程就包括社会企业实验室(The Social Enterprise Lab)、约翰爱德华森的社会创业的挑战(SNVC)、新的社会企业(New Social Ventures)、企业家发现(Entrepreneurial Discovery)、波斯基中心 i-corps 程序,并有许多配套的社会创业行动计划进一步支持。

由于我国创业教育起步晚,现有的创业课程内容大多脱胎于商学院的相关课程,或者"洋为中用",本土化的创业课程体系仍不成熟,同时现有的教师多数是有着企业管理或战略管理理论背景的教师,或是从从事思想政治、就业指导、团委等工作的教师初步转型而来,偏重商业创业教育,且水平有限。近年来,参与创业教育的高校数量虽然在逐年增加,但开设的创业课程数量依然有限,导致创业教育的受益面局限于少数参与创业实践的学生,难以满足"90后"学生的多样化需求,从而无法辐射更多学生,由于师资的匮乏,学生也无法获得有针对性的指导。

国外高校设立专门的社会创业教育机构,治理结构完善,使得在实施社会创业教育过程中能够覆盖更多的领域和部门。牛津大学赛义德(SAID)商学院的斯科尔社会创业中心(Skoll Centre for Social Entrepreneurship)是一家为推进全球社会创业顶尖的学术单位。该机构通过世界一流的教育,尖端的研究,并在商业、政策、学术和社会领袖之间的合作,实现了社会转型的创新。该机构的研究和服务对象是全球范围,通过使用网络的力量来放大其工作,使得研究人员,学生能跨越界限到更广泛的地方和国家。该机构

① 黄兆信、王志强、刘婵娟:《地方高校创业教育转型发展之维》,《教育研究》2015 年第 2 期。

的价值观有六点：创业（即牛津大学相信通过创业途径来改变社会，并致力于运用市场驱动的、营利或非营利的寻找解决贫困和环境恶化等问题的方法）、合作、全球关注、系统影响、知识严谨和诚实、重视团队。因此建立如牛津大学社会创业中心类似的科学有效的治理结构是促进高校社会创业教育发展的重要保障。社会创业不仅需要政府、社会（如公益创投基金）、公益组织等利益相关者参与治理的外部结构，亦需要紧密协调合作的内部治理结构。又如芝加哥大学的社会创业计划（Social Entrepreneurship Initiative）办公室，就是位于芝加哥市中心的一个50000平方英尺的协作空间，并与波斯基创业与创新中心（Polsky Center for Entrepreneurship and Innovation）和阿拉贡国家实验室中心（Argonne National Laboratory）共享。

　　社会创业教育应具备创业的动态性，同时在其行为对象及结果中充分融入社会属性，创业者作为探究机会和创造价值的主体，并非从事商业行为的逐利者，而是通过其创业行为满足社会需求来创造价值。[①]　并以社区、志愿者组织、当地政府部门、非营利性组织、带有社会服务性质的企业为载体开展创业活动，并利用潜在的、未被开发的资源与创业者的专业知识、创业技能相结合以满足该区域的发展需要，或者寻求更具有创新性的想法和解决问题的方法。[②]　社会创业者如果选择成立社会企业，将获得的大部分利润投入社会创业活动；或者与私人、公共以及社会组织进行合作，针对特殊群体或者特定需求，以项目为载体，从而达到社会创业的目标。[③]

　　由于当前我国社会创业教育还处在发展期，高校社会创业教育属于创业教育的重要部分，社会创业教育与高校创业教育一样存在一些共性问题：第一，创业教育受益面窄，以自主创业教育为主，侧重商业创业教育。第二，创业教育与专业教育脱节，在运行中缺乏有效深度融合。第三，创业教育相关机制不完善。创业教育组织仍较松散，合作不够紧密，缺乏顶层设计，挂靠在教学单位或行政部门，资源分散，缺乏合力；也较缺乏专业的社会创业教育机构。[④]　现行的创业教育运行体系在整合不同专业教师资源、校内外

---

①　黄兆信、黄扬杰：《社会创业教育：内涵、历史与发展》，《高等教育研究》2016年第8期。

②　Dees, J., Emerson, J. & Economy, P., "Enterprising Nonprofits: A Toolkit for Social Entrepreneurs", *Academy of Management Learning & Education*, 2001. Brock D.D., "Social Entrepreneurship Teaching Resources Handbook", Byrum School of Business, Wingate University, 2008.

③　Mair, J. & Marti, I., "Social Entrepreneurship Research: A Source of Explanation, Prediction, and Delight", *Journal of World Business*, 2006, Vol.41(1).

④　黄兆信：《论高校创业教育转型发展过程中的几个核心问题》，《兰州大学学报（社会科学版）》2014年第6期。

创业教育资源等方面也存在一定缺陷。① 同时大多数大学生创业大赛的评价机制对社会责任指标的权重偏少。因此,社会创业教育的发展可借鉴如牛津大学的社会创业中心的设立模式,机构有明确的定位和价值观导向,同时运用网络的力量使得研究和服务对象更广泛。

因此,从教育层面出发,进行社会创业教育的出发点应以培养创业者的社会意识和社会认同感为主,将专业知识、机会识别、创业意识融入其中,但是其目的是以创新性的方法解决社会问题。② 因此,社会创业教育既具备创业教育开创性、创新性的本质属性,又可外延至社会意识和道德教育,需要将为社会变革提供的可行性方案作为教育实施的基础。而对于内涵如此丰富的社会创业教育,还是有研究者总结了具有参考价值的核心议题,即社会创业教育必备的话题,包括解决社会需求或问题、创新、获得社会企业规模、获取资源、发掘机会、探索可持续性商业模式以及评价成果。③ 在此基础上,社会创业教育将推动创业教育从以增长为特征的第二阶段进入以创新为特征的第三阶段。④ 由此,社会创业教育具备形塑社会创业行为的可能性。

第四节　高校社会创业教育的
文献统计分析

一、从公益创业到社会创业:高校社会创业教育研究的发展

样本文献以中国知网(CNKI)数据库为数据遴选平台,对中国知网(CNKI)收录的所有期刊进行篇名中含有"公益创业"或者"社会创业"(因为"Social Entrepreneurship"可被译为社会创业或者公益创业,因此以这两

---

① 黄兆信、曲小远、施永川、曾尔雷:《以岗位创业为导向的高校创业教育新模式——以温州大学为例》,《高等教育研究》2014 年第 8 期。

② Erin Worsham,"Reflections and Insights on Teaching Social Entrepreneurship:An Interview with Greg Dees",*Academy of Management Learning & Education*,2012,Vol.11(3).

③ Debbi Brock & Susan Steiner,"Social Entrepreneurship Education:Is It Achieving the Desired Aims?",2019-01-14,http://citeseerx.ist.psu.edu/viewdoc/download? doi=10.1.1.385. 8929&rep=rep1&type=pdf.

④ Debbi Brock & Marina Kim,"Social Entrepreneurship Education Resource Handbook", 2019-01-14,https://www.researchgate.net/profile/Debbi_Brock/publication/261062155_ AshokaU_Brock_Handbook_Preview/links/0f31753319f970d95c000000/AshokaU-Brock-Hand-book-Preview.pdf.

个词为关键词分别进行搜索,所得结果为分别搜索数量总和,由于研究社会
创业教育的文献数量相对较少,尚不足以构成趋势分析有力的样本数量,因
此未采用该关键词)的论文进行统计,共得到相关研究论文 473 篇(见表
1-2)。

　　2003—2014 年期间,相关文献数量的增长较为平稳,而在 2015 年出现
了小幅度下降,2016—2017 年呈继续增长的趋势。从总的趋势来看,对于
公益(社会)创业研究的趋势呈递增趋势,但是增幅并不是很大,相应的研
究成果也并不是十分丰富。

表 1-2　2003—2018 年中国知网(CNKI)收录期刊公益(社会)
创业教育研究发文量分年度统计表

发表年份	数量
2003	3
2006	5
2007	6
2008	8
2009	16
2010	19
2011	33
2012	44
2013	22
2014	68
2015	61
2016	67
2017	78
2018	43

　　高频关键词最能体现相关研究者关注的研究领域,代表了这些领域的
研究热点和研究发展趋势。分析表 1-3 数据可以发现,我国公益(社会)创
业研究领域涉及的内容相对较为广泛,主要研究对象为大学生、青年、高校、
高职院校、社会企业、非营利组织,基本涵盖了公益(社会)创业在微观和中
观层面的研究对象,而且多数研究成果是基于公益(社会)创业教育的角
度,但是从宏观层面来说,和政府政策、法规相结合的成果并不是非常多,从
另一个侧面能够看出,我国在研究公益(社会)创业教育还是以自发性的

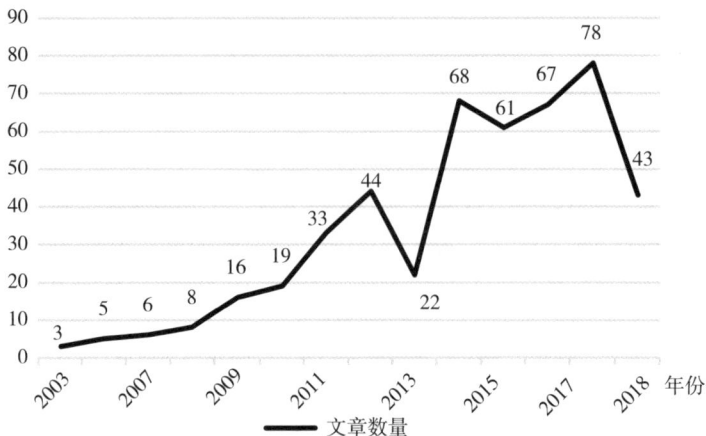

图1-2　2003—2018年中国知网(CNKI)收录期刊公益
(社会)创业教育研究发文量分年度统计图

"创业"行为为研究焦点,没有将公益(社会)创业产生的政策背景加以涵盖。公益(社会)创业区别于商业创业、学术创业之处就在于其在产生伊始受到社会特定发展环境、政策制定、宏观调控大背景制约,如果单纯从微观的行为角度探讨,而不将其产生的背景进行融入的话,研究范围势必会不够完善,研究内容很难体现特色和新颖性。

表1-3　2003—2018年中国知网(CNKI)收录期刊公益(社会)
创业教育研究发文高频关键词统计 (单位:次)

序号	关键词	频次
1	公益创业	196
2	社会创业	89
3	大学生	65
4	公益创业教育	31
5	青年	27
6	创业教育	23
7	高校	18
8	社会创业教育	16
9	高职院校	13
10	社会企业	13

续表

序号	关键词	频次
11	创新	12
12	公益	11
13	大学生创业	11
14	非营利组织	10
15	大学生公益创业	9
16	中华人民共和国	9
17	社会价值	9
18	社会创业组织	9
19	公益创投	9
20	创新创业	9

　　高频关键词虽然在一定程度上反映了我国公益（社会）创业教育的研究热点与研究趋势，但是仅仅按照出现频率对这些关键词进行线性排列，不能全面、立体地反映它们之间的关系，为此还需要作进一步的共词分析。①共词分析法属于内容分析法的一种，以一组词中两两同时出现于一篇文献中的次数为基础来判断它们之间的"共词强度"。强度越高，表明这两词之间的关系越紧密。由于篇幅限制，本书仅列出高频关键词频次排名前10位的相异矩阵数据（见表1-4）。

表1-4　2003—2018年中国知网（CNKI）收录期刊公益（社会）创业教育
　　　　研究发文高频关键词共词矩阵（四舍五入并保留三位小数）

	公益创业	社会创业	大学生	公益创业教育	青年	创业教育	高校	社会创业教育	高职院校	社会企业
公益创业	1.000	0.001	0.173	0.017	0.068	0.022	0.028	0.000	0.014	0.002
社会创业	0.001	1.000	0.009	0.000	0.004	0.024	0.001	0.018	0.001	0.042
大学生	0.173	0.009	1.000	0.008	0.000	0.011	0.000	0.000	0.000	0.000

---

① 张晓冬等:《基于共词分析和社会网络分析的我国计算机集成制造系统研究热点》,《科技管理研究》2016年第11期。

续表

	公益创业	社会创业	大学生	公益创业教育	青年	创业教育	高校	社会创业教育	高职院校	社会企业
公益创业教育	0.017	0.000	0.008	1.000	0.011	0.000	0.088	0.000	0.062	0.000
青年	0.068	0.004	0.000	0.011	1.000	0.000	0.000	0.000	0.000	0.003
创业教育	0.022	0.024	0.011	0.000	0.000	1.000	0.010	0.003	0.000	0.003
高校	0.028	0.001	0.000	0.088	0.000	0.010	1.000	0.014	0.000	0.004
社会创业教育	0.000	0.018	0.000	0.000	0.000	0.003	0.014	1.000	0.000	0.000
高职院校	0.014	0.001	0.000	0.062	0.000	0.000	0.000	0.000	1.000	0.000
社会企业	0.002	0.042	0.000	0.000	0.003	0.003	0.004	0.000	0.000	1.000

表1-4中的数值表明关键词之间的相似性,相对应的两个关键词距离越近、相似度越高,其数值将越接近1,反之则趋近于0。以公益创业为例,与大学生及青年间的相似度为0.173、0.068,远远大于和其他关键词的相似度,这说明,我国相关专家学者在研究公益创业的时候,往往以大学生作为公益创业研究的主要对象,也从另一个侧面说明,当前公益创业研究的成果大部分是针对教育领域,在社会创业研究领域也出现了类似的情况。

基于聚类分析,结合创业教育研究20年来的发展趋势,再综合考虑各高频关键词的内涵,可以将2003—2018年公益(社会)创业研究领域的热点归纳为10个,分别为公益、公益创业、实施模式、高校、思想政治教育过程、社会价值、教育研究、社会创业教育、组织行为、平台(如表1-5所示)。在考虑公益(社会)创业研究领域知识体系的基础上可以看出,基本上每个主题内的高频关键词之间的关联性较强、差别较小,不同主题之间的高频关键词差别相对较大,这进一步验证了聚类分析的合理性。

由高频关键词构成的主题中,包含了数量较多的高频关键词,说明我国研究公益(社会)创业教育的专家、学者对于这10个主题的关注程度较高,研究也更为深入和广泛。与2003—2018年公益(社会)创业教育的研究和发展的现实情况相比较,基于聚类分析得到的公益(社会)创业教育研究领域的 10 个热点和主题反映了 2003—2018 年来公益(社会)创业教育研究在实施和体系构建、演化过程中面临和亟待解决的问题。与此同时,随着公益(社会)创业教育研究的深入和扩散,这些研究热点也体现出学界的问题导向性更加明显。从聚类分析能够发现,单纯的公益化研究已经不能代表实现该种创业模式的所有特性,既然作为一种创业模式,其必然具有营利性的特点,正如前文提到,即使是非营利组织,其为了能够寻求更多的创新性解决方法以及摆脱政府预算削减给其行动造成的影响,这些机构或者组织也开始引入营利性经营行为,当然其主要目的是将营利所得继续投入到解决社会问题中去。

表1-5　2003—2018 年中国知网(CNKI)收录期刊公益(社会)
创业教育研究发文高频词聚类分析汇总表

序号	权重	研究领域	核心关键词	主关键词
1	0.992	公益	创业家;黎锦;聋哑人;志愿团队	创业家;黎锦;聋哑人
2	0.982	公益创业	志愿服务;教育管理;互联网+;互联网;助残服务	志愿服务;教育管理;价值观
3	0.978	实施模式	高等职业教育;教育体系;协同创新;发展趋势;社会创业教育	社会创业教育;高等职业教育;教育体系
4	0.968	高校	社会工作;美国;扬帆起航;公益机构;创业计划竞赛	公益创业;社会创业;扬帆起航
5	0.949	思想政治教育过程	社会创业导向;非营利组织;国家自然科学基金;实证分析	非营利组织;社会创业导向
6	0.936	社会价值	社会创业组织;创业创新;商业模式;社会企业;创业组织	社会企业;社会创业组织;创业创新
7	0.92	教育研究	创业过程;社会创业教育支持体系;社会创业者;和谐社会;创业领域	社会创业;公益创业;创业教育
8	0.92	社会创业教育	创业过程;社会创业教育支持体系;社会创业者;和谐社会;创业领域	社会创业;公益创业;创业教育
9	0.883	组织行为	公益组织;公益事业;创业团队;大学生公益创业;跨界合作	公益事业;创业团队;公益组织
10	0.863	平台	大学生;新媒体;公益活动;社区服务;公益创业	大学生;公益创业;新媒体

随着研究的进一步扩大以及涉及的领域越来越广,"社会创业"这种界定反而包括了更多的研究领域,而公益创业从其界定范围来说实施主体和

行为目的以及培养目标相对单一,仅仅将社会创业的公益性宗旨进行了概括,在此界定上进行研究容易将研究的目的限定在一个特定的范围内,失去了商榷社会创业之中创新性变革和创新性方法的余地。并且在将创业活动限定为公益性之后,特定组织的经费来源基本上就只有财政拨款以及企业捐助,这种情况放大了政府在社会创业中的作用,忽视了组织本身的能动性以及社会企业的作用。而在进行高校社会创业教育过程中,如果将其界定为公益创业教育的话,那么对于创业行为的目的只能缩小为基于公益性的,其实施模式也会相对变窄;如果界定为社会创业,那么在进行实践过程中,其不仅能够从社会创新的角度入手,还能够将社会企业、社区等组织和机构纳入研究过程,其研究范围更为广泛。

对于未来的研究展望,随着社会创业的优势日益凸显,各国教育主管部门已逐渐意识到社会创业教育在形成社会认知一致性以及引导创业者具备更强的社会使命方面的重要性。① 至于社会创业教育的重要主体,高校在实施社会创业教育时,其目的在于帮助学生建立合适且可持续发展的(商业)模式,以满足相应的社会需求并为社会贡献相应的价值,同时使学生能够理解如何促使社会向着更为积极的方向变革,且能利用相应的知识和能力去引导这种变革完成。但遗憾的是,对于高校创业教育发展这一新的指向,已有研究很少且不成体系。比如,如何将社会创业教育纳入高校整体的课程体系,就是一个亟待解决的理论问题和现实难题。就当前已有文献来看,有关高校对于社会创业教育的研究主要集中在社会创业教育生态体系构建、社会创业课程设置、社会创业教育案例分析等方面。为此,希望学界在后续研究和实施社会创业教育的过程中,将社会创新、创业的概念一并引入,形成新时期社会创新、创业新理念和社会创业行为新载体,并形成专业教育与社会创业教育共融合、宏观层次与微观研究相结合、多学科领域相交叉的研究方向。

二、社会企业还是社会创业者:国外社会创业研究的主体

在总结社会创业概念以及研究其发展过程中,笔者发现,国外学者对于社会创业领域的研究较多聚焦于社会企业、组织以及社会创业者的特质方面,而对于教育领域的研究较少,为了进一步探究国外社会创业领域的研究

① Brock,D.D.,"Social Entrepreneurship Teaching Resources Handbook for Faculty Engaged in Teaching and Research in Social Entrepreneurship",Ashoka's Global Academy for Social Entrepreneurship,March 2008,9.

的情况,拓宽社会创业教育可研究的领域以及元素,需要进一步对国外的期刊文章进行分析。样本文献以 Web of Science 数据库为数据遴选平台,对其收录的所有期刊进行篇名中含有"Social Entrepreneurship"且为了和中文译名保持一致,两个单词必须同时出现的论文进行统计,共得到相关研究论文 405 篇(为了和中文期刊文章统计年限一致,特将年限控制在 2003—2018 年,其中 2018 年文章尚未收录)(见表 1-6)。

表 1-6　2003—2018 年 Web of Science 收录期刊社会创业研究发文量分年度统计表

发表年份	数量
2003	1
2004	2
2005	2
2007	5
2008	7
2009	15
2010	41
2011	21
2012	31
2013	29
2014	34
2015	48
2016	88
2017	81

2003—2010 年期间,相关文献数量的增长较为平稳,2011 年出现了小幅度下降,2012—2016 年基本呈继续增长的趋势,2017 年又出现了小幅度下降。从总的趋势来看,对于公益(社会)创业研究的趋势呈递增趋势,但是增幅并不是很大。由于搜索习惯以及构词习惯,该图表只能表明对于标题中含有"Social Entrepreneurship"的研究情况,并不能完全说明该领域的现实研究状况。对期刊覆盖的学科范围进行梳理,国外关于社会创业的研

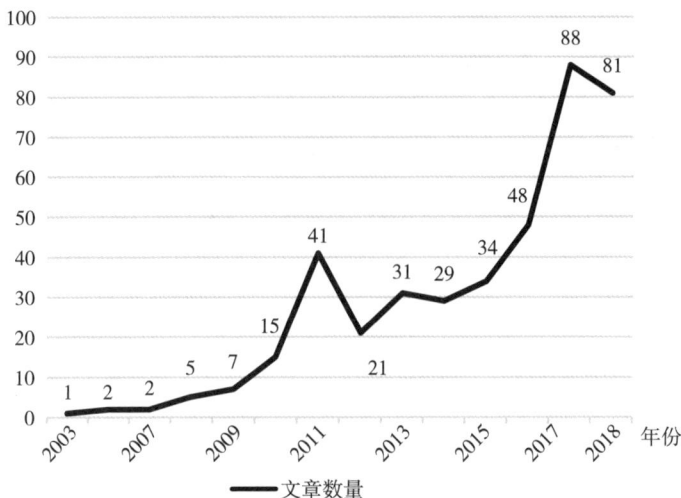

图 1-3　2003—2018 年 Web of Science 收录期刊社会
创业研究发文量分年度统计图

究主要集中于商业经济领域,其次为商业领域,教育领域排在第三,在研究
领域和学科范围上和我国差异性较大,我国研究社会创业的成果虽然分布
于各个领域,但是内容和教育的相关性显著。

从研究的高频关键词中(见表 1-7)能够发现,社会创业与研究成果所
归属的学科存在一致性,基本集中于商业和管理领域,这也和国外社会创业
概念出现和形成时,企业占据主导地位的情况相一致。在 20 世纪前,虽然
还未对社会创业有真正的定义,社会对社会创业者需求也不是很强烈,企业
是以经济利益为主,也未有高校开设过相关的社会创业课程,但有少数高校
开展过社会创业的相关活动。如 1854 年弗洛伦斯·南丁格尔以英国军事
医院主管伊斯坦布尔斯库台区,开展社会创业的相关活动。

随着可持续发展理念的形成及在世界范围内形成较大的影响,企业开
始形成以实现社会价值为核心的创业行为,也进一步影响教育领域,在
1970—1990 年间,开拓者们建立起了显著的社会创业群体,使企业和社会
的利益融为一体。如 1971 年斯坦福大学推出公共管理计划,以培养具有社
会意识的领导人。之后不少企业家提出了价值导向(Values Led)、绿色环
保(Echoing Green)等概念。1999 年斯坦福又建立社会创新中心发展领导
者,以解决全球社会和环境问题,此时的社会创业教育仍是以企业为主要推
动力并与学校开展紧密的合作。

表1-7　2003—2018年Web of Science收录期刊社会创业研究发文量高频关键词

序号	关键词	频次
1	社会创业（Social Entrepreneurship）	186
2	社会企业（Social Enterprise）	35
3	创业（Entrepreneurship）	22
4	社会革新（Social innovation）	21
5	可持续性（Sustainability）	11
6	创新（Innovation）	11
7	社会创业家（Social Entrepreneur）	8
8	印度（India）	7
9	社会企业家（Social Enterprises）	6
10	社会价值（Social Value）	6
11	社会变革（Social Change）	5
12	企业创业（CorporatesocialEntrepreneurship）	5
13	旅游业（Tourism）	4
14	动机（Motivation）	4
15	企业社会责任（Corporatesocial Responsibility）	4
16	金字塔底层（Base of the Pyramid）	4
17	社会资本（Social Capital）	4
18	可持续发展（Sustainable Development）	4
19	发展（Development）	4
20	规模（Scaling）	4
21	机遇（Opportunity）	4
22	身份（Identity）	4
23	商业模式（Business Model）	4
24	社会经济（Social Economy）	4

从2000年至今,社会创业的组织结构得到显著发展,商业企业、社会企业、社会组织以及高校成为了实施社会创业的主要力量,培养社会创业者的主要任务主要由高校完成,而企业、各类型组织以及政府部门积极参与到社会创业人才培养和创新社会创业途径和方法中。如2001年哈佛商学院在其年度经营计划中增添了社会企业相关指标。2003年牛津大学的赛义德（SAID）商学院建立了斯科尔（Skoll）社会创业中心。2009年奥巴马政府建

立了社会创新和公民参与办公室,来帮助解决非营利组织、社会企业、商业、宗教和其他社会组织所面临的问题。2010 年英国实施社会影响债券,建立基金来帮助社会企业。美国社会企业家设立的第一个奖学金,则努力改善了美国黑人的生活。美国马里兰成为第一个制定了公司法的州,强调公司社会和环境使命与利润同等重要。又如 2015 年众多基于网络平台的创客网站走向公益,著名众筹网站 Kickstarter 也宣称将改组为"公益公司",即不追求将公司出售或上市。

根据高频关键词聚类分析汇总表也能够发现一个现象,即国外学者在进行社会创业研究的时候,比较关注于具体执行者层面的研究,也就是参与者行为方面的研究,例如当前的研究焦点为"Action Science"(行动科学),主要关注社会创业中的冲突、区域发展、具体行为研究、合作以及相应的动态模式和与社会创业相关的网络。对于专门的社会创业教育则没有直接涉及,但是可以发现在研究的焦点领域中,关注青少年与社会创业关系的研究也相对较多,其成果主要是关于青少年创业以及经验分析、企业界、中小企业和机会识别。因此,对比中外研究可以看出,我国关于社会创业的主要研究焦点是高校、教育以及人的培养,但是在具体方法、途径以及企业、政府、社会组织如何与高校更为密切地进行合作,如何针对当前需要解决的社会问题和针对特殊的社会群体方面的研究并没有太多的成果,这反映了目前我国的社会创业教育研究还停留在就教育而谈教育这一现实。国外的研究则很少有专门针对高校开展的社会创业教育研究,其研究焦点主要是创业者以及能够为创业者提供机会的载体,是"跳出教育谈教育"的行为。

表 1-8　2003—2018 年 Web of Science 收录期刊社会创业研究发文量高频关键词聚类分析汇总表

序号	权重	研究领域	核心关键词	主关键词
1	0.97	行为科学 (action science)	社会创业;冲突;区域发展;社会分化;行为研究;行为(socialentrepreneurship; conflict; regional development; divided society; action research; action science; art; partnership; network; dynamics; model)	行为科学;行为研究;文艺行业(action science; action research;art)
2	0.864	领域 (side)	创新系统;风投评估(innovation ecosystem; venture capitalistsassessment)	战略联盟;合资公司;合伙人(strategic alliance; joint venture;partner)

序号	权重	研究领域	核心关键词	主关键词
3	0.832	度量 (measurement)	社会资本(social capital)	管理策略研究;金融;多国公司(strategic management research;financial; multinational corporation)
4	0.829	萌芽 (nascent)	智力结构;制度创业(intellectual structure; institutional entrepreneurship)	制度创业;机遇;领域(institutional entrepreneurship; opportunity;field)
5	0.799	自由主义者 (liberal)	社会创业;中小企业主(social entrepreneurship; small business owner)	合伙;机遇识别;理论(participation; opportunity recognition;theory)
6	0.737	青少年 (adolescences)	创业;实证分析(entrepreneurship;empirical analysis)	领域;决策;动机(sector; decision; motive)
7	0.736	探索 (exploration)	内容分析;社会资本(discourse analysis;social capital)	嵌入;18世纪;历史(embeddedness; 18th century;history)
8	0.691	青少年 (adolescences)	机遇;思考厌恶(opportunity;unternehmertum)	中小企业;俄罗斯;社会资本(SME; Russia; social capital)
9	0.654	度量 (measurement)	非营利组织;社会资本(nonprofit organization;social capital)	创新;战略生态位管理;价值(innovation; strategic niche management;value)
10	0.634	自由主义者 (Liberal)	社会革新;知识基础(social innovation;knowledge base)	策略;专项基金;价值创造(strategy;appropriation;value creation)

　　国外高校没有闭门造车,在进行社会创业教育过程中打破单一的培养途径,建立专门性、合作的培养机构,来进行社会创业人才培养。哈佛大学20世纪90年代中期就成立社会企业发展研究中心,迪斯教授在商学院首开了社会创业课程,并很快由传统的商学院主导模式转化为学科交融模式。2004年,哈佛大学甚至招收了第一批社会创业博士生。其商学院与肯尼迪政府学院学生组织的社会创业大会(Social Enterprise Conference),在全球

也产生了较广泛的影响力。① 国外其他著名大学如牛津大学、斯坦福大学、芝加哥大学等的社会创业亦均进入成熟期。如牛津大学认为社会创业是一种融合创新，是融合机会和资源来创造社会和环境影响的方法，它挑战传统的结构，并确定了新的机会，以解决问题的根源。它产生系统性变化并提供可持续的解决方案。牛津大学提倡通过世界一流的教育，尖端的研究来培育社会创业家。

国外一流创业型大学如斯坦福大学、麻省理工学院、慕尼黑工业大学等的创业教育已走向大众化、尖端化。② 他们不仅提供全校性的创业教育，也为旨在社会创业的全世界的创业者提供一流的教育或研究支持。日本教育界则创造性地将社会创业理论引入到大学社会服务的研究中，探索如何更好地实现社会服务。他们从目的、中介、时间、立场四个维度入手，厘清了社会创业的性质。首先，从目的维度看，日本教育界认为社会创业关注需求未被满足的社会群体，这与以经济利用为目的的传统商业创业之间是存在差异的；其次，从中介维度看，社会资本作为社会创业的重要的资源，在社会创业过程中既要利用社会资本也要寻找社会资本、构建社会网络；再次，从时间维度看，在社会创业过程中会面临许多困难与挑战，若要实现可持续发展，需要具有可持续性；最后，从立场维度看，社会创业过程有双重性，创业者应从中寻找平衡点。③ 相比较而言，我国大学的社会创业教育还处于发展期，差距较大。

---

① 　徐小洲：《社会创业教育：哈佛大学的经验与启示》，《教育研究》2016 年第 1 期。
② 　黄扬杰、邹晓东：《慕尼黑工大创业教育实践与启示》，《高等工程教育研究》2015 年第 5 期。
③ 　刘原兵：《社会创业视域下日本大学社会服务的考察》，《比较教育研究》2015 年第 6 期。

第二章　多理论视角下的高校社会创业教育考辨

　　由高校组织实施的社会创业教育属于高等教育的一部分,在实践过程中将遵循高等教育的发展规律,因而也具备高等教育的共同特征和社会创业教育自身的独特个性。社会创业教育具有多学科交叉的特点,而高等教育作为综合了各种需求和目标的领域,也体现出类似的特点,正是因为这样,高等教育与社会创业教育都具备多理论源头的特点。因此,从推动创新创业教育改革的深化和高等教育内涵式发展的角度来看,对高校社会创业教育的分析应从多理论视角出发,从不同主体及其互动特征入手,兼用不同角度和维度来构建完整的高校社会创业教育体系。同时,要从学科方向入手,充分考虑学科知识对于构建社会创业教育的支撑,将社会创业从行动指向转向理论指向、从自发性行为转向指导性行为、从以政策为导向转向以创新为导向。从参与主体、组织主体、实施主体的本体特征出发,通过本体论掌握和分析各个主体的不同特征;以实践过程和组织环节为基础,从实践论出发对创业行为进行引导;以社会发展大背景为依托,将生态论作为聚合各因素的关键理论。在此多理论视角下形成完整的高校社会创业教育理论和实践体系。

第一节　高校社会创业教育理论基本规律探析

一、高校社会创业教育规律的认识

　　高等教育是社会系统中的重要组成部分,其生存依赖整个社会大环境的发展和运行规律。从西方高等教育发展史来看,大学的建立和发展经历了开放—封闭—再开放的过程,其功能也从教学拓展至教学、科研和社会服务三大功能。高等教育的诞生最初依赖学者对于社会问题和人本问题的兴趣和需要,随着越来越多的学者就某一问题形成特定的学派,他们的理念逐渐形成理论并具有传承功能,育人功能便从中产生,这时的"大学"是开放性的,对于社会的探索和接触是无界限的。而在欧洲中世纪,教会的封闭性导致高等教育以基督教和神学观为核心理论,其培养的人是具有神性认知的人,因此高等教育理念与"世俗"人的理念是完全脱节的。

随着几次工业革命的发生,高校不得不再次顺应社会发展需要,将教育与社会需求紧密结合,通过与社会问题融合进而认识社会、了解社会、适应社会、服务社会。随着高等教育与社会联系越来越紧密,其在政治、经济等各个方面的参与性也越来越高,逐渐成为社会发展的中坚力量。从高等教育本身指向的对象以及培养的目标而言,高等教育在适应大学生身心发展自然规律的基础上,将相对高深、专门的知识,以多样化的形式和途径进行传授,并且以培养具备相应素质、专业素养,能够适应社会具体领域具体要求的人为最终目标,以实现、促进、提升大学生的发展。

教育活动的本质是培养各种层次、各种类型的人的实践活动,也就是通过知识以及使用知识的方法和途径,使人具备将知识应用到社会系统特定领域、形成不同成果、实现差异化产出的素质。因此,教育的内部规律必然包含三方面的内容:首先,教育培养的对象是人,是具备自然属性和社会属性的人,这就需要在传授知识和技能的过程中遵循人的规律和逻辑;其次,教育培养的人是需要与社会系统运行相匹配的人,因此除了培养的共性外,必须要具备差异性和层次性;最后,教育在产出"主产品"——人的同时,在对其培养过程、培养内容、培养手段的不断探索过程中,通过经验总结、技术应用、理念创新、基础研究等方法、手段,产生作用于生产、生活的"副产品",包括具备转化潜力的成果、具备创新性的教育理念、能够进行推广的方法和手段等。

单纯从教育内部规律指向的目标来说,教育规律的发展应以公益性为目的,即为社会培养人才,为社会服务,但是从教育规律推动教育过程发展的轨迹来看,教育过程最终指向的对象是能够推动社会经济发展的人以及在人才培养过程中产生的能够促进社会经济进步的成果。因此,从其规律运行中产生的"副产品"来看,教育具有物质性的产出,在其投入经济运用中或者推广应用以后,必然具备营利性。但是,从提供产品的公共属性和教育目的的公共性出发,公益性是教育最本质的属性,营利性是教育在实施过程中随着其基本目标衍生而出的属性,不会改变教育的本质属性。因此,两者在从属关系上并没有根本的矛盾和冲突,并且营利属性实际上最终是归属于公共属性的,甚至在特定的条件下和过程中,教育的本质属性需要衍生属性更好地进行推动,即衍生属性能够促进教育内部的创新。

教育的外部规律,即各级各类教育在当前社会经济环境中与其他主体相互依存的规律,也可以说是教育本体与社会系统内各子系统的关系。从教育的普遍性来说,教育必须适应社会发展阶段需要,这是教育和各个子系统和谐相处共同促进社会发展的基础条件。但是,由于上层建筑对于经济和社会发展的反作用,当教育理念和行为已经能够与整个社会系统融合发展的时候,教育的内部规律开始发挥自身的作用,从内部推动教育力量对外界的促进作用,教育开始发挥驱动作用,直至引领作用。

从适应性的本源来看,教育是生物在其所属领域内随着外界环境条件的改变而改变自身的特性或生活方式的能力,以使种族继续繁衍,是一种顺从自然规律的自然性。[1] 但是融合自然选择理论与社会学理论,教育需要与社会运行规律相结合,演化成为"社会群体在既定环境中通过再生产而维持它自己的心—身遗产相对确定的机会"。[2] 随着适应性的概念逐渐向社会学领域拓展,关于适应中的自体与环境的关系引起了较多的关注,尤其是作为系统中的元素,自体对于系统的适应需要从内部的主观能动性和外部的驱动力角度出发进行探索,即自体的适应性的主动与被动,即"系统必须对于环境所强加的'现实要求有一种顺应',除此之外还包括积极的情境改造过程"。[3] 从适应性内涵的演进过程能够发现,不管从适应的主体还是客体来看,适应的过程是动态的,具备过去、现在和将来的变化。通过在相对稳定的环境中保持稳定的状态形成历史性的循环适应;通过对当前环境改变的接受与吸纳形成发展的动态性适应;通过总结过去和当前发展变化的规律,对未来的趋势作出一定的预先判断并针对判断采取相应的措施的预测性适应。动态性的适应决定了教育不仅仅是对环境变化和系统变化的被动接受,其在发展过程中既能够根据保留历史中支持其生存和发展的有利因素,又能够根据现时状况作出相应的调整,更能够通过持续稳定的发展总结出规律,并进行引导性的预判,"教育决定未来人的存在,教育的衰落就意味着人类未来的衰落"。当教育从内容、形式等方面实现适应性创新后,其必然要在已有的创新成果上进行升华,即利用创新的成果对社会经济未来的发展作出前瞻性的指导,也就是"教育能够兴国"。

从适应性的三种类型和方向来看,教育的适应性可以从宏观和微观两个层面进行分析,在宏观层面上,教育自身要具备可调节性,即首先基于历史的沉淀形成自己独特的发展规律,其次需要与当前的经济发展阶段、社会生产力水平和科学技术发展水平相适应,根据当下的社会环境的外部形势而进行自身的调整。生产力水平是促进社会发展的根本动力,也是制约和

---

[1]　辞海编辑委员会:《辞海》,上海辞书出版社 1989 年版,第 23、66 页。

[2]　[德]马克斯·韦伯:《社会科学方法论》,杨富斌译,华夏出版社 1999 年版,第 124 页。

[3]　[美]D. P. 约翰逊:《社会学理论》,南开大学社会学译,国际文化出版公司 1988 年版,第 530 页。

决定教育发展阶段和教育形式的根本因素,在特定的生产力发展水平下,教育的发展阶段以及理念必须与之相适应,教育的定位、规模、目标、结构、内容都要能够满足现实社会的需要。当前我国社会的主要矛盾已经转化为人民日益增长的美好生活需要和不平衡不充分的发展之间的矛盾,说明生产力的发展和提升促进了人民物质生活和精神生活的丰富,这种由生产力直接影响的社会矛盾的变化也同样作用于教育,使各级教育主体在制定规划时,必须将自身置于这种矛盾当中。

从微观层面来看,各种教育的培养成果需要适应当前社会经济水平和情况,简单说来,教育出来的人必须与当前社会的需要所匹配:受教育者的基本能力,能够与相应的职业、岗位所需要的能力相匹配,并具有提升的空间;受教育者能够较为迅速地应对外部环境的突发性变化,并适时根据自身的情况作出调整,具备相应的抗风险能力;资源把握、创新、再分配的能力,即人们有意识地分配自己资源的能力显得极为重要,在经济和技术等外在环境不断变化的条件下,谁能够最先察觉到这些变化,并最迅速地作出准确反应,调整自己的资源分配,谁就能取得较多的经济利益,教育对人的这种特殊能力的提高作用叫作教育的"分配效果",由教育的分配效果而获得的经济收益被舒尔茨称作教育的"分配效益"①;无形价值的创造能力,包括社会价值的创造、相应的社会服务能力、相应支出的相对性节省、某种改变带来的隐形价值,例如参与社区项目、使用环保产品、医疗费用节省等。

高校社会创业教育的生成,既是高校根据社会发展需要主动调整适应之后的结果,也是社会创业教育萌芽之后随着发展需要而提出的客观要求。因此,可以说高校社会创业教育是高校与社会创业在创新性解决社会问题、提供社会创业服务及产品以及培养具备社会创业能力的人的主动适应性结果。

从高等教育本身的发展来看,社会创业教育是高等教育在具体实施途径和育人模式上的进一步拓展和深化,但仍属于高等教育"真子集"里具有高等教育的功能和发展规律的教育类型。构成高校社会创业教育的重要内容之一是健全的社会创业教育专业知识体系。虽然在国外社会创业教育已经作为学前教育和普通教育的一部分,但是由于培养对象的差异,更多的是侧重社会创业意识的培养和对于问题现象的认识,在高等教育范畴则更重视对知识体系和深度的认识、对于现象本质的探究以及对于解决问题方法的多种考虑和实施,也就是在高等教育范畴内去讨论社会创业教育,更多的

---

① 靳希斌:《教育经济学》,人民教育出版社 2008 年版,第 85 页。

是通过探求、实践、创新将系统的知识与现实的社会问题相联系,通过创业这一行动途径为问题最终寻找一个结论和落脚点。因此,对于高校社会创业教育的双主体,即施教者和受教者来说,他们在整个教育体系中所扮演的角色是针对社会现有的、潜在的,通过"看得见的手"和"看不见的手"无法解决的陈旧性、前沿性的社会问题,经过熟悉、掌握,进而攻克,这个过程是复杂的探究、学习、实践过程,是以创业为实现方式的过程。

通过完成这一过程进而再度完善现有的高校社会创业教育课程体系,再度作用于新的接受教育对象。在这一特殊的过程中,高校社会创业教育理论与实践并行、教育与研究并重、知识与能力并举、校内与校外并用,教育的内容与形式、实践的途径与渠道、各方角色的相互变化构成了高校社会创业教育发展和变化的体系,使其具有不同于一般性的高等教育内容和创业教育体系。从各环节的功能来看,课程化是为了传授、实践性是为了获取,两者的融合是为了所涉及角色能够形成一个有机的整体,既能够独立学习也能够共同合作。

通过对社会创业运作逻辑的梳理,笔者发现,与普通创业活动不同,社会创业一出现就被赋予完成社会使命的责任,这恰恰与大学的社会服务责任相契合,因此,高校社会创业教育系统中,需要将社会使命与其他教育内容相统一,也就是高校的社会创业教育需要在社会使命—教育责任—人才培养—理论构建—实践探索这一路径中循环。因为特殊的教育使命,才产生了具有敏锐的社会机会发现能力、较强的抗风险能力、创新性地解决问题的能力、对社会问题深刻的理解能力的专门性创业人才。基于人才培养目标才能构建相应的知识体系和实践体系,进而才有与其他主体合作的基础,如此各个环节构成了高校社会创业教育运行的逻辑规律。

换言之,高校社会创业教育所遵循的规律包括三方面内容,以社会问题和特定群体需求作为创业活动的起始点,遵循当前社会发展规律、遵循特定群体的阶段性需要是高校社会创业教育所必须遵循的大背景性规律,直接反映了高校社会创业教育的社会性以及与社会之间的关系;高校社会创业教育的最终目标是依据当前大学生的身心发展规律,制定相应的培养内容和体系以培养社会创业者,这是高校社会创业教育遵循人的自然规律,反映了其与人的发展之间的关系;高校社会创业教育自身通过识别社会问题—确定教育使命—进行人才培养—完成理论构建—进行实践探索,这一系列具有循环性质的过程对于特殊教育模式的探究是高校社会创业教育自身内部发展和运行的规律。

二、高校社会创业教育理论体系范畴

范畴是指事物种类、类目、部署与等级。① 教育学的范畴则是教育现象的反映，抓住教育现象的基本范畴，对建构科学的教育学理论及实践体系构建的意义不言而喻。② 高校社会创业教育理论体系范畴则是概括和总结特定环境以及特定区域内当前高校社会创业教育领域中各种主体、元素、现象、行为之间最基础、最本质和最具普遍性的基本逻辑和规律，是在遵循高等教育以及高校社会创业教育发展阶段性规律下，对高校社会创业教育理论阶段性的抽象和概括。例如高校社会创业教育中体制范畴内政府与高校的关系、教学实施范畴内专业教师与企业兼职教师的关系、创业实践范畴内自主建立社会企业与在组织或者社会企业内进行岗位创业的关系。这些范畴内的相互关系以及形成关系的各个主体之间的相互关联构成了高校社会创业教育的理论体系，而从各主体所处的位置和发挥的作用看，高校社会创业教育理论体系的范畴研究需要从纵向、横向进行研究。

（一）高校社会创业教育理论的纵向范畴

高校社会创业教育理论的纵向范畴是指由高校作为实施主体的社会创业教育遵循高等教育以及社会创业发展的"起点—中间—终点"的纵向规律轨迹，包括教育实施的起点——社会目标、社会问题的发现与高等教育的社会服务职能；中间实施——社会企业、政府部门、社会组织的共同参与和实施；终点为培养的人才最终走向，即创业活动的最终落脚点。起点范畴是高校社会创业教育理论以及人才培养模式的开端，也是"科学结构的起始范畴，理论体系的始自对象"③，是构建理论体系的初衷。中间过程范畴也可以看作是中介者范畴，是将起点与终点范畴连接起来的，由各个主体共同形成的中介性的环节，既能够充实起点的理论，又能够共同决定终点的指向。高校社会创业教育理论的纵向范畴，从起点"社会问题的发现""原始教育理论的形成"出发，经由多主体共同参与形成"政企组社校"共同融合的中间人才培养环节，达到培养"社会企业家""社会创业者""社会项目负责人""社会创新者"的终点范畴。

社会创业教育要符合人才成长的规律，要以学生的内生需求为动力，基于学生全面发展的理念；既重视学生专业素质的培养，更注重学生品德、价

---

① 王振等著：《中国美术史范畴》，山西教育出版社 2006 年版，第 2 页。

② 孙绵涛：《教育现象的基本范畴研究》，《教育研究》2014 年第 9 期。

③ 瞿葆奎、喻立森：《教育学逻辑起点的历史考察》，《教育研究》1986 年第 11 期。

值观的塑造,要努力培养学生的创业精神和职业素质,尤其是培养服务社会、服务大众的社会价值取向和社会责任感。要通过构建大学生的社会创业路径实施社会创业教育理论,必须从源头开始鼓励大学生培养社会责任感,履行社会主人翁的义务,同时也需要社会和高校在资金、制度和培养教育体系上提供帮助和支持。只有这样,大学生社会创业活动和实践才能起步容易,发展稳定。并且高校要围绕社会教育理论实施的目的和整体结构,整合校内外各种资源,为大学生搭建创新创业平台。从校内课堂来看,要建构科学的社会创新教育课程体系,形成学业和创业教育良性互动;从实践方面看,搭建多元的课外实践实训平台,如大学生校外实践教育基地、科技孵化园、创客空间等。能够鼓励学生边学习边创业,培养学生勇于质疑、勇于探索和创新的精神。在社会创新创业的实践中,培养他们敏锐的市场判断力和捕捉市场商机的眼光和胆识,同时建立容错机制,培养大学生承担风险的能力和应对风险的魄力。

（二）　高校社会创业教育理论的横向范畴

高校社会创业教育理论的横向范畴是指在社会发展的特定阶段以及特定的时期内高校进行社会创业教育所需要的、自身能够并且必须具备的条件,包括人、物、环境。人的范畴包括在高校内部直接或者间接参与社会创业教育实施的主体,包括专任教师、校内兼课教师、管理人员、学生、为实施社会创业教育提供相关服务的人员;物的范畴是推动高校社会创业教育实施的物质、技术等,包括授课场所、实践场地、教育经费、教辅材料、应用于教育实施的技术以及设备,即能够将高校社会创业教育进行记录、加工、传递、传播的物质、介质;环境范畴是高校社会创业教育理论构建和实施过程中能够覆盖的区间,包括内部环境和外部环境,内部环境是指与社会创业相关的人文环境、制度环境和规则的总和,外部环境则是指能够将教育理论与实际相结合的场所。

例如从环境范畴来看,社会使命是社会创业发展的不竭动力,培养社会责任意识是大学生社会创业教育最重要的基础。作为社会新技术、新思想的前沿群体,大学生代表着最先进的流行文化。但是大学生群体素质良莠不齐和他们对社会的认识、体会不深刻,其社会责任感也需要高校和社会的加强培养。根据河北工业大学巍进平教授研究团队领衔,"全国大学生社会责任教育研究高校联盟"200 余所成员高校超过 65000 名学生参与调查后的《中国大学生社会责任感现状调查报告(2018)》显示,连续 4 年来,我国大学生社会责任感处于较高水平(平均得分 81.82,80—89 分为较高水平),总体态势保持平稳。换句话说,目前的大学生的社会责任感已经有了较高的水平,并且趋于稳定,但是从应对社会发展问题的具体实践来看,大学生在社会问题意识和责任意识等方面还有较大的提升空间。但从国家社会发展的需要出发,从培养新时代接班人的角度来看,大学生作为国之栋梁的社会责任感和解决具体社会问题的能力还需提升。而从社会创业教育的实践来看,目前大学生的自我意识比较强,生活优越。在个人利益、个人价值、个人前途等方面都非常重视,这也导致了其社会主人翁意识的淡化。所以,要将校园文化建设与社会价值、社会责任和社会使命进行融合,更要注重大学生的社会责任意识的培养,拓展择业视野,树立公民意识、社会风险意识、慈善意识和履行社会义务的自律意识,提升社会价值和社会道德素养。除了社会责任感的培养,社会责任感的实践也需要高校和社会的鼓励。社会实践和志愿者服务等活动的开展是大学生的社会责任感实践的重要平台。学校要积极引导大学生开展各类课外实践活动,培养他们的社会责任感,让大学生深入了解社会,发现社会问题,并从中找到创业的机会。对于社会创业教育而言,社会责任感和有效的创业机会识别是关键。因此,拓宽社会视野、扎根社会、追踪民生民意是大学生社会创业教育的必经路径。创业者只有有效融进社会,夯实社会创业商机选择基础,才能有效提升社会创业层次。

三、高校社会创业教育理论体系构建的模式

(一) 问题导向模式

问题导向模式指的是社会创业教育中以问题为基础,根据问题的性质、发展和解决等来构建相应理论体系的模式。其突出的特点是以问题为基础,围绕问题组合开发理论。从世界范围高校社会创业教育的发展来看,这一模式是社会创业教育发展的早期阶段,尤其是尚未建立完善的课程和学位体系之前常用的模式,而且在之后也仍有较高应用频率的模式。

国外应用这一模式开发高校社会创业教育理论体系的典型代表是社会创业领域的先驱迪斯。他对于"社会创业"(Social Entrepreneurship)内涵的界定来源于对社会问题的观察和体悟。他曾有过这样精辟的描述:"以创业办法解决社会问题的时代已经成熟。很多政府和慈善机构的努力已经不能够达成大家的期待。大型社会机构被认为是低效、无效甚至是不反应的。国家需要社会创业者来为新的世纪开发新模式。"[1]而在分析了商业部门与社会

---

① Dees, J., & Gregory, *Case*, *Studies in Social Entrepreneurship and Sustainability*, *The Meaning of Social Entrepreneurship*, Routledge, 2017, pp. 34-42.

部门在创业行动上的差异后,他提出了对社会创业内涵的理解,指明了"社会创业者"为社会带来变革的方式包括:(1)接受一个创造和维持社会价值的使命;(2)为完成使命而寻找和不懈地追寻机会;(3)投入到持续的创新、调适和学习过程中;(4)不受现有资源的限制而进行大胆的尝试;(5)对服务的群体和创造的结果承担突出强化的责任感。之后,迪斯还在杜克大学创建了社会创业进步中心(Center for the Advancement of Social Entrepreneurship),积极推动社会创业教育的发展。

由依据社会问题——包括新社会环境的挑战与传统问题解决者束手无策构成的矛盾——而开发社会创业教育理论与付诸实践的案例可以发现,社会创业教育理论体系开发中的问题导向模式是一种与社会创业教育本身发展需求高度适应的模式,注重明确的问题导向、突破已有限制和创新问题解决办法。比较看来,国内社会创业教育的发展尽管相对较晚,但发展上具有类似的特点。例如,"岗位创业导向"的创业教育模式。实际上,岗位创业关切的正是社会发展中的一个核心难题:竞争的加剧与创新创业人才的培养问题。而笔者在研究与人才培养模式的改革过程中,以解决人才就业问题为导向,在理论与实践的交叉互动中探索社会创业教育的理论体系构建。

(二)　内容导向模式

一般来说,当前国内外对社会创业教育的理论框架进行构建和研究的基本内容包括:社会创业、社会企业、社会创新、创业;教学需要、培养目标、研究目的和社会创业及社会创业教育的相关性;社会创业教育在各国高校中实施的情况;高校内组织社会创业的模式和趋势;高校社会创业教育的教、学特点及具体实施过程;社会创业教育效果评估及监测。该体系是以社会创业教育的社会学起点和创业行为属性作为研究起始,通过分解社会创业在高校中各环节的功能和需求构建社会创业在高校教育中的理论体系。

英国杜克大学于2002年成立专门的社会创业推进中心(the Centre for Advancement of Social Entrepreneurship)并开设 MBA 项目,以通过现实社会创业案例进行理论和经验总结,形成独创的应用型理论,建立一套从社会责任到企业家精神、企业家特质、市场风险规避等内容的理论体系,专门指导参加该项目的学生以建立社会企业,学习相应的知识和进行实践。哥伦比亚商学院通过进行社会创业教育方面的研究,旨在研究和传授关于市场分析、营利性和非营利性社会企业建立和运营的相关理论,通过指导学生进行社会项目实践以实现更好地服务社会。斯坦福大学的社会创新中心、加拿大阿尔伯特大学的加拿大社会创业中心都形成了独特的社会创业教育理论并将其用于人才培养和社会服务。

（三）项目构建层次化模式

以项目为基础构建的理论体系一般有三个方面的内容：一是对社会创业教育基本理论以及社会创业行为作用和意义的认识，即对社会创业教育的基本学理认知；二是和社会创业教育相关的外围对象所涉及的理论和实践认知，包括基本概念、基本运行原理、基本研究方法和基本实施路径等；三是在实践中通过产学研、校企政之间的合作使得相关基本理论与实际项目相结合，并在不同层次中实现层进式结合，这部分属于项目构建层次化模式中最关键的环节，体现了高校社会创业教育中创业行为与教育本质的充分结合。这种方法是对高校社会创业教育中"后天实践充实现有理论"的深层次思考。

目前，有三种方式①通过项目构建层次化模式，实现理论创新、人才培养与企业相结合，第一，"产学研"的混合型。其是社会创业的最高级模式，具有高度整合资源的特性，它几乎涵盖了社会所有的力量支撑，但目前在大学生社会创业中并不常见。该模式通过构建非营利组织，兼顾社会企业、公益创新和社会创业教育的几种类型，以授人以鱼（公益助学）+授人以渔（就业）+授人以业（就业）+授人以智（研究）的四个层次，形成社会创业生态系统，实现了社会价值与经济价值的统一。具有代表性的是湖南大学的公益创业研究中心及浙江大学全球创业管理研究中心。第二，"社会企业"类型。与传统企业相比，该模式以企业盈利盈余推动社会价值的形成。该模式以华东师范大学的学生成立的华容众筹公益合作社为代表，该合作融入中华传统理念——授人以鱼不如授人以渔，将简单的对外输血式援助向长期造血式帮扶转变。第三，非营利组织类型。在该模式下，谋取利益不再是经营的目的，造福社会才是根本目的，他们大多服务于弱势群体，多是以高校社团转变而来，涉及帮扶、支教、环境保护等项目。如宁夏大学 KAB 创业俱乐部以保护我国森林资源为目的，建立了银川惠学公益图书馆。

经过在校期间专业课程的学习以及实践环节充分参与后，高校大学生能够根据自己的专业特色成立社会创业团队，如温州医科大学大学生根据医学专业特色成立的搏时应急救护公益创业团队、艾心之园公益创业团队、温州市健康密码遗传诊断公益中心等都是该理论构建模式最直观的体现。另外，我国很多企业也开始将视线放在社会创业领域，通过各种形式协同高

① 谈丹：《大学生社会创业的支持体系研究——以温州高校为例》，硕士学位论文，温州大学，2017年。

校社会创业教育,他们关注并以社会创业大赛的形式对社会创业者给予支持,如联想集团创办的青年公益创业大赛。

从本土化经验来看,温州既是我国东部沿海改革开放前沿之地,也是旺盛的市场经济发展活力的保持者。社会创业作为创业的分支,在温州同样有孕育和发展的支持资源。独特地理位置下的温州创新创业精神氛围与温州商人社会责任意识的坚守,温州模式带动下的民营经济的发展与丰富民间资本,温州公益创投战略对地区创业创新所注入的活力,温州社会创业支持主体的支持作为,都是大学生社会创业的支持资源,所以在温州高校中构建层次化模式的社会创业教育体系有其先天性优势。2010年4月,温州市希望工程的阳光青年网在温州大学瓯江学院成立首个社会创业平台,填补了温州市大学生社会创业的空白,让大学生社会创业理念进入高校。"阳光青年网为大学生创业与服务社会的结合提供了很好的样板",它一方面为大学生提供新的创业平台,另一方面为希望工程提供了新的融资渠道,这为希望工程以新形式发展提供可能,促进温州希望工程事业的发展。特别是温州大学瓯江学院为深化"预备党员五十小时义工制"①:启动了党员公益创业计划,通过"企业资助产品+学生营销实践+全额捐赠社会"的公益创业模式,以"实体义卖+网络义卖"的销售方式进行运作,有效地实现了企业与多种社会创业实践共赢的局面,更是为高校培养新时代有创新思维、创业技能、社会责任意识的有志青年奠定基础,一方面提高了党员创业基本素养,另一方面提升了学生党员的服务意识、责任意识、大局意识。

（四）教科书经典模式

教科书经典模式中的"经典"具有两层含义,一是作为社会创业教育和创业教育领域的经典,二是这一模式本身在各种模式的比较中具备较为经典的意义和作用。在高校社会创业教育理论体系的构建中,依靠授课教师编写教科书或者使用较为经典的教科书传授社会创业教育的理论和知识成为一个经典模式。具体来说,该模式的主要内涵是通过相互联系的教科书体系形成社会创业教育的理论体系,进而在已有的理论基础上根据本国、本区域具有代表性的案例进行理论深化,形成新的理论。

哈佛大学、牛津大学、斯坦福大学等世界知名高校的顶级商学院都相继开设了专门讲解社会创业知识的课程并编写了相应的社会创业和社会创新

---

① "预备党员五十小时义工制",指预备党员在一年的预备期内利用课余时间,根据自身学习、工作的特点自选方式,自愿无偿地参加至少50小时的社会义工服务,并视服务质量为预备党员转正的必备条件的活动。活动在经历发起、试行、验证、评估、效果、改进、推广7个阶段后,目前已在温州大学校内外建立。

教材,例如《创造理论,文化和社会创业》(*Theories of Creative, Cultural and Social Entrepreneurship*)、《社会创业:政策和框架》(*Social Entrepreneurship: Policy and Frameworks*)、《社会创投的原理和实践》(*Social Return on Investment: Principles and Practice*)等。斯坦福大学还专门针对社会创业教育课程建立了辅助性网络及实体刊物《斯坦福社会创新评论》(*Stanford Social Innovation Review*)。国际性的社会创业组织阿育王(Ashoka)开发了一个致力于推动大学社会创业教育生长和发展的计划,名叫"阿育王大学",这一计划专注于将大学的社会创业教育进行升级转型,培养具备更鲜明特色的社会创业者。其中,阿育王大学便开发了社会创业课程,作为"变革型高校"(Changemaker Campus)计划中实施的重要内容,影响了杜克大学、约翰·霍普金斯大学、加州大学伯克利分校和亚利桑那州立大学等世界一流高校的社会创业教育知识理论体系的构建。[①] 除此以外,目前国外主要使用的社会创业教育教材有大卫·伯恩斯坦(David Bornstein)和苏珊·戴维斯(Susan Davis)主编的《社会创业基础》(*Social Entrepreneurship: What Everyone Needs to Know*),吉尔·基卡尔(Jill Kickul)和托马斯·莱恩斯(Thomas S. Lyons)主编的《理解社会创业:持续变革世界中的持续使命》(*Understanding Social Entrepreneurship: The Relentless Pursuit of Mission in an Ever Changing World*)和特里萨·沙欣(Teresa Chahine)主编的《社会创业入门》(*Introduction to Social Entrepreneurship*)等。

而相比之下,我国大学生社会创业于 2009 年开始渐渐受到社会的关注,起步较晚(也称之为公益创业),并相继在各大高校开展起来,其中清华大学、浙江大学、湖南大学等在内的数十所高校率先在我国开展公益创业教育的相关理论研究和实践。例如,湖南大学成立了中国公益创业研究中心,编写了《公益创业学教材》等专门教材以及上海交通大学出版社于 2014 年出版的《大学生公益创业素质与公益创业教育》。

一般来说,当前国内外对社会创业教育的理论框架进行构建和研究的基本内容包括:社会创业,社会企业,社会创新、创业;教学需要、培养目标和研究目的和社会创业及社会创业教育的相关性;社会创业教育在各国高校中的实施情况;高校内组织社会创业的模式和趋势;高校社会创业教育的教、学特点及具体实施过程;社会创业教育效果评估及监测。中外关于社会创业教育的教科书基本上都包含了理论本身——本体论,理论产生的本源及发展——发展论,理论的指引及对于社会创业和社会创业教育主体的指

---

① Ashoka, U., "Changemaker Campus", https://ashokau.org/changemakercampus/.

导——功能论,应用理论的领域——方法论等,都在相对经典的概念和理论基础上形成了具有本土特色和案例支持的体系,而且明显偏重应用型。然而,从国际比较的角度来看,国内的教材起步较晚仅是其中一个问题,在开发强调社会参与的社会创业教育教材过程中,社会基金会或企业参与的缺乏是另一个问题。这也是国外社会创业教育教材开发中的一个重要经验。

四、高校社会创业教育理论体系研究的辨析

(一)是否应该构建高校社会创业教育理论

社会创业教育在整个教育学体系中属于新兴的研究领域,理论建设处于绝对薄弱的地位,学术成果相较于教育学其他领域来说也处于弱势地位,并且没有成熟的理论体系和经典的学派能够作为理论创新基石,理论积累是非常欠缺的。有些观点甚至认为创业本身应属于实践范畴,应以企业为主体进行,而社会创业则应该在社会企业中融入企业价值和企业使命,是对政府政策失灵的补充,因此应将政府+企业作为该领域研究的主要对象,高校学生在接受校内通识教育后再进行实践,而没必要接受系统性的社会创业教育,因此无须构建以高校为主体的社会创业教育理论体系。

是否应以高校为主体构建社会创业教育理论体系,这取决于研究的对象是否具备"理论"所要求的特征:具有"跨学科"的话语,产生的影响和成果的应用不局限于某一特定的领域;任何理论都应该带有可讨论、可扩展、可分析和可思辨的余地;理论能够对常识进行批判,对理所当然的现象进行深究;理论即使构建完成也可以被推翻,并且能够一直被反思。① 综合上述四个理论的属性,以高校为主体构建社会创业教育理论体系恰恰符合这四个特性,高校是学科的集群,将特定的行为范畴升华为理论范畴需要多个学科共同提炼和深化,而高校能够短时期内集聚众多学科研究成果和理念的优势,因此具有理论构建的基础;任何理论产生之后都要经过实践的检验与后代的不断论证,最终再次回归到它产生的原点,高校同时也具备放诸理论于四方的能力,因为不管是教职员工还是学生,都是带着被动的理论进行主动的实践,在特定的社会环境中对原有的理论进行总结,并以各种形式进行有意识的总结和创新。

大学生有想法、有点子,但是在管理方法、社会经验等方面依旧不足,如果没有很好的指导团队,项目很容易在发展初期夭折。所以建设一支有经验,有能力的公益创业指导队伍迫在眉睫。为保护项目平稳起步,其指导内

---

① 刘亚猛:《什么是"理论"》,《外国语言文学》2006年第4期。

容包括内部治理、战略规划、财务管理、人力资源管理等。大学本就有丰富的教师资源,也有丰富的社会实践机会和平台。因此,在大学构建公益创业的教育体系是最合适的。同时,这也可以为已经成功运营的公益创业组织提供高素质人才资源,实现社会企业的良性运转、提升创新能力。

(二) 高校社会创业教育理论的逻辑起点是什么

寻求高校社会创业教育逻辑起点的基础是确定教育理论的逻辑起点,作为一个学科来说,逻辑起点是形成概念、体系、原理的基本点。就研究现状来看,高校社会创业教育并没有一个明确的逻辑起点,缺乏形成高校社会创业教育理论体系所依托的"地基"。从学理界来看,高校社会创业教育需要明确的逻辑起点来证明其理论体系的科学性和学术性,但是又缺乏形成这种科学体系的支撑。这就导致了高校社会创业教育的概念和内涵没有形成统一,并且该领域和主题的学理性研究也较为缺乏,且大多数研究基于实践角度。

但是,凡是研究领域想要具备科学性和学术性,确定逻辑起点是其研究向外延伸的必经之路,并且需要经过科学、反复的论证,需要经过归纳、演绎的过程。对于新兴的研究领域来说,没有理论体系的逻辑起点,这个研究领域的后续研究必然缺乏后劲。

(三) 高校社会创业教育本土化需要体现在哪里

一种理论建立与发展的最终落脚点是要与实际社会经济发展相吻合,这才能使得理论更鲜活。建立本土化的高校社会创业教育理论除了要具有中国特色外,更要具有高校所在、所服务区域的特色。构筑具有本土化的高校社会创业教育理论体系,是该研究领域能够健康、持续发展的充要条件。高校社会创业教育理论本土化是指吸收国外的社会创业教育理论的共性和合理部分,与本土社会创业教育理论产生的背景、学术成果和实践应用成果相结合,从而加强国外高校社会创业教育理论对本土创业文化和社会企业的适应性、加强教育理论与政策层面相结合的程度以及成果本土应用的适应性,进而形成具有本土特色的高校社会创业教育理论、方法、学术成果和学术导向。也就是对于国外已有的关于高校社会创业教育理论进行批判的吸收,利用已有的成果和学术经验,进行本土化改造。

党的十九大报告中提出:"提高就业质量和人民收入水平。就业是最大的民生。要坚持就业优先战略和积极就业政策,实现更高质量和更充分就业。大规模开展职业技能培训,注重解决结构性就业矛盾,鼓励创业带动就业。提供全方位公共就业服务,促进高校毕业生等青年群体、农民工多渠道就业创业。"从十九大报告的内容可以看出,"倡导人的全面发展、鼓励通过创业带动就业"被放到重要位置。支持鼓励大学生进行社会创业,不仅是缓解我国当前大学生就业压力的有效方式,更是培养当代大学生社会责任感和使命感的重要途径,鼓励大学生在实现自我价值的同时帮助社会上更多人实现自己的人生价值。总而言之,构建高校社会创业教育体系是通过培养社会创业人才、促进越来越多的大学生能够创办社会企业、在社会企业中实现岗位创业、积极参与社会项目、开拓创新的社会问题解决途径,从而缓解社会压力,缓和社会矛盾,使社会达到更加和谐的状态。因此,遵循"和而不同"的理论本土化设计和重构理念,以"兼容并包"为构建理念,不仅将理论放在全球化大背景下实现"和"为基础进行融合,还寻求差异化、特色化的本土理论构建模式和内容。这两个过程都是高校社会创业教育本土化的过程,将任何一个过程剥离都是不可取的,需要在学习、借鉴、总结、超越中建立理论体系。

第二节　本体论视角下高校社会创业课程体系构建

一、本体论在高校社会创业课程体系构建中的作用

最早提出本体概念的是古希腊的哲学家亚里士多德,他认为本体是研究"存在"的科学,包括两方面的内容:一方面是研究事物的本质,另一方面则是研究客体的理论定义,也就是所有事物存在的本体(整个现实世界)的基本特征。[①] 本体主要具备四个方面的特征:明确性——当引用概念时,其应该作为被区分的类别,而不是已经被区分的类别,而在使用此类概念(被区分的源头)时需要遵循一定的条件以及限制,并且要将其进一步说明,作出明确的规定;形式化——本体应具有可读性和可辨识性,不管通过何种形式;共享性——存在于本体中的知识所蕴含的观点、观念具备一定的共性,能够为大多数人或者某个群体所接受,即知识能够实现共同的认可性;概念化——能通过抽取类似现象中的具有共通性的概念,被定义为客观世界中这些现象的抽象的模式。[②] 因此,本体论又被称为"存在论""是论",旨在通过探求"本"的含义来追寻"末"的意义,即通过探索事物的本源来寻找事物存在的最终本性。

---

① Alexander Meache, *Ontology Learning for the Semantic Web*, Norwell: Kluwer Academic Publishers, 2002, pp. 15-17.

② Studer Rudi & Richard Benjamins & Dieterfensel, "Knowledge Engineering: Principles and Methods", *Data and Knowledge Engineering*, 1998, Vol.25(1-2).

　　高校社会创业课程的本体论揭示了在追寻社会创业教育领域课程中的内在价值,并通过不断完善和创新实现以高校为实施主体的社会创业教育课程体系的改革,同样体现了社会创业理念和行动进入高等教育领域后与课程融合过程中产生的实践和思想的不断碰撞,进而激发出社会创业教育理论的产生和深化。本体论对于社会创业教育课程开发过程中课程理念的澄清、课程目标的拟定、课程实施过程的确定以及课程评价的理念与操作,都具备重要的指导性作用。例如,在我国常见的一些社会创业教育的研究中,计划行动理论(Theory of Planned Behaviour)成为笔者了解社会创业教育发生发展的一个重要理论。[①] 另外,英国社会创业教育课程的一些实践经验也为笔者认识本体论的作用提供了启示。英国文化协会(British Council)的研究表明,"我们做的就是社会创业。它的意义是让我们变得可以信赖。大家需要教会小学生使用 21 世纪的技能,以让他们在社会环境中进行积极思考,从而解决复杂的和困难的学习挑战"。[②] 而在苏格兰,社会创业学会(Social Enterprise Academy)鼓励学生投入到社会创业实践中的理念与实践就被整合到当地政府的"卓越课程"(Curriculum for Excellence)中。

　　通过另一面的分析,笔者还发现,社会创业的课程开发存在诸多不确定性。从社会创业教育理念本身,再到社会创业的实践过程(尤其是推动跨学科教育与研究的发展时),都存在着大量值得争论的地方。因此,本体论的意义在于为社会创业教育的整体发展明晰概念、确立程序和利益相关者、稳定指涉的内容。

二、高校社会创业教育课程的价值

　　教育的基础和核心目标是培养人、促进人自身的发展和进步,高等教育则是通过课程、专业、学科培养掌握相对高深知识、拥有专门技能、具备专业素质的高级人才。而对于尚未完全成熟的高校社会创业教育来说,课程扮演着至关重要的核心角色。

　　高校社会创业教育课程的第一个价值是发挥社会创业教育的功能,即作为社会创业教育实施的主要载体和平台。从本体论的角度看来,社会创

① Salamzadeh, A. & Azimi, M. A. & Kirby, D. A., "Social Entrepreneurship Education in Higher Education: Insights from a Developing Country", *International Journal of Entrepreneurship and Small Business*, 2013, 20(1).

② British Council, "Social Entrepreneurship in Education: Empowering the Next Generation to Address Society's Needs", 2019-01-09, https://www.britishcouncil.org/sites/default/files/british_council_social_entrepreneurship_in_education_web_final.pdf.

业教育作为一种初生之物，其基础并不稳固，因而在怎么实施这个问题上存在着变数和不确定性。课程则承担起了这样的责任。其次，课程的价值在于将丰富的教育资源整合起来，以各种项目、研讨会和讲座等混合的课程形式开展社会创业教育实践。换句话说，整合了多样化资源的课程能够根据教育提供者的条件和学习者的需求开展教育活动。最后，课程的价值还在于促进多学科跨学科的整合，推动社会创业教育的专业化建设。社会创业教育作为一项多学科跨学科特色鲜明的活动，牵涉众多，在不断发展的过程中能够起到将不同学科的特色和内容吸纳进来，建立专业化的社会创业教育体系。

值得注意的是，在审视高校社会创业教育课程的价值时，不能采取一种想当然的态度，认为"社会创业教育课程"仅仅是我国传统印象中由创新创业教师开设的几门"足不出户"的课程。伴随着社会问题的复杂化、社会创业教育的专业化以及课程开发和实施方式的深刻变革，社会创业教育的课程将更多以一种"大课程"的理念和形式呈现出来，在具体的实践中表现为多元化、多样化和灵活性特点。此外，高校社会创业教育课程不只有工具性的价值，更有丰富深邃的理性价值，在分析的过程中两者不可偏废。

三、高校社会创业教育课程的主体

课程的指向和目标是培养人，因此课程的主体包括实施者和接受者，实施者是教师，接受者是学生，课程是连接双方的桥梁，在构建高校社会创业教育课程时需要以人为本，凸显人的价值，教师与学生的价值通过课程体现。以人为本作为构建高校社会创业课程的基本点，要求课程体系及内容根据人的自身规律进行构建，不能采用单一标准、同质化实践手段和程序化的培养流程，要遵循教育生成化的本质，关注人内在的发展属性以及全面发展的要求，不能仅仅关心人掌握知识的结果，而是要强调掌握知识和技能的过程以及应用的能力、达到目标的程度。

为推进我国创业进展，完善我国创业理论研究与教学实践，在构建社会创业教育课程体系中，高校需要结合我国国情，考量我国教育发展规律、学科建设规律等，学习国外创业教育中有价值的经验，构建与我国创业教育发展目标相适应的创业教育学科体系。在人才培养改革中，我们要融合社会创业教育导向，把社会教育课程作为德育教育的一部分，要求人人参与到学习的过程中。在社会创业教育改革过程中，高校既要培养学生的创业意识和创业能力，制定相应的政策，也要注重培养大学生的创业精神和社会责任感。特别是在教学方式上，要改变传统填鸭式授课方式，将课堂教育与课外实践相结合,提高教学效果,激发学生的社会创业积极性。①

　　教师作为课程的实施者,必须成为人本价值以及"以人为本"理念的执行者。教师首先需要将课程的理念内化为自身的信念,进而再通过教学行为自然地表现。教师还要参与到社会创业教育课程设置、内容编制、实践环节设计、实践项目主导和参与实践的过程中,以实现理论充分吸收、创新、重构、应用的目的。作为创业课程授课的教师,需要将知识外化为行为,要将自己变成社会创业实践者,在实践中发展自身的教学逻辑、应用能力,通过行为方式反思自己在理论掌握和吸收、传授过程中是否真正实现了价值。

　　从教师角度来看,首先,要在创业教育过程中融入社会创业教育的相关课程。目前已有高校采用此做法,如北京大学就将社会创业教育纳入选修课中。其次,在教学中,教师要正向引导学生,培养学生的社会责任感,提高学生的社会创业意愿。最后,社会创业是基于多学科发展的,并不依赖于单一学科,所以在实施社会创业教育的过程中,要促进多学科相融合。此外,将社会责任和社会创业精神融入创业教育也可推进专业教育的创新性发展,所以在实施专业教育中,转变传统理念,从多方面(如教学、评价考核等)发力将社会创业教育融入到专业教育中。

　　同时,思想政治教育是我国精神文明建设的首要内容,所以将社会创业教育融入思想政治教育中也是格外重要的,这有助于解决当前社会面临的许多问题。大学生通过社会创业可以树立正确的世界观、人生观和价值观,正确反映思想政治教育的社会、经济和政治价值,形成一个正确的创业理念。首先,要做到专业教师与兼职教师双向培养,挑选出一批具有专业知识的高校教师,特别是商学院和经济学院的优质师资。其次,考虑到兼职教师和企业家能较好把握创业过程,面对实际问题更有经验,且相关专家也可为大学生创业进行理论指导,故聘请经验丰富的兼职教师有助于提高社会创业教育的整体师资水平。

第三节　实践论对高校社会创业教育的指引

一、实践论在高校社会创业教育中的应用

　　教育的过程是让受教育者在实践中自我练习、自我学习和成长的过程,

---

① 屠霁霞:《大学生公益创业影响因素分析及建议》,《教育发展研究》2018 年第 1 期。

而实践的特性是自由游戏和不断尝试。① 马克思指出："实践是人有目的地进行的现实的、感性的自觉活动,是主体见之于客体的能动的对象性的活动"。② 实践是以人为主体,以客观事物为对象,改造客观对象的物质性活动。在实践活动中,强调了人的主观能动性,强调了人作为实践主体的创造性。而教育作为一种特殊的实践活动,是有计划、有目的地培育人的一种行为。实践是认识的来源,是认识发展的动力,也是检验认识真理性的唯一标准,也是认识的最终目的。只有通过实践,才能追求和发展真理,才能够成为全方面发展的优秀人才。我国著名教育家陶行知在实践中总结出"教学做合一",主张从实践中,从做事中去学习真知识。而当代中国正处于高质量发展的新时期,在这个阶段培养具有知行合一、全方面发展的创新型人才是非常重要的。在中国大力宣传普及创新创业的重要时期,在全国重点强调发展素质教育的时刻,跟随时代的脚步应运而生的社会创业显得尤为珍贵。

实践育人理念在当代来说虽不是一个全新的理念,但却是一个需要一直践行、一直秉承的理念和思路。无论是高等教育的发展还是中小学教育的发展,在培养人的过程中都需秉承永不改变的实践育人的理念。而社会创业本身就在践行着实践育人的理念,目前我国高校的教育制度只重书本知识、考试成绩,而忽视实践,因而造成了大学生与社会相脱节、大学生实践能力欠佳、大学生就业难等一系列的问题出现。而社会创业不仅是在培养大学生的社会责任感、社会使命感,也是在培养大学生的实践能力,促进大学生了解社会情况,提高大学生适应社会的能力。不仅如此,社会创业还是一种创新性地解决社会问题,提供社会服务,满足社会需求的一种全新的组织形式,越多的大学生进行社会创业,不仅会解决自身的就业问题,还会创造一大批的工作岗位来造福更多的人,使更多的人走上实践发展的道路。所以说在当下,实行社会创业教育是对育人理念的进一步实践,对于推进新形势下的教育发展具有深远的时代价值,对于社会的和谐稳定发展贡献了一份力量。

在中国建立公益创业的困难在于,大中小型企业对于公益活动的组织和参与较少,而且目前没有哪个企业具有强烈的自主意识来建立公益创业。据统计可知,只有少许知名的公司组织(例如 Google、Lenova 和 Zero-Point Group)支持大学生公益创业实践。面对大学生公益创业初期缺乏社会支

---

① [德]雅斯贝尔斯著:《什么是教育》,邹进译,三联书店1991年版,第4页。
② [德]卡尔·马克思著:《1844年经济学哲学手稿》,人民出版社2018年版。

持、基本资金不足、项目风险选择、法律团队管理风险等现实困难,企业通过给予大学生公益创业的间接支持,如鼓励创造符合公众利益的机会、提供建立专业培训和社会实践的机会、帮助最佳大学生创业项目创业等,这有利于企业实现社会责任和就业发展的双重积极影响。

整合建立以高校为主导的"产学研一体化"的公益创业教育实践模式,成立公益创业研究中心,将大学生公益创业实践活动与思想政治教育相结合,与专业学习相结合,与大学生课外学术科技创新活动相结合,与学生社团建设相结合,与服务社会和促进经济发展相结合,常态化开设公益创业类课程或培训,配备公益类活动和社团指导老师,对公益创业活动进行项目化的引导,提升公益创业型社团活动项目的专业性和可操作性。加强对外交流合作,鼓励大学生工作创业项目与各类机构之间的合作,拓展工作合作的范围和深入程度,结合企业资源和需求进行项目合作,提升大学生的公益创业能力。

而考虑到计划的社会创业教育课程的理论学习,高校有必要通过全校多方努力设计一个有效的实践平台。换句话说,创业教育的设计应当注入设计思维方法,以此整合具体的教育教学活动。① 例如,可以在模拟组织中创建社会创业教育,促进学生使用所学知识理论来实践社会创业教育。在实践中发现问题,促进理论研究,为未来社会创业夯实基础。一方面,组织各种社会企业家活动,通过互动交流,提高学生的社会企业家技能。另一方面,充分履行社会公共利益共同体的职责。学校应注重在初期培训的基础上支持公益团体,开展社会创业活动,这是积极发展学生社会创业能力,为大学生综合素质培养创造有利条件,增强社会责任感的有效途径。

二、良好的政策环境对高校社会创业教育的辅助

政府是正式支持大学生创建公益创业的主体,公益创业组织的高成功率与政府的支持能力密切相关。而政府的支持体现在创造和维持有利的政策环境以及提供各种社会资源等方面,具体总结为以下几点。

(一) 放宽行业容忍度

从传统社会向现代社会的转变过程中,公益创业是必不可少的。主要原因之一是对社会范式转换过程中出现的新问题以及解决这些问题的新方

① Kickul & Jill, et al., "Designing Purpose: Advocating Innovation, Impact, Sustainability, and Scale in Social Entrepreneurship Education", *Entrepreneurship Education and Pedagogy*, 2018, 1 (2).

法的需求。政府应当意识到我国社会经济的转型是机遇与潜在问题并存的，而宣传"大众创业，万众创新"，尤其是落实到帮扶那些既能带来经济价值又能创造社会价值的公益创业活动，才是实现经济效益和社会效益双赢的有效途径。在可接受的行业中向公众开放公益创业活动，对政府项目资金遵循经济市场原则管理，或者政府管理主要资金，而用于公益福利事业的部分则放归民间市场，允许民间力量参与到公益项目中去，保证建立和可持续发展公益创业的空间和机会。①

（二）明晰相关法规条文

政府通过法律手段，对公益创业组织的合法性、组织规模、职能结构、活动形式、社会功能等进行审查，明确其定位及权限，尤其是针对大学生公益创业内涵、性质的界定，明晰行业准入资格及组织身份属性。为发展公益创业提供良好的法律环境和社会环境，同时健全监管体系，创建公平竞争机制，使公益组织可以参与公共服务的设计和提供。

法律合法性是社会创业组织生存、发展以及获得更多资源、维持社会地位的重要基础。明确法律限制对社会创业活动发展有规范和指导作用，不仅有助于开展当前的社会创业实践活动，而且有助于开展社会创业教育活动。换句话说，社会创业组织通过法律阐明了"可以做什么，不可以做什么"。

（三）加大政府帮扶力度

大学生需要多方面获得政府足够的支持和协助，例如资源配置、政策保护、技术援助和财务安全等。除此之外，政府可以制定大学生优先政策，例如财政税收优惠，同时提供政策指导与帮助，例如设立专项资金、制定小额贷款政策等。制定有利于大学生社会创业的补贴政策，提供专业知识培训以及相关技术支持，解决大学生户籍档案问题，减轻当地就业压力，提高公益创业组织成功率。

（四）制定政府购买社会创业政策

尽管政府是社会公共服务提供的主体，但是社会创业组织可以利用自身优势来弥补政府和其他企业的社会公共服务的不足。通过政府采购加强对社会创业组织的支持，不仅能帮助社会创业组织更加快速地发展，还将帮助政府解决其社会公共服务方面的缺陷。因此，政府需在政府采购中具有与商业公司相同的竞争机会，甚至更多。积极完善管理制度、体系，改变社

---

① 湛军：《全球公益创业现状分析及我国公益创业发展对策研究》，《上海大学学报（社会科学版）》2012 年第 4 期。

会组织在社会管理中的作用,削弱社会组织的注册难度,并通过诸如财政补助和免税的优先政策促进社会组织发展。例如,出台大学生就业创业扶持政策,2009 年上海出台的《关于鼓励本市社会组织吸纳大学生就业的指导意见》便是值得借鉴的例子。[①]

(五) 配套大学生社会创业法律政策

目前,政府和各个部门制定了鼓励和支持大学生社会创业的优先政策,但通过比较分析发现,这些政策措施存在的普遍缺陷是内容的针对性和实操性不强。因此,调整和细分现有政策非常重要。首先,使社会创业组织合法化。法律法规必须明确规定建立社会创业组织的条件要求。与负责注册管理的机关一样,应明确说明成立该组织所需的程序、性质、形式、权利、履行义务等。以此可以保证社会创业组织在其成立的初始阶段以及运营阶段合法化、标准化,实现法律法规的针对性。其次,依法规范社会创业组织的经营管理活动。法律应当明确规定社会公益组织收入数额和运营规模的比例,以保护具有社会价值的组织免受在创造社会效益的旗帜下完全商业化运营的影响。同时也可以控制社会创业组织在业务中获得的收入分配。

(六) 提高政府和高校政策解读积极性

缺少相关政策理解会严重打击大学生社会创业的动机。首先,为了使政策文件得到更好的实践,政府和高校应该通过多样式途径宣传国家激励大学生社会创业的政策,例如人民网、政府官网等,了解政策的同时将政策主旨明确传达下去,并敦促师生学习理解。对有创业背景或强烈意愿的大学生、校内创新创业志愿组织等,应该特别关注其对政策解读与实践,提供所需支持与帮助,强化大学生社会创业动力与积极性。其次,各大高校要运用好媒介平台进行政策宣讲,例如学校官网、官方微信公众号、校园报刊等,使大学生能够快捷、准确地了解国家、本省、本地区在社会创业领域的政策文件,不仅有利于调动大学生社会创业热情,而且能够对已经创业的大学生提供组织管理的宏观战略指导。

三、多元化资金支持渠道体系的构建和完善

(一) 吸引民间资本投入

如何引入充足的私人资本是大学生社会创业转型升级的关键之一。民

---

① 中华人民共和国中央人民政府:《上海市出台鼓励社会组织吸纳大学生就业指导意见》,2009 年 5 月 20 日,见 http://www.gov.cn:8080/govweb/gzdt/2009-05/20/content_1319706. htm。

间资本储备丰富,对促进大学生社会创业教育的发展具有重要的战略意义。例如,浙江省不仅有像阿里巴巴这样的大型企业,同时拥有丰富的私人资本力量,挑战在于如何将这些资本用于社会建设。据浙江省统计局数据,2017年上半年,浙江省民间基础设施投资880亿元,增长28.9%,增速比总投资高19.6个百分点,比民间投资高16.1个百分点。比重比第一季度和2016年全年分别增加0.5个和0.3个百分点。① 我们如何将这些资本纳入社会创业教育领域呢? 首先,通过政府层面鼓励引导私人资本对高校社会创业教育进行投资与捐赠,例如出台税收优惠政策、企业社会责任感宣传等方法,以调动民间投资的积极性与主动性,优化企业文化与企业形象。其次,优化社会创业组织品牌质量。不能单纯依靠政府等外界帮扶,而忽略社会创业组织自身的质量,缺少主打品牌项目。通过调查发现,大学生在进行社会创业时选择的领域普遍集中在教育、环保、扶贫等,服务范围过大,导致缺少主打产品。公益创业从来都不是按照相同模板进行的流水线生产,它需要创新、优质、多样化形式,才能更好地被大众接受,大学生社会创业者只有不断创新,潜心钻研更优质的品牌项目才会吸引到更多的民间资本。

(二) 设立政府和高校的专项扶持资金

首先,在政府层面而言。可以为大学生设立创业投资引导基金②,以开展社会事业。这样有利于社会资本投资商业性资本不感兴趣的行业,投资处于种子期的社会企业。社会创业企业特点在于关注民生问题、推动社会发展,而政府的创业引导基金在社会创业组织的融资方面具有有利影响。另一方面,挖掘公益创投潜力。公益创投是针对公益领域投资的一种新型公益资本投入方式。主要通过基金会、企业对社会企业进行资本投入,使其解决组织运营管理问题,进而解决社会问题。例如上海市民政局购买公共服务,以"公益创投大赛"活动方式鼓舞大学生社会创业。

其次,在高校层面而言。第一,建立高校大学生社会创业基金,专门为社会创业提供资金支持。第二,以创业竞赛形式敦促学生创建社会创业,为优秀项目团队提供资金奖励,或者天使投资、融资。第三,利用学校资源扩展大学生社会创业机会,可以通过校友捐助、设立校友社会创业基金会等多种渠道和方式。

---

① 新华社:《浙江民间资本"快步"进入公共服务领域》,2017年8月5日,见 http://www.xin-huanet.com/fortune/2017-08/05/c_1121436453.htm。

② 创业投资引导基金又称"基金中的基金"或"母基金"(Fund of Funds),指政府通过财政出资,按照"政府引导、市场运作"的原则,吸引社会资本以股权或债权等方式投资于创业投资机构或新设创业投资基金,以支持创业企业发展的政策性专项资金。

（三）加大创业资金扶持力度

社会创业融资渠道相对营利性企业更多样化。首先,针对大学生社会创业,可以通过政府帮扶小额贷款业务、利用社会资本融资补充资金、高校大学生融资教育培训等方式获得创业资金。其次,政府财政支持,社会基金、非营利组织合作等多渠道融资也是大学生社会创业资金投入的良好措施。

虽然相对于商业创业而言,社会创业有更加广阔的融资渠道,除了传统的融资渠道,还可以争取政府的财政支持与基金会、非营利组织合作来争取资金注入,还有近年来发展起来的专门针对社会创业组织的融资渠道。但就目前调查来看,对于特殊身份的大学生来说,构建和完善资金支持体系仍然是首要。

四、多样性孵化支持体系的构建和完善

（一）积极构建非营利性孵化器

首先,政府创立类似社会创业服务园的专门非营利孵化器,包含资金、项目孵化、交流平台在内的一套完整的支持体系。非营利孵化器的建立有助于为社会创业组织提供更有利的发展机会,例如上海浦东政府建立的浦东公益服务园,政府为在内的所有社会创业组织创造了良好创业氛围,不仅提供资金帮助、财政补贴,同时还为各企业家之间的交流互动提供了学习空间。由此可见,政府非营利孵化器在资金和服务上为大学生和社会创业者给予有力支持,有利于社会创业组织更有活力地发展。

其次,建立高校公益"众创空间"。鉴于大学生创业者在进行创业实践时缺少法人资格,必须依附学校的支持庇护,因此高校有必要为大学生社会创业项目提供合适的项目孵化园。落实《国务院办公厅关于发展众创空间推进大众创新创业的指导意见》(国办发〔2015〕9 号)提出的加快构建"众创空间",为广大创新创业者提供良好的工作空间、网络空间、社交空间和资源共享空间的要求,我国许多地区高校已经建立自己的"众创空间"。以实践情况较好的温州市为例,"温州大学众创空间""浙江工贸职业学院众创空间"等已获国家级认定,极大地促进了本校学生社会创业的积极性。高校孵化园能为大学生创业项目的落地转化提供专业指导和资金帮扶,而专门为公益事业服务的"众创空间"能够更有针对性地扶持社会创业项目的发展,提供更加精准的服务。

（二）建立社会创业一体化支持体系

创立高校社会创业"一条龙"服务体系。通过长期的观察与研究,笔者

发现高校创业孵化园的资源供给与学生项目落地并没有很好结合,存在的潜在问题是高校资源整合不当,导致学生在创业过程中产生困难却不知向谁求助。因此,建立一体化社会创业孵化支持体系,可以使大学生从项目初期设计到创业实践再到创业组织成熟期全过程都能得到高校"保驾护航",达成社会创业"一条龙"服务体系。服务内容包括但不限于场地提供、设备支持、福利补贴、注册援助、课程培训、企业交流等。

（三）多方社会资源帮扶社会创业

首先,社会企业支持大学生的社会创业实践。社会企业可以为大学生提供培训和社会实践的机会,支持大学生公益创业项目及其孵化和发展,激发大学生社会创业的热情。同时,通过与大学生社会创业组织合作,分享这些组织宝贵资源和经验,社会资源可以帮助大学生有效地履行社会使命。其次,志愿者团队支持大学生社会创业实践。志愿服务团队可以为社会创业打造坚实基础,在社会创业教育阶段融入志愿服务更贴合现实情况,能更好地转化大学生社会创业困难与志愿服务不协调二者之间的矛盾,促进二者协同发展。

无论是对学生创业者还是社会创业者而言,孵化体系的支持都是至关重要的,其成效也是显见的,除了资金设备方面的硬性支持,还包括创业者企业管理培训、风险投资管理教学、社会企业家经验交流等软性学习,多方面全方位支持大学生社会创业,有利于提高社会创业成功率。

第四节　生态论对高校社会创业教育资源整合的启示

一、高校在社会创业生态系统中的生态位"势弱"

（一）高校在社会创业生态系统中的生态位"缺席"与"迷茫"

在中国社会主义市场化的改革中,民营经济的崛起对经济发展产生了重要影响。支撑民营经济崛起的是一大批民营企业家的迅速成长,而民营企业家得以大批涌现的基础是更大数量的中小型创业者群体的出现。这些市场经济中的勇敢领头者以激昂的创业精神,投身于创业实践,创造出了辉煌的业绩。回顾中国改革开放40多年的经济社会发展成果,可以很容易地得出这样的结论:中国已经在相当长的时期内形成了良好的社会创业生态系统,民众创业热情持续高涨,社会创业文化异彩纷呈,创业价值观正在被越来越多的普通民众接纳。清华大学发布的《全球创业观察中国报告》显示,"在参与全球创业观察的60多个国家和地区中,中国的创业排名已从

2002 年的 11 名提升到第 2 名,成为全球创业活动最活跃的地方之一。"①

　　过去 40 多年里,中国创业生态系统充满活力,但在 20 世纪 90 年代之前,中国高校却长期处于"缺席"的状态,高校没有意识到培育创业精神是高校的重要使命,更没有意识到高校应当鼓励学生积极从事创业活动,以培养更多的创业者。直到 1989 年联合国教科文组织在北京召开的"面向 21 世纪教育国际研讨会"上提出"事业心和开拓技能教育"(后译为"创业教育")是人们应该掌握的"第三张通行证"后,创业教育的重要价值才渐渐引起国人的注意。1997 年清华大学首开国内高校创业教育先河,举办了国内首届大学生创业计划大赛。② 2002 年 4 月,教育部在国内 9 所高校开展创业教育试点,此后,创业教育实践活动在高校渐呈加速发展的态势。

　　经过十多年的努力,参与创业教育的国内高校数量越来越多,截至 2011 年,我国已经开设 KAB 创业教育基础课程的高校达 600 多所,90% 的高校已经开展创业教育,近 85% 的高校建立了各种规模的创业基地。对比美国高校,我国高校创业教育的推广速度是惊人的,因为美国高校创业教育虽然从 20 世纪 80 年代就已经蓬勃兴起,但直到 2003 年,在美国 4200 多所高校中,只有 1600 所高校开设了创业教育的相关课程,仅占到美国大学的 38.1%。③ 中国高校创业教育虽然推进速度很快,但却存在教育质量并不理想的问题。一项针对已开展创业教育高校的调查显示,认为目前创业教育"效果好"的学生仅占 8.88%,但认为"效果差"的学生有 55.9%,还有 28.12% 的学生认为"效果一般",7.1% 的学生表示"说不清"。④ 根据麦可思研究院《2013 中国大学生就业报告》与《2014 中国大学生就业报告》,2012 届中国大学毕业生自主创业比例仅为 2%,2013 届仅为 2.3%。从表面看,中国高校当前深深纠结于创业教育该如何深度推进以提高实效的问题;从深层次看,中国高校在社会创业生态系统中,正面临着生态位迷茫的问题。

　　生态系统中每个物种都有自己的生态位。所谓生态位,是指生物种群在以环境资源或环境条件梯度为坐标而建立起来的多维空间中所占据的空

① 清华大学:《清华经管学院发布全球创业观察中国报告(2002—2012)》,2013 年 1 月 10 日,见 https://www.tsinghua.edu.cn/info/1175/21132.htm。
② 王占仁著:《"广谱式"创新创业教育导论》,人民出版社 2012 年版,第 24—26 页。
③ Katz, J. A., "The Chronology and Intellectual Trajectory of American Entrepreneurship Education 1876-1999", *Journal of Business Venturing*, 2003, Vol. 18(2). Kuratko, D. F. & Ireland, R. D. & Covin, J.G. & Hornsby, J.S., "A Model of Middle - level Managers' Entrepreneurial Behavior", *Entrepreneurship Theory and Practice*, 2005, Vol. 29(6).
④ 罗贤甲、杨树明:《论高校创业教育的有效性》,《思想教育研究》2010 年第 9 期。

间和位置。① 生态位越宽,种群可利用的资源种类越多,对周围环境的适应能力越强。显然,我国高校在社会创业生态系统中生态位还很窄,吸纳外部资源为校内创业教育所用的能力还很弱,高校为社会直接输出创业者的能力还不强,高校为社会创业者能够提供的直接帮助还很少。从社会创业生态系统的视角来看,高校对周围环境的适应能力还很弱,这种"势弱"整体表现为高校对社会创业活动推动力度不足,在创业教育课程建设和活动设计方面实效性不够,高校在具体如何深化创业教育方面表现迷茫。

　　人类有三大教育系统——家庭教育、学校教育、社会教育,每个系统都有自己的教育要素、媒介和工具。三个系统中,各系统要素或信息会与另外两个系统的要素相互作用,产生协同效应。② 理想的创业教育需要三个系统发挥合力,根据社会学社会化的相关理论,这三大系统在个体社会化的不同阶段发挥作用的程度是有差异的:在幼年阶段,家庭教育对个体社会化发挥着最大的影响作用;在青少年阶段,学校教育发挥着最大的影响作用;在成年阶段,社会教育发挥着最大的影响作用。因此,在青年创业教育中,高校本应当发挥出更主要的引领和整合作用。但是由于传统高等教育过于注重把学生培养成为听话的学生,评价体系过于单一,教育行政权对高校影响过大,高校治理结构中社会参与不足,高校办学相对封闭,这些因素一方面使学生自由个性发展不足,另一方面使社会创新性元素对高校影响有限,家庭创业教育和社会创业教育③与高校创业教育的合力形成机制明显缺失,这种缺失导致了高校师生的创业意识和创业能力不足,高校创业教育能力偏弱。

　　根据生态学最少因素理论,当生态系统中一些特定因子处于最小量状态时,其他处于高浓度或过量状态的物质可能起着补偿或替代作用。④ 改革开放后,由于制度变革带来了大量市场机会,那些参与创业活动并取得良好收益的创业者,会在周围人群中产生积极的跟随效应,民众对于如何更顺利、更便捷、更有效从事创业活动有了潜在的巨大学习需求。这本是高校创业教育发展的大好时机,可是,由于中国办学机制的不足与封闭,既使得在

---

① 张丽萍:《从生态位到技术生态位》,《科学学与科学技术管理》2002年第3期。

② 李运林:《协同教育是未来教育的主流》,《电化教育研究》2007年第9期。

③ 家庭创业教育是指在父母、长辈及其他亲属对受教育者开展的有助于其扩展创业认识、增强创业意识、提升创业素质的教育,大多数时候家庭创业教育是通过非言语的、潜移默化的方式开展的,甚至施教者自己都常常没有意识到在开展这项教育;此处的"社会创业教育"是指狭义的社会创业教育,泛指除家庭和学校之外的机构、组织或群体开展的显性和隐性的创业教育。广义的"社会创业教育"还应包含家庭创业教育和学校创业教育。

④ 王东:《现代生态学领域概念范式变迁》,《汉中师范学院学报(自然科学)》2002年第6期。

校学生无法获得相应的创业知识,又使社会创业生态系统中潜在的创业者群体无法从高校获取足够的创业教育"营养和资源",只能转而求助其他主体。当其他主体可以基本满足这种需求时,社会创业生态系统的"创业教育供需矛盾"便得到缓解。笔者认为,我国过去几十年中,社会创业活动蓬勃兴盛,与家庭创业教育和社会创业教育的积极作为有密切的关系,这二者对高校创业教育的不足起到了很好的"补偿"或"替代"作用,促成了创业生态系统中创业教育供需的暂时性平衡。但也正是因为这种暂时性的平衡,高校创业教育至今没有在社会创业活动中起到更显著的助推作用。

（二）其他社会组织在社会创业生态系统中的"补位"与"替代"

在高校创业教育"势弱"的背景下,家庭组织、社会商业培训机构、一些大中型企业的内部"学院"承担起了社会创业教育的主体功能,其中区域化产业集群网络在无形中发挥出有力的创业学习平台功能,家庭创业教育在区域化产业集群学习平台中发挥了很好的助推作用,很多地方出现了以血缘亲属网络为连接的大数量的群体性创业,有的还呈现出"低学历、高创业能力"的特征,比如以血缘为纽带发展起来的温州商人群体就是家庭创业教育成功的典范。很多温州商人子女从小在创业家庭的环境中耳濡目染,在离开学校后,或主动或被动地尝试与父辈及其他亲属相同、相似或关联的产业,在亲属们的言传身教中,创业成为很多人自然而然的选择。

过去几十年中,国内已经形成很多区域化的产业集群,这些区域化的产业集群为潜在的创业者提供了匹配度很高的特定知识体系和学习机制。"这些知识形态主要表现为非编码知识,比如工商传统的地方性知识,祖传手艺,商业习俗等",通过这些知识的共享可以提高他们的受教育程度,同时也符合他们的信息收集偏好,提高了他们的学习效率。这些产业集群为该地域内的民众提供了良好的创业教育平台,在很短的时间内孕育出了大批创业者,对经济社会发展起到了巨大的推动作用。以浙江省为例,2003年,浙江全省工业总产值在 10 亿元以上的制造业产业集群有 149 个,工业总产值合计 1 万亿元,约占全省制造业总量的 50%。[①]

近几十年中出现的大批针对企业家、中小创业者以及企业管理层的商业培训机构,也发挥了社会创业教育的功能。笔者在访谈中发现,在国内很多中小创业者聚集的地区,往往都活跃着一批商业培训机构。值得注意的是,这类培训中高校的身影不多。这些机构常常以"人生励志""自我突破"或"管理经营技能理念提升"等主题为卖点,推出为期几天的培训项目。虽

---

① 佘明龙、刘网荣:《江苏与浙江产业集群比较研究》,《浙江统计》2006 年第 9 期。

然这些项目一般收费高昂,但是由于它们以十几人或几十人的团队学习为形式,注重团队分享、体验教学,因此很多项目在学员中有很好的口碑。而且这些项目中的不少课程都贯穿着创新创业价值观,由于学员中创业者常常占有一定的比重,因此在团队分享中创业教育事实上成为他们学习的重要内容之一。

在过去几十年里,很多大中型企业纷纷成立针对自己员工的素质提升"学院",如物美集团的物美发展学院、华立集团的华立管理学院、红蜻蜓集团的红蜻蜓培训学院等。这些企业设立"学院"的初衷往往是解决本企业内部员工的岗位技能培训,但经过发展,相当一部分企业内部学院的培训内容逐渐涵盖了职业技能培训、创业理念和技能培训、企业文化建设等内容,因此越来越多的企业鼓励内部员工在自己的岗位上大胆突破、勇于创新,开展"岗位创业",为企业创造出新的价值。这类创业教育由于紧接地气、针对性强,在提升受训者创业意识和创业能力方面往往效果显著。此外,阿里巴巴公司 2004 年成立的阿里学院、2006 年成立的淘宝大学,以网络课程为主要教育形式帮助与自己企业相关联的网络创业者成长,开创了企业创业教育的一种新模式。据淘宝大学自己公布的数据,截至 2014 年,经淘宝大学培训的学员已经超过 500 万。综上所述,在过去几十年中,企业在中国社会创业教育中发挥了非常积极的作用,只是这种作用长期还没有受到高校关注。

家庭和社会创业教育对高校创业教育缺失的"补位",达到了一种暂时性的供需平衡,使高校在社会创业教育体系中"势弱"格局被进一步"锁定",在高校不积极作出相应的机制性调整前,很难改变自己创业教育实施乏力的艰难局面,这正是为什么国内高校在 10 余年的创业教育实践后,仍然收效有限的原因之一。虽然家庭和社会创业教育对高校创业教育的缺失发挥出了很好的"补位"作用,但毕竟无法完全替代高校作为知识密集型人才培育组织的独特优势。笔者认为,在我国过去 30 余年的社会创业体系中,存在创业活动科技含量不高,高学历层次人才参与创业实践不足,科技研发与社会创业联系不够等问题与高校在社会创业生态系统中的"缺席"有很大的关系。

二、高校在社会创业生态系统中的生态位回归

(一) 教育内容上"自由拓展"与"嵌入集群"有机对接

创业教育鼓励创新和引导受教育者探索新商机的特点决定了创业教育的内容和形式应当具有开放性,使学生有更多的选择机会,而不应只局限于

某几个有限的专业或领域。目前国内许多高校在加强创业教育课程建设的过程中,大胆探索,将很多新的内容纳入创业教育之中,这种在教育内容方面的"自由拓展"显然有助于丰富高校创业教育内涵,满足不同学生群体的现实需求。但由于高校之间的优势和定位明显有别,各个高校拥有的外部资源差异性很大,因此创业教育只有紧密结合这些差异才可能使各自的创业教育成效发挥得更好。与此同时,各个高校在教育内容上的"自由拓展"应当与"重点发展"适度结合,否则容易使各个高校的创业教育出现"泛而不精"的格局,从而影响教育成效。

当前高校在社会创业生态系统中处于"势弱"地位,高校与本地区创业者群体相对疏离,互动交流有限,彼此"给养"不多,甚至处于相对隔离的状态。在生态学上存在一种"地理隔离"现象,"地理隔离"是指生活在不同的栖息地的群体,由于彼此不能相遇,阻碍了生物的自由迁移和基因交流,最后形成了独立的物种。① 参照这种观点,可以推想高校在与本地区创业者群体之间的关系,可以是"相对隔离",也可以是"深度交融",这两种不同的状态将直接影响高校内部的校园创业文化构建模式和校园创业智力资本的增量方式。我国高校相对疏离于创业者群体的格局已经形成多年,高校不能寄希望于外部创业者群体来主动改变这一局面,高等教育系统只有主动作出调整,逐步打破静态刚性的组织边界,建立多重灵活的互动机制,尽量与本地区创业者群体进行"深度交融"。

不少高校所在地附近都有一些产业集群,聚集着大量的创业者群体,这些群体往往是当地良好创业生态的重要构成部分,高校的创业教育如果能够很好地嵌入这一网络,就可能高效地分享产业集群中创业信息和创业知识的溢出。学生创业素质提升需要大量不可言说,难以编码的默会性知识和实践性知识,且这些知识在相对封闭的高校传统课程教学中较难提供,当高校深度嵌入地方产业集群时,这类知识将会很自然地由产业集群的创业者群体向高校的师生传播,最终弥散融会于高校创业文化之中,整体改进高校创业教育资源和信息的质量,无形中助推高校创业教育。因此各个高校在教育内容上将"嵌入本地区产业集群"所需的知识作为"重点发展"的方向,将能与高校原有的"自由拓展"的教育内容实现有机对接,达到事半功倍的教育效果。

高校在嵌入地方产业集群过程中,能够更及时获取产业集群对高校智

---

① 张爱兵等:《空间分子生态学——分子生态学与空间生态学相结合的新领域》,《生态学报》2002 年第 5 期。

力资源的当前需求信息。在主动对接社会需求的过程中,高校师生对社会当前创业者群体的现实服务能力将可能显著提升。有研究表明,大学研究通过地理中介作用也会对商业创业产生溢出效应,有数据显示来自技术溢出效应随着与大学等研究机构距离的增加而减少,距离每增加 10%,其对应的生产效益就降低 0.15%。[1] 高校通过深度嵌入本地区产业集群,师生智力资源服务社会的物理距离会大大缩短,创业服务效能将有可能得到提升。

高校能够为地方产业集群提供有价值的信息、知识和服务是高校创业教育嵌入地方产业集群的基础,这就需要高校在师资队伍建设、人才培养定位、课程体系设置、实习实践安排等方面都作出必要的调整。在这种调整中,高校可以培养出一批专门的师资,他们关注地方产业集群的发展,能够解决地方产业集群创业者碰到的现实困难,能够为地方产业集群发挥出增值、补缺、完善等功能。随着高校与地方产业集群的深入互动,某些高校在创业教育能力得到提升后,还有可能引领地方产业集群的发展,甚至直接助推新产业集群的孕育,这将在更大力度上促进经济社会的发展。

（二）教育形式上"重点依托"与"多元建构"并行发展

高校创业教育需要有形的项目作为依托是我国教育界的共识。过去十几年中,下列三个项目受到各界高度重视:一是全国大学生创业计划大赛,这项赛事由共青团中央、中国科协、教育部和全国学联共同主办,很多高校将此项赛事的成绩作为开展创业教育成效的标志性成果;二是校内创业园,不少高校在创业教育实践中一直力推创业模拟实践,有些高校在校内创业园项目上投入了巨大的人力和物力;三是创业教育课程建设,不少高校已经进行了多年摸索,近两年来教育部已开始明确要求全国高校必须开设创业教育必修课。

从微观层面上分析这些项目,如果运行良好,对于提升学生创业意识和能力都应该有积极的正面意义;但从宏观层面上来看,这些项目运行良好需要以整个高等教育系统与社会创业生态系统有效互嵌、深度对接为基础,否则容易导致这些项目出现闭门造车、社会现实意义不强的结果。"大学生挑战杯创业计划大赛"经过 10 多年的推广后,国内很多高校都已经将此作为提升学生创业能力的重要项目,不可谓不重视。但由于对接社会现实不足,出现了绝大部分创业计划作品都存在为了比赛而比赛的情况,最终真正能够切实落地运行良好的项目凤毛麟角。所以从 2014 年开始,这项比赛才

---

[1]　陆立军等著:《科技型中小企业:环境与对策》,中国经济出版社 2001 年版。

进行了针对性的重大改革,比赛更加重视参赛项目的可行性,甚至转向重视对已经落地实施项目的评比,开始允许毕业后一年内的学生参加比赛。比赛的名称也重新命名为"创青春"中国大学生创业大赛。当前很多高校在创业类课程的建设中过于关注课程的数量,相对忽视教学内容与社会创业现实的契合程度,不重视课程教学对创业能力提升的实效评估,这就容易产生大量对创业素质提升实效性不强的泛化课程。因此,我国高校创业教育重点载体的构建工作仍应当以做实做细为原则务实推进。

大学生群体对创业教育的需求具有多样化的特征,不同类型的学生具有不同的需要,即使同一类型的学生在创业启蒙期、创业酝酿期、创业起步期、创业平稳期和创业提升期等不同阶段的需要也会有明显不同,同时学生感兴趣的创业领域不同也会在创业教育的需求上呈现出明显的差异,高校难以通过几种有限载体实现全校性创业教育的目标。从生态学角度看,生态系统的组成成分越多样,能量和物质流动的途径越复杂,食物链的组成越错综,系统自动调节和恢复稳定的能力就越强。[1] 以这一视角看待高校创业教育,需要高校在加强重点教育载体质量提升的同时,注重创业教育元素的多元建构,应当鼓励创办各种类型的创业型社团、各种形式的创新创意类比赛和各种与专业学习相关的商业化对接活动,且各类社会人士进入校园与学生的交流活动,各种学生社会实践项目的过程性指导活动均应该大力倡导。多元性创业教育的实施主体应该重心下移,使高校更多的系室、更多的学生社团能够自主积极地开展这类活动。与此同时,还应该改变目前高校创业类活动看重规模、看重形式的倾向,改变大活动多、小活动少,正规课程得到的支持鼓励多、非正规活动不受重视的局面。

(三) 教育环境上"校内小生境"与"校外大系统"互动互联

高校的创业教育总是在高校可以利用的特定的空间中进行的,这一点类似于生态学中的"小生境","小生境"即是特定环境下的一种生存环境,小生境对物种的发展有重要意义,高校创业教育也只有营造出独特的创业教育小生境,才能彰显高校创业教育的功能。在校内创业教育"小生境"的营造方面,美国高校已经有不少值得借鉴的范例,他们在本校创业教育的理念定位、主攻方向、载体依托、呈现形式等方面挖掘自身特有优势,注重"校本"特色构建。比如在创业教育理念定位上,百森商学院的创业教育注重培育创业精神,哈佛大学的创业教育注重积累创业管理经验,斯坦福大学则

---

[1]　蔡会霞:《生态视角下网络教学资源的开发》,《江苏广播电视大学学报》2011 年第 6 期。

以培育企业为主,①呈现出校际间的明显差异,这种校际差异显然与他们的历史传统和高校所处的地域特征差别有关。在创业教育资源依托方面,美国不同的高校也呈现出明显差异,如美国加州大学洛杉矶分校创业资源是由完善的行政管理机构、丰富的创业基础性资源、优质的校友网络和精彩的社团活动这四个基本构成要素组成。② 麻省理工学院的创业相关资源主要部分为:创业课程和师资;资源和出版;项目和中心;学生社团。其中项目和中心是由学校教员和职员来负责运作的"官方组织",由 13 个组织构成,分别扮演 5 种角色。③ 正是由于注重创业教育特色"小生境"构建,这些高校形成具有本校特色的校内创业教育"小气候"。

高校内部的创业教育的小环境需要与外部大环境形成很好的依托关系,否则就会产生生态学上的"局部生态环境效应",④目前国内不少高校和一些教育行政部门热衷于在校内建构校内创业园,积极呼吁为大学生创业推出更多的优惠政策,却不重视高校创业师资队伍和创业课程建设的开放性,事实上造成了高校创业教育与外部创业社会相对封闭,高校在创业教育中处于社会创业信息的孤岛,对外部有利的创业教育资源使用效率低下,创业教育整体机能低下。

高校创业教育必须着眼于整体,校内创业教育小生境须置身于社会大环境之中,方能紧接地气,与外界形成源源不断的互生共养格局。这一点,国外高校创业教育的理念值得借鉴,如英国斯特拉斯克莱德大学从 20 世纪 90 年代早期起,就注重"越来越多的精力充沛地寻找弥合工业与大学之间的裂口的途径"。⑤ 麻省理工学院的创业教育为了保持更好的对外开放性,构建了"源于企业和社会问题的反向线性模型"为新的研究项目和学科形成提供了起点。⑥ 目前国内高校创业教育领域中已经注意到了创业教育需

① 张昊民、马君:《高校创业教育研究——全球视角与本土实践》,中国人民大学出版社 2012 年版。

② 殷朝晖、龚娅玲:《美国加州大学洛杉矶分校构建创业生态系统的探索》,《教育探究》2012 年第 5 期。

③ 刘林青、夏清华、周潞:《创业型大学的创业生态系统初探——以麻省理工学院为例》,《高等教育研究》2009 年第 3 期。

④ 局部生态环境效应又称花盆效应,是指花盆是一个半人工的模拟生态系统,处于封闭和半封闭状态,其生态环境很大程度上是人工培育的小生境,容易引起生物体适应性的下降,甚至消亡。

⑤ [美]伯顿·克拉克:《大学的持续变革——创业型大学新案例和新概念》,王承绪译,人民教育出版社 2008 年版。

⑥ [美]亨利·埃兹科维茨:《麻省理工学院与创业科学的兴起》,王孙禺、袁本涛等译,清华大学出版社 2007 年版。

要对外开放，吸纳校外资源，同时也鼓励学生多实践、老师多调研。但是由于缺乏基础性的制度安排以及社会文化支持，企业接纳学生实践和教师调研主要依靠的还是个人人脉关系，难以形成持久性的体系和网络，企业家进高校仍具有明显偶然性、零散性和随意性的特征。

自然界中，任何物种的生存都需要依赖特定的生存环境，且只有当他们处在最适生态环境中，他们才能长期保持自身的竞争优势，并不断发展与壮大。高校在社会创业生态系统中也只有找到自己适当的生态位才能运行良好。高校与外部社会的关系类似于生物种群与外部生态群体的关系，有偏利共生、互利共生、原始合作三种关系模式，①高校只有与外部环境达到互利共生，使处于社会创业生态网中的每个结点都获得应有的利益，整个系统方能运行良好。因此，高校应该着眼于自身在整体社会创业系统中的特殊价值，明确自己特定的生态位，更积极地着眼于为外部创业生态系统输出自己不可替代的营养和资源，才能实现创业教育校内小生境深度嵌入社会创业生态系统中，使高校创业教育拥有强大的能力源泉和动因机制。

高校创业教育局部小生境与外部创业社会大环境之间加强互动联系，不仅需要高校办学理念的改革，更需要高校外部治理结构的制度性安排，只有在高校办学经费、办学质量评价等问题上对外部社会有更全面的需求的时候，高校对外部社会创业系统的需求才会更主动关注，高校内部教师智力资源引导、人才培养特色等方面才会更主动地对接社会创业系统的现实问题。这一点从英美国家的创业教育发展的历程中已经得到启示，20世纪70年代后由于英国经济衰退等原因，各届政府为了削减公共开支，减少了对大学的拨款，高校认识到了与工业界合作的重要性，助推了创业型大学的发展。②而美国很多高校创业教育的发展、高校与工商业合作的动力与高校积极谋求更多的外部资源支持有莫大的关系，以麻省理工学院为例，该校现行的与外部社会的联系制度安排与解决第一次世界大战以后麻省理工学院内部财政危机有重要联系。③因此，笔者认为推进高校创业教育，需要以高校外部治理结构改革作为动力，使高校能够有更大的动力和压力，有更大的办学自主权，能够更主动、更敏锐地回应社会创业系统的需要。

从生态学的视角来看，高校创业教育作为社会创业教育中的一个组成部分，从属于社会创业生态系统，既受内部各种生态因子的制约，也受外部

---

① 郝迎霞、颜忠诚：《浅谈生物共生现象的分类》，《生物学通报》2012年第11期。
② 牛长松：《英国高校创业教育研究》，学林出版社2009年版。
③ ［美］亨利·埃兹科维茨：《麻省理工学院与创业科学的兴起》，王孙禺、袁本涛等译，清华大学出版社2007年版。

生态因子的影响。如果缺乏与外界环境进行必要的物质、能量、信息交流，必然会使高校的创业教育处于孤立状态，这种孤立状态容易使教育活动失去应有的生机。经过 10 余年的实践探索，我国高校在如何调整内部教育生态因子方面已经进行了大量的尝试，在如何吸纳外部生态因子为高校创业教育所用方面，也已经有不少思考，但是就如何从制度结构的角度触发内外两种创业教育因子互动交融方面的研究还少有涉及。

　　教育从来不是教育机构可以单独完成的事情，学生的大脑和心灵在踏入校门之前已经不是一张白纸，即使进入校门之后，社会多方的力量也仍会持续地影响着学生。高校创业教育不是高校内部封闭的孤立活动，而是一个复杂的系统工程。高校的创业教育置身于社会创业教育体系[①]之中，受到多重外部力量共同影响；社会创业教育体系又嵌套于社会创业生态系统之中，受创业生态系统的制约，同时创业教育体系功能发挥的效果也会直接影响社会创业生态系统的活力。创业生态系统是指"由新创企业及其赖以存在和发展的创业生态环境所构成的，彼此依存、相互影响、共同发展的动态平衡系统"。[②]

　　因为多方面的原因，高校创业教育相对封闭的格局已经形成，这种格局制约着目前高校创业教育的健康发展，高校创业教育体系需要主动突破，走出这种封闭，更好融入社会创业生态系统，嵌入地方产业集群是实现这种突破的可选路径之一。笔者认为，"与地方产业集群深度互嵌型创业教育"是我国部分高校可以尝试的创业教育模式，数量巨大的区域性产业集群现象在改革开放中明显具有中国特色，国外高校在与产业集群互动方面可资借鉴的现成经验不多，国内高校应当在这一领域进行大胆尝试，探索出有本土特色的创业教育模式。

---

① 社会创业教育体系，包括家庭创业教育、学校创业教育以及除家庭和学校之外的机构、组织或群体开展的显性和隐性的创业教育。

② 林嵩：《创业生态系统：概念发展与运行机制》，《中央财经大学学报》2011 年第 4 期。

第三章 高校社会创业教育发展的现实动因与设计

第一节 高校社会创业教育发展的现实动因

我国高校社会创业教育自 2009 年逐步开设推行以来,已初具规模,有了相应的教学课程、师资力量以及全校性创业平台、项目等的搭建。高校社会创业教育能够在我国发生发展,离不开来自外界的大力扶持与认可,政府对大学生创业优惠政策的出台,以及社会各界的积极参与和配合,当然也少不了来自大学生的积极肯定与自我奉献精神。换言之,高校社会创业教育的发展既可以从内部视角进行分析,亦可以从外部视角进行阐释,甚至可以上升至理论和实践的维度加以概括。

一、高校社会创业教育发展的理论动因

从理论上来看高校社会创业教育发展的动因,可站在推动社会发展的力量,即主要来自人民群众意愿的历史唯物主义理论、教育应凸显实践性的实践育人理论以及以人为本的发展教育思想等角度来分析。

(一)历史唯物主义理论动因

历史唯物主义理论强调人是社会的主体,人民群众是历史的创造者,是社会物质财富的创造者,是社会精神财富的创造者,是社会变革的决定性力量。人民群众是指一切对社会历史起推动作用的人们,既包括普通个人,也包括杰出人物。在我国,全体社会主义劳动者、社会主义事业的建设者,拥护社会主义的爱国者和拥护祖国统一的爱国者,都属于人民群众的范畴。人民群众的范围十分广,任何国家、任何社会的发展都不可能脱离人民群众,而现如今,发展新时代中国特色社会主义,更要坚持人民主体的地位。习近平总书记说:"只有坚持马克思主义关于人民群众是历史的创造者这一基本原理,大家才能把握历史前进的基本规律,只有按历史规律办事,才能无往而不胜。历史反复证明,人民群众是历史发展和社会进步的主体力量。"①深刻揭示了

---

① 习近平:《在纪念毛泽东同志诞辰 120 周年座谈会上的讲话》,《人民日报》2013 年 12 月 27 日。

人民群众的重要意义。要发展新时代中国特色社会主义,使中国更大更强,实现社会主义现代化发展,把我国建成富强、民主、文明、和谐、美丽的社会主义现代化强国,就非常需要人民群众的力量支持。所以,坚持素质教育的发展,培养全面发展的人,坚持创新型人才的培养在当今社会就显得尤为重要。21世纪,说到底还是人才的竞争。只有把人培养好,社会才能更好地发展,国家才能更好地进步。因此培养21世纪全面发展的创新型人才是当今社会国家的一项战略性任务。

大学生作为人民群众中具有知识、才华、富有生机活力的新时代力量,是我国社会主义现代化建设的重要力量来源,而在这个过程中,选择社会创业这条路径便是非常有利的一项选择。大学生社会创业是指在校大学生和毕业大学生个人或与他人共同创立的创业团队,肩负社会使命感与责任感以满足他人需求、实现社会效益为创业宗旨,通过商业经营模式,向社会或组织提供产品及服务,并实现自身价值的可持续性发展的创业活动。

所以,通过大学生社会创业,能够把大学生具有的知识、才华、能力转化成实践要素,发挥出作用,充分实现自身的个人价值。不仅如此,大学生社会创业还能够为社会增添更多的工作岗位,促进更多的人民群众在建设社会主义现代化的道路上发光发热,实现自身的社会价值。除此之外,社会创业本身的应有之义便是解决社会问题,服务社会,满足一定的社会需求。当下,我国在高质量发展社会主义现代化建设的同时,仍出现了一些社会性问题,如环境污染、自然破坏、人口老龄化、社会分配不均导致的贫富分化,这些社会性的问题除了需要政府的大力解决之外,还可以通过社会创业这一新型的组织形式来完成。所以,社会创业教育应秉承发挥大学生青年价值、促进社会问题的解决与社会主义现代化建设的理念发展。

（二）实践育人理论动因

马克思指出:"实践是人有目的地进行的现实的、感性的自觉活动,是主体见之于客体的能动对象性活动。"实践是以人为主体,以客观事物为对象,改造客观对象的物质性活动。在实践活动中,强调了人的主观能动性,强调了人作为实践主体的创造性。而教育作为一种特殊的实践活动,是有计划、有目的地培育人的一种行为。实践是认识的来源,是认识发展的动力,也是检验认识真理性的唯一标准,实践也是认识的最终目的。只有通过实践,才能追求和发展真理,才能够成为全方面发展的优秀人才。我国著名教育家陶行知在实践中总结出"教学做合一",主张从实践中、从做事中去学习真知识。而当代中国正处于高质量发展的新时期,在这个阶段培养具有知行合一、全方面发展的创新型人才是非常重要的。在中国大力宣传普及创新创业教育的重要时期,在全国重点强调发展素质教育的时刻,跟随时代的脚步应运而生的社会创业显得尤为珍贵。

实践育人理念在当代来说虽不是一个全新的理念,但却是一个需要一直践行与秉承的理念和思路,无论是高等教育的发展还是中小学教育的发展,在培养人的过程中都需秉承着实践育人的理念永不改变。而社会创业本身就在践行着实践育人的理念,目前我国高校的教育制度仍然存在着只重书本知识、考试成绩,而忽视实践的内容等问题,也因而造成了大学生与社会相脱节、大学生实践能力欠佳、大学生就业难等一系列的问题出现。而社会创业不仅是在培养大学生的社会责任感、社会使命感,也是在培养大学生的实践能力、了解社会情况和适应社会的能力。不仅如此,社会创业还是一种创新性的解决社会问题,提供社会创业服务,满足社会需求的一种全新的组织形式。越多的大学生进行社会创业时,他们不仅会逐渐解决自身的就业问题,还会创造一大批的工作岗位,造福更多的人,使更多的人走上实践发展的道路。所以说,在当下实行社会创业教育是实践育人理念的进一步传承,对推进新形势下的教育发展具有深远的时代价值,对社会的和谐稳定发展也贡献着巨大的力量。

(三) 以人为本理论动因

2004 年 3 月 10 日,胡锦涛同志《在中央人口资源环境工作座谈会上的讲话》中指出:"坚持以人为本,就是要以实现人的全面发展为目标,从人民群众的根本利益出发谋发展、促发展,不断满足人民群众日益增长的物质文化需要,切实保障人民群众的经济、政治和文化权益,让发展的成果惠及全体人民。"[①]这段讲话中着重强调"人",这里的"人"是全体社会成员中个体与整体的统一,个体即个人,整体即人民群众。作为社会成员中的个体,每个人都拥有生存权、发展权和宪法赋予的其他权利,这些权利在人的发展中都应当得到尊重和保护;而作为整体的人民群众,是社会的整体和核心,是历史的创造者,同时也是社会历史前进的推动者。因此,中国共产党努力实现群众利益和根本利益相统一,把关注民生、改善民生、保障民生、重视民生作为党工作的指导思想。

党的十九大报告中提出:"提高就业质量和人民收入水平。就业是最大的民生。要坚持就业优先战略和积极就业政策,实现更高质量和更充分就业。大规模开展职业技能培训,注重解决结构性就业矛盾,鼓励创业带动

---

① 　胡锦涛:《在中央人口资源环境工作座谈会上的讲话》(2004 年 3 月 10 日),《十六大以来重要文献选编》(上),中央文献出版社 2005 年版,第 850 页。

就业。提供全方位公共就业服务,促进高校毕业生等青年群体、农民工多渠道就业创业。"①从党的十九大报告的内容和"以人为本"理论都可以看出,倡导人的全面发展、鼓励通过创业带动就业被放到重要位置。因此,大学生社会创业的研究是对"以人为本"理论和党的十八大报告中关于通过创业带动就业政策的很好贯彻。支持鼓励大学生进行社会创业,不仅是缓解我国当前大学生就业压力的有效方式,更是培养当代大学生社会责任感和使命感的重要途径,鼓励大学生在实现自我价值的同时也能帮助社会上更多的人实现自我人生价值。总而言之,发展大学生社会创业教育是希望越来越多的大学生能够创办社会企业,带动更多人就业,从而缓解社会就业压力,缓和社会矛盾,使社会达到更加和谐的状态,实现中华民族伟大复兴的"中国梦",建立一个人人共享人民安康的社会。

二、高校社会创业教育发生发展的现实动因

大学生社会创业能够在我国不断发生发展,在实践中还体现为大学生开展社会创业活动既是大学生与社会的双向需求,也是大学生个人价值与社会价值的体现两个方面。

(一) 大学生与社会的双向需求

首先,大学生开展社会创业是大学生和社会创业的双向需求。一方面,社会创业是需要大学生的。其一,青年尤其是大学生,是祖国的希望、民族的未来和社会主义现代化建设的主体,决定了国家未来的发展方向。大学生参与社会创业的实践关系着社会的建设进程,尤其是在 21 世纪知识经济的时代,创新创业是推动社会发展的重要引擎,创新智力资本不可或缺。其二,在中国青年公益创业调查报告中,社会创业组织的创始人年龄主要集中在 18 岁到 30 岁,占八成以上人数,社会创业的主要年龄段是 18 岁到 25 岁,占七成以上人数,事实证明大学生将会是我国社会创业活动开展的最为活跃的群体。一定程度上来说,对大学生的社会创业给了关心,也就是对社会创业本身给予关心;对大学生的社会创业活动给予支持,也就是对最大群体的社会创业活动给予支持。

其次,大学生需要社会创业。大学生进行社会创业是解决大学生就业困难的有效途径。就业是民生之本,大学生就业更是就业工作的重中之重,因为为数众多的中国大学生就业不仅关乎全社会的就业率,而且关乎国家

---

① 习近平:《决胜全面建成小康社会　夺取新时代中国特色社会主义伟大胜利——在中国共产党第十九次全国代表大会上的报告》,人民出版社 2017 年版。

经济可持续发展、社会稳定以及中国高等教育的未来和前景。但随着高等教育从精英到大众化的转变,大学毕业生的数量也是一年比一年多,从2001年到2016年,全国高校毕业生人数从114万增长到765万(见图3-1),而2017年相比史上最难就业季的2016年,又突破历史新高,预计达到795万人。① 同时,由于美国金融危机、欧债危机和国内需求等因素,近年来中国经济增长缓慢,新的工作岗位缺乏,出现"毕业即失业"现象,这对大学生就业非常不利。

众所周知,市场竞争激烈是企业家们必然会面对的挑战,在没有一定的管理和运营经验下,创业对于大学生来说,其风险性令人望而生畏,创业成功率显然较低。而社会企业家精神融入企业和社会福利作为一个整体,与商业创业相比,其竞争水平低、风险小,更适合大学生。"大学生创业难,创业的成功率只有1%,而社会创业的成功率却有70%到80%。寻求社会创业的多方共赢是大家追求的目标之一",温州大学瓯江学院(现温州理工学院)创业就业办公室的一位老师说。② 基于这样的背景,鼓励和支持大学生社会创业成了在严峻的就业压力下解决大学生就业问题的有效途径。其二,随着志愿服务事业的发展,大学生拥有更多社会责任的主体认知,为了使社会组织实现可持续发展,积极参与志愿服务的大学生也会慢慢产生社会创业意愿。

(二) 大学生个人与社会价值体现

大学生开展社会创业活动,其实践价值体现上有两点,即个人价值和社会价值。首先,在个人价值层面上主要表现为两点:其一,作为创业的一个分支,可以使大学生自身的就业压力得到有效缓解。传统的营利企业既需要面临市场的强烈竞争,又需要关注企业的营利能力来让企业发展壮大,这样的情况对于没有任何竞争优势的大学生来说,必然会处于市场准入的劣势。但是,社会创业作为一个相对较新的领域,对创业领域可以形成一定有效的补充,获得更多的支持,实现大学生通过创业以就业。其二,在社会创业活动中,能够增强自身综合素质。社会创业过程中,所学习到的社会经验以及各种困难的解决办法,成为滋养大学生个人能力最好的养分,社会创业把创业和公益相融合,能够更好把大学生培养成为创新创业的复合型人才。

① 央广网:《今年高校毕业生数量再创新高预计达795万人》,2017年1月24日,见 http://news.cnr.cn/native/gd/20170124/t20170124_523525757.shtm。

② 温州大学瓯江学院:《公益创业正当时,瓯江学院党员引领义工服务新思维》,2012年11月22日,见 https://www.ojc.zj.cn/Art/Art_1125/Art_1125_51430.aspx。

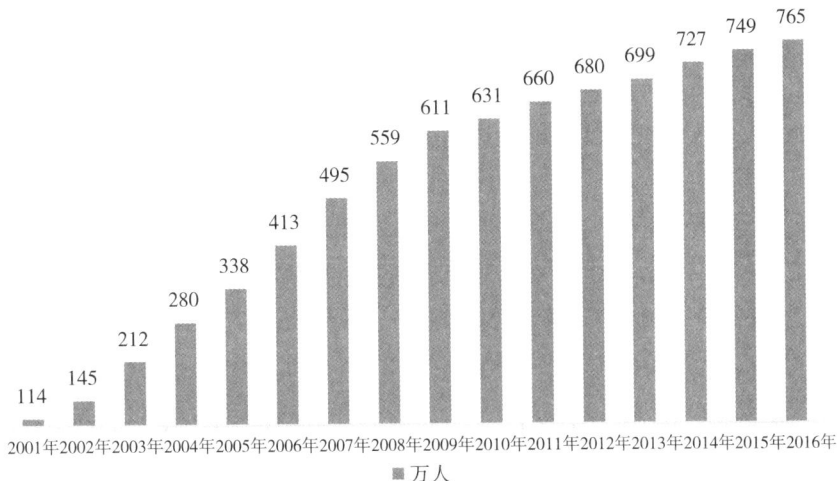

图 3-1 2001 年到 2016 年全国高校毕业生人数①

其次,在社会价值层面上也主要表现为两点:其一,大学生开展社会创业活动是践行和弘扬社会主义核心价值观的体现。社会主义的核心价值观包含了社会创业者需要的很多个人特质,例如和谐、诚信、友善等。社会主义核心价值观不仅体现了个人的准则,还体现着社会和国家层面的价值取向。可以说,大学生社会创业教育在此基础上有了相应的价值定向,同时它也为社会公共利益的凝聚找到了相应的价值目的。社会企业精神是社会创新过程中的集体观点和信念,解释社会创新的核心价值,积累文化内涵,实践示范效应,使人们看到底层的驱动力和变化,看到创新解决社会问题的方式。其二,大学生开展社会创业活动是践行社会责任的体现。大学生社会创业是在全社会大力倡导自主创业的背景下兴起的。他们的创业,不仅能带动就业,而且在解决社会问题,满足社会需要的同时,能促进经济社会的可持续发展,营造和谐的社会环境。

总的来看,高校社会创业教育不仅贴合历史唯物主义理论、实践育人理论,还符合"以人为本"理论要求。在高校学生就业压力日益胁迫的今天,社会创业教育除了能解决大学生自己的就业问题,还能扩大大学生在社会福利领域的创业活动。而且规模大、社会积极性高的大学生能够帮助解决社会养老、青年就业及一些急迫和困难的实际社会问题,为其他人提供更多的就业机会,同时也为大学生的社会化、公民责任感和扩大大学生就业范围

① 资料来源:http://www.mnw.cn/news/china/1194094.html。

提供重要实用意义,于是高校社会创业教育应运而生。社会创业教育其发生发展既有理论上的考量,也有实践上的意义,高校成了社会创业的"蓄水池"。调查显示,大学生自身选择社会创业的动机较高,且驱使大学生选择社会创业组织最主要的原因是个人有过志愿服务经历(占 39.4%)。在选择社会创业的大学生中,有 61.3% 的人认为"可以用行动带动更多人支持公益,内心很开心",28.9% 的人认为"既可以保护公共利益又可以解决自己的实际困难",剩下的 1.3% 的人认为"纯商业利益动机"。①

　　于是,高校社会创业教育在不断地被推进与发展,也相继产生了不少具有代表性的历史性事件,如清华大学于 2010 年起举办了"'北极光——清华'全国大学生公益创业实践赛"和"让志愿与微笑成为青年学生的习惯"首届全国大学生志愿公益论坛;《中国创业教育报告》于 2012 年首次阐述了社会创业在中国的实践;"挑战杯"全国大学生课外学术科技作品竞赛也于 2014 年将公益创业在竞赛体系中单列。基于此,大学生社会创业教育与实践正在稳步推进,在全国,最先开展创业教育的是北京、湖南、广东等地区,后来其他高校在他们的经验与探索中投入大量人力、物力和财力,纷纷加入到社会创业教育中。

　　以温州为例,温州从 2015 年起持续开展"新青年下乡"活动,来自温州13 所高校的大学生踊跃参加,活动在每年 7 月启动校地结对,将按"集中活动+常态服务"结合模式,在寒暑假集中开展社会实践服务基层专项行动,平时利用周末或节假日深入结对村开展常态化服务,实现每学年的服务接力。除了服务基层、实践育人,不少学校还把"新青年下乡"作为搭建"校院+农村实践基地"的教学平台,利用专业知识,协助当地进行饮用水安全、垃圾处理、环境保护、新能源应用等工作。② 从 2014 年起,全国"互联网+"大学生创新创业大赛开设"青春筑梦红色之旅"赛道,要求将"青春筑梦红色之旅"活动同大学生暑期社会实践活动结合起来,同精准扶贫和乡村振兴战略结合起来。如江苏省教育厅便推动建立了"平台+赛道"的"红旅"实践活动模式,打造集红色实践、商业服务、创业孵化三位一体的网络平台,助推创意、项目、资本、资金和人才等互联网创新创业要素的集聚,助推江苏大学生"红旅"实践活动创新创业生态体系建设。③

① 李远煦:《社会创业:大学生创业教育的新范式》,《高等教育研究》2015 年第 3 期。
② 董碧水:《三万温州"新青年"下乡》,《中国青年报》2015 年 8 月 3 日。
③ 淮阴工学院:《第四届江苏"互联网+"大学生创新创业大赛"青年红色筑梦之旅"活动全省启动仪式在周恩来纪念馆举行》,2018 年 5 月 20 日,见 http://www.hyit.edu.cn/info/1035/3297.htm。

第二节　高校社会创业教育公益性和教育性的双维考察

一、高校社会创业教育公益性维度考察

社会创业者为了生存和更好地解决社会需求,他们必须创造利润,他们仍然需要尽可能多的社会关系来获取他们创业所需要的人力资本、资金和知识等资源,显然这些资源是需要社会创业者支付费用才能获得。而为了自身企业的持续发展、填补支出、管理自身的风险和投资人的风险,他们不得不通过营利来维持企业的正常运作。与此同时,他们还不能忘记自身的社会使命,对于社会和商业目的,他们确实具有双重的底线。社会创业者需要投资者在必要的时候施以援手,以保证长期运作,从这个角度来说,社会创业者和商业创业者并没有太大的区别,创造利润不是他们的目的,但他们却不得不这么做,因为经营企业需要承担相应的成本。事实上,确实存在很多的社会企业,它们创建的初衷就是为了更多地解决社会问题,满足社会的需求,但是往往也通过商业活动来谋求利益以维持机构和企业的健康运作,比如联合国儿童基金会。所以,社会创业,即通过建立相应的组织机构、关系或者通过特定的方式以满足特定的社会需要,达到创新目的的创业行为。不仅具备营利性和非营利性,同时能够为社会发展、经济平稳运行、政府治理、市场调节提供另样的方式和手段,从而能弥补政策规制和市场调节手段的不足。其虽有商业资本注入,但出发点和落脚点仍具有公益性质,更偏重于社会特殊群体,以实现相应的社会目的。对于高校社会创业教育而言,也就更强调其公益性价值,而非商业性目的,具体动因分析如下。

（一）高校社会创业教育发生发展公益性动因

1. 升级大学生单纯志愿服务

在我国,大学生社会创业于2008年开始受到社会关注,最初称为公益创业,但在国内学者关于社会创业的译文中,往往将二者等同。公益创业虽然也属于公益事业范畴,但是与志愿服务相比,其内在动力层面更为强烈。就其本质来说借助了市场的力量,且其价值观念、主要特征和发展方面更加以社会公益为导向,突出商业模式和创新手段解决社会问题的方式,强调契约精神,关注市场需求、追求投入与产出。对于现在的大学生公益主体90后大学生来说,市场化的公益行为更加符合他们的价值标准,因此对于大学生来说也更加具有吸引力。在创新驱动上升为国家战略的前提下,创业已经不仅是一种个人行为,更是一种生活方式。而随着公益事业在我国的蓬

勃发展,团结、友爱、互助的志愿精神深入人心,作为感受社会思潮最为敏锐的一个群体,大学生参与公益社会创业几乎是时代必然。

2. 以公益缓解就业压力

我国高校大学生就业压力与日俱增,预计到 2030 年,我国劳动力占总人口的比例将一直保持在 60% 以上,[①]但是就业岗位却远远不够。针对当前严峻的经济形势和就业压力,2015 年 5 月,在国务院印发的《关于进一步做好新形势下就业创业工作的意见》中明确作出"深入实施就业优先战略,积极推进创业带动就业"的部署。广大青年学子响应国家号召,纷纷加入创业的队伍中,然而,成功率却很低,据统计大概在 1% 左右。原因在于绝大多数的大学生并不拥有创业的基本要素——资本、经验、人脉、市场。商业创业由于有利益驱使,市场竞争相对激烈,要求创业者具有较高的创业能力,而这些是处于学习阶段的学生的弱项。与商业创业不同,社会创业致力于政府无力解决、市场又不愿解决的社会问题,私人经济利益驱动的动机较弱,更在意社会效应,对资金回报的要求并非刚性,更适合大学生参与。

另外,社会创业专注于弱势群体,着眼于解决社会问题,将每一个社会问题视为创业新机遇。在我国社会问题高发的当下,它是创业的"富矿",其所包括的养老、助残、环保、教育等领域都蕴含了无限的创业可能。同时,社会创业是一个劳动密集型的社会产业,由于服务难以像商品一样进行标准量化,组织规模扩张很受局限。这恰恰给解决就业带来巨大契机。随着组织受益人数的增加,机构工作人员往往也成比例增加。相对于越来越强调知识、技术密集型的商业创业而言,社会创业在解决就业方面发展空间巨大。据亚洲基金会调查,美国 51% 的医院、46% 的高校、86% 的博物馆、90%的艺术团体和 58% 的社会服务组织以非营利组织形态存在。中国非营利组织在服务业的就业比重为 0.34%,而世界平均水平为 10%。[②] 中国社会公益领域就业的潜力巨大,社会创业是大学生创业市场的"蓝海",高校更应该抓住这一机会优先培养更多社会创业人才。

3. 深化人才培养内涵的诉求

社会创业教育以社会责任和公益理念为先导,不仅能培养学生在工作岗位的胜任能力,还培养起就业岗位创造能力;既培养学生自我价值创造的

---

① 徐小洲、李永志:《我国高校创业教育的制度与政策选择》,《教育发展研究》2010 年第11 期。
② 杜银伟:《我国大学生公益创业研究》,硕士学位论文,北京交通大学,2011 年。

能力,又培养学生的社会价值创造能力。① 社会创业实践能培养大学生的职场能力、社会良知和责任感以及沟通合作能力。反观国内高校人才培养现状,几乎所有的高校都会将培养大学生社会责任感放在重要位置,然而培养的途径和渠道除了阶段性开展的寒暑假社会实践、党员义工活动等少数平台之外,没有一个面向大众、人人能参与的机会。社会创业能很好地补上这一环节,而且可以成为"创意+创业"的高层次人才培养平台,而不仅仅是普通的公益实践。可以说,以公益为目的整合人才培养链条,使社会创业承载了更多的人才培养使命,也使高校开展社会创业教育走向了必然性道路。

(二) 高校社会创业教育公益性意义

高校社会创业教育以社会公益为理念,教会学生学会运用商业模式,创造新的服务、产品或新的方法来解决当下社会问题,为大学生创业提供一个崭新的领域,具有极大的公益性意义。

首先,社会创业教育推动社会和谐发展和社会治理能力的提升。随着我国经济社会的深入发展,社会发展中的各种社会问题和矛盾也日益凸显,环境污染、食品安全、留守儿童、养老问题等等。解决这些社会问题,离不开政府的干预和参与。但是,刚性的强制的社会制度架构和建设不足以解决所有的社会问题,因为刚硬的社会制度缺乏温情、温度和文化道德功能。构建美好和谐社会,需要公益温情的力量。社会创业,公益是基本理念,是天然的基因,它是社会和谐的新动力,是解决社会问题的一剂良方。公益制度,提供社会经济发展的保障体系,它立足保护弱势群体,缩小贫富差距,维护社会公平和秩序。社会创业,以社会公益为取向,坚持民生为问题导向,对于推动社会和谐发展具有深远的意义。

其次,社会创业教育促进公益事业发展,公益是降低社会发展成本,提高政府效率的一个最有效途径。在倡导政府简政放权的宏观发展背景下,"有限政府""责任政府""法治政府"成为政府发展的趋势,政府360度管理社会事务不具备可行性。事无巨细、一竿子到底的管理方式早就不能适应现代法治社会的发展要求,政府职能应该适当放权,民间公益性组织能解决的社会问题就交与他们承担。将政府职能中凡社会能办好的,社会民众能办好的,就交与社会民众来处理。这样做不仅可以有效降低政府运营成本,还可以提高政府运行效率,实现经济社会协调发展,并最终促进社会和谐发展与推进社会治理能力提升。

---

① 唐亚阳、邓英文:《高校公益创业教育:概念、现实意义与体系构建》,《大学教育科学》2011年第5期。

最后,在我国社会建设中,公益有益于推动志愿服务、扩大群众参与和增强社会自治。社会创业教育基于社会使命和责任感的要求,以公益为出发点,以谋取公众社会利益、解决社会问题为己任。因为这大大不同于商业创业以追求利润和投资回报率为出发点,因此,有助于推动社会志愿服务、吸引群众参与。社会创业事业,具有软化和谐社会秩序、协调矛盾和冲突,通过志愿服务和群众参与,增强社会自治,提升公众社会责任与社会公德的功能。

二、高校社会创业教育教育性维度考察

随着社会与经济发展要求,高等教育肩负起培育社会创业文化、培养社会创业人才的历史使命,社会创业教育对高校人才甚至整个社会发展还体现着重要的教育意义。以迪斯教授为代表的社会创业教育开拓者,于20世纪90年代中期通过在哈佛大学、斯坦福大学、杜克大学等高校开设社会创业课程、举办竞赛、建立研究中心等活动,推动了社会创业教育的兴起。社会创业教育的特性体现在教学目标多重性、教学对象广泛性、教学内容双元性、教学方法实践性等方面。《国家中长期教育改革和发展规划纲要(2010—2020年)》第七章中论及"提高人才培养质量"时,专门提出"加强就业创业教育和就业指导服务。创立高校与科研院所、行业、企业联合培养人才的新机制"。这表明学校的就业与创业教育需要与更多的外部机构实现联合互动,同时也表明国家已充分关注到就业创业教育对人才培养质量的重要意义。

(一) 社会创业教育发生发展的教育性动因

1. 培养创业人才的公益化路径

近年来,随着社会公益事业的发展,社会创业教育越来越引人关注。在2016年3月9日召开的十二届全国人大四次会议湖北代表团小组会议中,全国人大代表、共青团中央书记处书记傅振邦建议,将公益创业纳入"大众创业,万众创新"的内涵范畴,在着重推进商业创业的同时也高度重视公益创业。① 在我国社会创业发展过程中,大学生群体起到了不可忽视的推动作用。创业教育是培养大学生个性品质、心理意志、创业技能、专业知识等全方位、多领域素质的"系统整合性"教育活动。社会创业教育与创业教育的人才培养具有内在的一致性,其根本都是为市场提供符合条件的人才

---

① 傅振邦:《将青年公益创业纳入"双创"范畴》,2016年3月9日,见 http://news.youth.cn/wztt/201603/t20160309_7723304.htm。

"产品",两者只是在培养目标上侧重点不同而已。社会创业更注重培养既具有社会责任感、使命感又具有创业能力的高素质人才。社会创业教育相较于创业教育更具有德育价值。其次,积极推进校园公益创业孵化园建设。以温州大学为例,温州大学率省内之先早在 2009 年 6 月成立了处级建制、实体运作的创业人才培养学院。多年来,创业人才培养学院致力于培养重实践、强创新、能创业、懂管理、敢担当的地方高校应用型人才。温州大学团委在创业人才培养学院的支持下成立了公益创业孵化园,开创省内先河,为探索培养德智体美全面发展、具有创新精神、创业能力和社会责任感的应用型人才提供了现实路径,多个公益创业项目经过媒体广泛报道后极大提升了学校的美誉度。实践证明,人才培养的公益化路径选择符合高校立德树人的根本任务,社会创业教育可以成为"双创"背景下高校公益性人才培养的战略选择。

2. 助于探索跨界合作人才培养模式

一般的高校教育很难实现社会各界协力人才培养模式,而社会创业教育有力地弥补了这一缺口,更助于探索跨界合作人才培养模式。只有高校、社会组织和社会企业跨界合作,公益资源深度整合,才符合社会创业教育的规律,培养出社会所需的公益创业人才。探索"课程设置—师资协作—校外实训"三位一体的校企深度培养模式。在具体的做法上,可由高校提出课程设置的安排(选修课或必修课、课堂教学或实践教学等),由校内相关学科背景的教师和社会企业家共同担任授课教师,聘请社会组织骨干为校外导师,学生课堂上学习商业计划书撰写、公益创业实务等技术性内容,以开展公益活动、创办社会企业、社会组织任职、社会企业实习等实践环节为实践课程。在校企深度融合中,充分整合校内外师资的联合培养,促使学生的公益创业实训向"做中创""探中创"的方向延伸,实现公益链的上下游整合,达到公益人才培养的最佳效果。

社会创业教育的目标是培养能以商业思维来解决社会问题的创业者,因此,社会创业人才需要同时拥有公益人与企业家的双重品质和技能。他们不仅要有社会责任感和公益精神,还需要有创新精神、创业技能,把公益理念落实到具体项目当中。[1]　大学生是未来公益创业的主力军,社会企业的发展需要大量的大学生人才资源,特殊的人才禀赋需要有特殊的培养模式。当前国内已经有一些组织推出大学生公益创业培训项目,在公益创业教育领域进行了探索,取得了较好的效果。如中国青少年发展基金会与英

---

[1]　赵凌云:《高校公益创业教育新探索》,《上海青年管理干部学院学报》2013 年第 1 期。

国大使馆文化教育处合作推出的"希望工程激励行动",对通过选拔脱颖而出的少数大学生团队进行课外培训,同时北京师范大学珠海分校等高校也开设了公益慈善管理专业等,实践证明,这些都是高校与社会各界协同培养人才的有力教育形式。

3. 推动以社会效益为导向改进评价指标

教育评价是根据一定的教育价值观或教育目标,运用可行的科学手段,通过系统地收集信息资料和分析整理,对教育活动、教育过程和教育结果进行价值判断,为提高教育质量和教育决策提供依据的过程。在现行的创业教育考核评价中,包括"创客空间"建设、研究成果数量、创业人数等硬指标是容易出成绩的,而创业人才素质、公益精神、社会责任感等软指标是不容易出成绩的。创业教育的功利化倾向很大程度上是源自现行教育评价体系的偏差。"创业教育应该是一个非功利性的,纯粹公益性的东西,而不是追求短视的东西。创业教育是长期性的,是人才成长的过程。""对创业教育的评价机制应该进行改进。"①学界的有识之士在创业教育"高歌猛进"的这几年对创业人才培养的真实效果进行了"冷"思考。比如温州大学创业人才培养学院院长王佑镁在"2016中国国际远程与继续教育大会"上公开指出,创业教育的效果总是短期内被高估而长期内被低估。对于新生事物的社会创业,如何进行育人质量的评价是值得认真对待的一个现实问题。总体来说,国内社会创业教育的效果是短期内未被重视而长期应该看好的。参考我国学界诸多的对创业教育评价指标的研究,一个普遍的问题是忽视了受教育主体——大学生群体在创业意识、创业精神和创业能力等方面的研究。② 而这些方面恰恰是社会创业教育的着力点,也是社会创业教育人才培养价值的主要体现。

因此,构建科学的社会创业教育评价体系是学界需要关注和研究的一个重要问题。无论哪种评价体系,首先,社会创业教育教育目标的价值判断应是基于社会创业教育本质的公益性及社会效益;其次,应强调用多种方法系统收集资料与信息,考虑到可操作性和易于比较性,以社会效益为主要遵循,将解决的社会问题的数量、质量,培养的公益人才的层次、影响力等指标作为重要评价依据;最后,社会创业教育的评价应该更强调为人才培养和高等教育决策服务。将青年公益创业纳入双创范畴,社会创业教育的本质是

① 邓汉慧:《应改进创业教育评价体系》,2016年4月18日,见 http://chuangye.cyol.com/content/2016-04/18/content_12413330.htm。
② 葛红军:《大学生创业教育评价指标体系建构研究》,《江苏高教》2015年第5期。

不忘初心的人才培养。基于社会创业教育涉及的公益领域和创业教育涉及的商业领域有着完全不一样的属性,各高校在社会创业教育发展初期就可以探索具有自身特色的社会创业教育评价指标,构建开放包容,互促共赢的公益创业教育生态圈,共同推动高校社会创业教育的发展。

（二）高校社会创业教育教育性意义

社会创业教育兼具社会性和创业性等多重属性,但同时也具有重要的教育性属性,从教育性的维度考察,社会创业教育应是以教育为归属,即具备持续性、终身性、教化性以及可迁移性的教育形式。具体而言也就是说,社会创业教育应具备创业的动态性,同时在其行为的对象以及结果中充分融入社会属性,创业者作为探究机会和创造价值的主体,并非从事商业行为的逐利者,而是通过其创业行为满足社会需求来创造价值。[①] 以社区、志愿者组织、当地政府部门、非营利性组织、带有社会服务性质的企业为载体开展创业活动,并利用潜在的、未被开发的资源与创业者的专业知识、创业技能相结合以满足该区域的发展需要,或者寻求更具有创新性的想法和解决问题方法。[②] 社会创业者如果选择成立社会企业,将获得的大部分利润投入社会创业活动;或者与私人、公共以及社会组织进行合作,针对特殊群体或者特定需求,以项目为载体,从而达到社会创业的目标。[③] 因此,从教育层面出发,进行社会创业教育的出发点应以培养创业者的社会意识和社会认同感为主,将专业知识、机会识别、创业意识融入其中,但其目的是以创新性的方法解决社会问题。[④]

教育从来不是教育机构可以单独完成的事情,学生的大脑和心灵在踏入校门之前已经不是一张白纸,即使进入校门之后,社会多方的力量也仍会持续地影响着学生。高校创业教育亦不是高校内部封闭的孤立活动,而是一个复杂的系统工程,需要社会多角色参与。社会创业教育既具备创业教育开创性、创新性的本质属性,又可外延至社会意识和道德教育,需要以对社会变革提供可行性方案作为教育实施的基础。有研究者总结了具有参考价值的核心议题,即社会创业教育必备的话题包括解决社会需求或问题、创

---

①　黄兆信、黄扬杰:《社会创业教育:内涵、历史与发展》,《高等教育研究》2016 年第 8 期。

②　Dees, J. & Emerson, J. & Economy, P., *Enterprising Nonprofits: A Toolkit for Social Entrepreneurs*, New York: John Wiley & Sons, 2001.

③　Mair, J. & Marti, I., "Social Entrepreneurship Research: A Source of Explanation, Prediction, and Delight", *Journal of World Business*, 2006, Vol. 41(1).

④　Erin Worsham, "Reflections and Insights on Teaching Social Entrepreneurship: An Interview with Greg Dees", *Academy of Management Learning & Education*, 2012, Vol. 11(3).

新、获得社会企业规模、获取资源、发掘机会、探索可持续性商业模式以及评价成果。① 既可通过其教育性来解决社会亟须人才培养的问题,也将具有丰富的社会教育意义。在此基础上,社会创业教育将推动创业教育从以增长为特征的第二阶段进入以创新为特征的第三阶段。② 由此,笔者相信,社会创业教育具备塑造社会行为的教育性意义。

因此,社会创业教育将使得学生积极参与社会事务的激情充分释放,从而把大学校园变成一个社会活动的舞台,即使时隔半个世纪,大学生参与解决社会事务的激情仍然处于持续高涨的状态。例如,为解决教育发展不均衡的问题,美国高校发起了一个著名的社会创业项目——"为美国而教"(Teach for America)。该项目是由普林斯顿大学毕业生温迪·柯普(Wendy Kopp)发起,旨在为美国欠发达地区乡村学校输送顶尖大学的骨干教师前去支教,"据统计,常青藤高校毕业生申请比率为11%,其中耶鲁大学16%,普林斯顿大学15%"。③ 不仅如此,美国高校已经推行了"创新社会创业""校长的挑战"等形式不一的各种社会创业项目。在这种社会创业项目中,学生以团队小组为单位,主要针对个人健康、教育变革、可持续就业、环境保护以及政府有效治理等现实社会问题提供解决方案,必须指出的是,学生在这些社会创业项目中具有绝对的所有权(Ownership),这也在某种程度上增强学生全力参与项目的积极性,大学在此过程中所要做的事情就是在经济上继续支持学生,以助他们顺利完成项目。确实,大学生积极参与解决重大社会问题的责任感强,动机明显。

首先,社会创业教育还能发挥思想教育的功能培养学生社会责任意识,提高公众参与意识与现代公民基本素养。在现代复杂的社会环境下,新媒体不断发展,一些"90后""00"后学生的思想也更加多样化、个性化,但个人综合素质呈下降趋势,比如是非观念淡薄、社会责任意识薄弱、缺乏同理心等,这些问题都是我国思想政治教育过程中常遇到且亟待解决的。长期以来,高校思政理论教育的核心课程是"4+1",也就是涉及马克思主义、毛泽东思想与中国特色社会主义理论、中国近现代史、思想道德与法律基础等

① Debbi Brock & Susan Steiner, "Social Entrepreneurship Education: Is it Achieving the Desired Aims?", 2018, http://citeseerx. ist. psu. edu/viewdoc/download? doi = 10. 1. 1. 385. 8929&rep = rep1&type = pdf.

② Debbi Brock & Marina Kim, "Social Entrepreneurship Education Resource Handbook", https://www.researchgate. net/profile/Debbi _ Brock/publication/261062155 _ AshokaU _ Brock _ Handbook_Preview/links/0f31753319f970d95c000000/AshokaU-Brock-Handbook-Preview.pdf.

③ 徐小洲、梅伟惠著:《高校创业教育体系建设战略研究》,浙江教育出版社 2015 年版,第59—61 页。

内容的4门必修课,以及1门形势政策课。思政课程与通识教育、专业教育、创业教育"两张皮"现象未能根本改变。所谓"课程思政",就是在专业课程中纳入那些能够引导学生树立正确价值观和世界观的内容。这些课程能拓展学生们的视野,培养他们树立起正确的价值观,是生动的德育教育。开展社会创业教育是高校教育方法和方式的改革与创新,能够增强大学生社会责任感,有利于促进高素质创新创业人才的培养,有利于全面推进素质教育和思想政治教育工作。同时,社会创业教育的价值取向契合大学生思想政治教育的需求,是高校创业教育与思政教育的结合点,具有特殊的思政教育价值。习近平总书记在全国高校思想政治工作会议上强调,要把思想政治工作贯穿教育教学全过程。社会创业教育与专业教育深度整合,赋予了创业教育思政的内容和价值,对构建全课程大思政教育创新体系颇有裨益,对于大学生群体的思政教育模式也是一条蹊径。

三、高校社会创业教育公益性与教育性共存共促

高校在进行社会创业教育的时候应时刻不忘其公益性,区别于单纯创业教育的功利性,同时充分发挥其教育性,使教育性意义在更大范围内被扩散,由此变为全社会的社会性教育。在实际的践行过程中,高校社会创业教育公益性与教育性其实是相互存在的,二者缺一不可,但同时二者也在更大意义上相互发挥着促进作用。

(一) 公益创业人才的稀缺需要社会创业教育

随着《新慈善法》的颁布实施,公益慈善事业迎来了新一轮的爆发增长期。以温州为例,截至2015年3月底,全市经市、县(市、区)两级民政部门登记的社会组织总数为7517家,居浙江省各地级市首位,每万人拥有数8.2个,高于全省(6.5个)和全国(4.0个)水平,且备案的基层社会组织20828家,居全省第一。公益社会组织蓬勃壮大的同时,对公益人才的需求也急剧增加,但由于教育不足、储备不够、薪资过低等原因,真正投身公益行业的人才寥寥无几。近期发布的《中国公益人才发展现状及需求调研报告》显示,非政府组织(NGO)在职人员中,近六成机构有人员离职流失,其中近八成流向了非公益领域。一方面,公益机构人才流失,难以找到合适的优秀人才。另一方面,高素质、有潜力的人才愿意进入公益领域者也很少。产生公益人才困境的主要原因有:教育和培养跟不上,从业环境、发展前景、薪酬对人才的吸引力不大等。2016年民政部门提到"我国专业社工队伍还非常紧缺,到2020年,我国要有145万名专业社工,目前还有近百万的差距"。当前中国公益行业正在面临从政府主导向民间主导、从少数精英的

个人行为向广大公众参与的组织化行为转变的重大转型,这就要求公益组织从业人员的素质也要相应转型。从高校大学生开始培养社工的职业认同感,让这些从事社会工作的大学生愿意留在公益领域是一种从源头着手解决问题的思路。除了培养公益人才链高端的专业社工外,高校培养更大范围的具有公益理念和公益素养的大学生,是解决公益人才问题的战略选择。在各高校现有的广泛开展创业教育的基础上,倡导和实施社会创业教育具有现实可行性。

大学生社会创业教育的本质是人才培养。① 公益是影响当代及未来社会的重要力量,是社会的平衡器,是社会冲突的缓冲器,也是社会运转的润滑油,很少有人不与其发生关系。全国已经有 60 万个社会组织,公益持续影响和改变着每个人的生活。大学生是公益的急先锋和推动者,在社会创业的群体中有着庞大的基数和独特的位置。大学教育的本质是人格教育,大学教育除了传授知识之外,更加注重健全的人格培养,这已经成为教育界的共识。近年来兴起的创业教育,顺应了创业型大学的发展趋势,体现了创新创业的时代精神内核。然而,创业教育部分程度上"以成败论英雄"的结果导向符合商业社会的逻辑,其功利化倾向与高校育人的目标有所冲突。商业创业以效率优先,相应的大学生创业教育更加强调竞争、效率、优势等要素;而社会创业以公平优先,社会创业教育更加强调同理心、责任感、使命感等要素。两者在教育目标上的差异,显然社会创业教育更符合高等教育的本质。以公共利益和社会利益为导向的教育,培养出来既有创业能力和创新精神,又具备博爱之心和公益素养的复合型人才,更加符合社会对高校人才培养的期待。

(二) 公益性与教育性拓宽了创业教育范围

大学生创业热潮持续升温,然而不少大学的创新创业教育并不成熟,发展很不均衡。麦可思数据显示,中国 2015 届大学毕业生自主创业的比例为3.0%,比 2014 届(2.9%)略高,比 2013 届(2.3%)高 0.7 个百分点,2015 届高职高专毕业生自主创业的比例(3.9%)高于本科毕业生(2.1%)。调查显示,2015 届本科生认为母校创新创业教育需要改进的地方前三位分别是创新创业实践类活动不足(52%)、创新创业教育课程缺乏(48%)、教学方法不适用于创新创业教育(缺乏启发式、讨论式、参与式教学)(39%)。

众所周知的是,创业是一个高风险的事情,大学生创业面临着社会阅历和创业资源的双重匮乏,成功概率极低。因此,创业只能是"少数人的游

① 　林爱菊、唐华:《大学生公益创业的困境及对策探讨》,《大学教育科学》2016 年第 4 期。

戏",即使这样,受限于客观条件,高校能提供的创业实战训练也很有限,创业教育中创业实践类活动不足也在情理之中。而社会创业处于萌芽和兴起阶段,其发展初期都是与高校的志愿者活动、社团活动、社会实践等"第二课堂"与强调公益性的活动联系在一起,具有广泛的群众基础和实践条件,社会创业教育因此天生具备了良好的创新创业实践土壤。开展社会创业教育较之一般的创业教育将能更好地推进高校的创新创业教育。

（三）公益性与教育性深化了创业教育价值

创业教育虽然近年来发展比较迅猛,但总体上看还处于发展的初级阶段。目前在国内开展公益创业教育,有后发制人的突围优势,但也存在思想观念、价值认可、制度管理等方面的障碍。[①] 学术界对创业教育的价值、功能、模式等研究都有待进一步深入。在现有的研究成果中,创业教育更偏重知识体系和方法体系的构建,价值体系构建涉及较少。持"创业就是赚钱""找不到工作才去创业"等似是而非的观点还大有人在,创业教育的价值认同非常模糊,阻碍了创业教育对人才培养的正向推动。经过 10 余年的发展,大学生创业教育已经在全国高校得到一定程度的普及。然而大学生需要什么样的创业教育,全社会还未达成共识。在价值多元的当下,澄清和确立正确的创业教育价值观是一项事关全局的重要工作。创业教育的价值在于促进人的自由和全面的发展,在于促进人的价值的最大实现。国家出台扶植奖励政策,大学开展创业教育动机和目的更多处于功利趋向层面。比如高校的创业园,多注重创业项目的评价、创业团队的扶植、创业成果的宣传等,大学生对创业教育也部分停留在"如何创业赚钱"的庸俗化理解上,这是对创业教育价值的误解。

创业教育要真正走向"人的教育",应更加重视远大理想、追求真理、独立人格等素质品德的培养,实现个人的真正成长,社会创业教育在这一层面其公益性与教育性可以深化创业教育的价值。而且创业个体应具有独立性、批评性和自发性等品格,这些品格在创业过程中有着关键性和决定性作用。特别是在从事创新活动中,责任感、事业心、良好的心理素质、冒险精神等品质都可以激发创业者的活力,提升他们的生存品格,从而保持积极向上的创业精神。而责任感、使命感、事业心这些重要的人格品质是社会创业者公益性所必须具备的品质,也是社会创业教育相比较创业教育最为突出的教育目标特征。综上所述,社会创业教育是对蓬勃发展的创业教育的价值

---

① 唐亚阳、邓英文、汪忠:《高校公益创业教育:概念、现实意义与体系构建》,《大学教育科学》2011 年第 5 期。

深化。

第三节　高校社会创业教育实践的组织设计与创新

从上文中不难看到,社会创业教育自推行以来,便深受政府与社会大众尤其是学生的喜爱与拥护,社会创业教育实践在各国的开展都可谓如火如荼,以欧美国家为突出代表,具有先行一步的丰富教育实践经验。高校在进行社会创业教育的时候会涉及一系列组织设计,包括课程的研制与课程体系建立、实践主体间的相互配合、实践平台及支持系统的建立与维护等等,才能确保社会创业教育能持续有效地开展下去。下面将主要就英美两个国家的社会创业教育组织设计以及在我国落地之后的教育实践创新一一进行详尽分析。

一、英美高校社会创业教育实践的组织设计分析

社会创业作为一种创业活动,其具有悠久的历史,目前,就全球范围内来看,英国和美国的社会创业发展较为完善。其大学生社会创业大大得力于法律法规体系的不断完善、政府对社会创业的大力支持以及产业层面的积极合作等,当然,更少不了高校对社会创业教育的资金资源投入,对于社会创业的鼓励及人才的培养,为社会创业教育蓬勃发展并吸引学生的不断参与提供了基本保障,成为大学生社会创业的一支重要支持力量。

英国的社会创业活动可以追溯到 800 年前,美国受英国的影响,在殖民地时期也出现了很多的社会创业活动。虽然社会创业在很久之前就已经开始了,但是作为一个概念和一门课程逐渐受到各国的关注却是近十几年的事情。美国是公益事业最为发达、成熟和国际化程度最高的国家,也是社会创业最为活跃的国家,像是比尔·德雷顿创办的阿育王组织(Ashoka),作为全球性的非营利性创投组织,对拥有改变社会的新鲜想法,以及具有社会企业家能力和强大道德力量的个人提供财政及技术支持。到目前为止,阿育王组织已经在全球来自亚洲、欧洲、非洲以及美洲等 46 个国家运作,援助了 1400 名社会企业家,给予他们直接资助近 4000 万美元,并且帮助他们进行策略分析,提供专业的服务。以及英国前首相布莱尔曾经说过这样一句话,"如果英国还有什么值得向中国推荐的话,那就是公益创业了"。除此之外,还有政策、资金上的源源不断的支持与保障。由于英美两国政治、经济和文化的差异,其大学生社会创业教育组织设计各有不同的特点,总体而言,英国大学生社会创业主要发挥政府的力量,而美国则主要依靠社会组织

的力量。

　　现英美高校社会创业教育大致有三种基本实施模式——学校统筹模式、商学院聚焦模式和专业融合模式。学校统筹模式即由学校的创业、就业部门来负责，将"社会创业教育"纳入学校就业、创业的工作范畴中，比如，英国纽卡斯尔大学就是采用这种模式，以大学创业中心作为学校统筹部门；商学院聚焦模式则主要由商学院展开社会创业教育，一般以一些商学院实力比较强的大学为支撑，直接托予商学院进行教授，如牛津大学赛德商学院、美国杜克大学富库商学院等；专业融合模式则是与学校各专业相互融合的一种模式，比如哈佛大学是创业教育的实施等。① 虽然模式各有不同，但其社会创业教育实践组织设计都同样包括课程、实践主体、实践平台及支持系统等的搭建，下面就将主要针对英美这两个国家的高校社会创业教育实践的组织设计进行重点分析。

　　（一）社会创业教育课程体系的构建

　　英美社会创业教育实践组织设计着重课程体系构建，现已基本建立成熟，很多高校将其设为该校必修类课程。威利（Wiley）和贝里（Berry）在2015年对来自美国多家公共管理学院的16份社会创业教学大纲进行了细致的分析，发现主干课程涵盖了定义社会创业、社会创业营销、社会创业商业模式和计划、社会创业融资、社会创业绩效评估和社会企业管理等6项。美国现有的社会创业教育在课程内容上是很有针对性的，能帮助社会创业者应对实际的挑战。② 再比如英国牛津大学斯科尔社会创业中心（Skoll Centre for Social Entrepreneurship）聘请了9名专业的社会创业教师来为大学生们讲述社会创业课程，另外还配备了7名知名的社会创业家及相关导师来指导大学生的社会创业项目。牛津大学规定所有在校学生全部需要修满至少三个关于社会创业课程的学分才可以毕业，也就是说，牛津大学的社会创业课程是一门必修课程。它们的课程教授方法大多以讲座、讨论与案例分析为主。

　　同时很多高校将其社会创业教育课程在一定程度上着力体现为跨学科课程教学模式，力争成为全校性参与课程。以哈佛大学为例，在20世纪90年代中期，格雷格·迪斯教授在商学院首开社会创业课程《社会部门中的创业》，到2004年，哈佛大学首次招收第一批社会创业专业博士生，从单纯

---

①　刘峰：《论高校"社会创业教育"的内涵与实施模式》，《继续教育研究》2017年第10期。

②　戴维奇：《美国高校社会创业教育发展轨迹与经验》，《比较教育研究》2016年第7期。

课程开设迈入专业化人才培养的轨道。① 在课程设置上,哈佛大学商学院联合教育研究生院、肯尼迪学院等学院将专业课程与社会创业课程融合,开设社会创业类课程。徐小洲教授在分析哈佛大学的社会创业教育时还指出该大学通过开发融合性社会创业教育课程,如商学院开设的《金字塔底端的商业》《教育中的创业与技术创新》,法学院开设的《社会创业导论》等以及通过基于多元体验学习平台创业实践、打造紧密协作的社会创业教育共同体等策略成为全球高校社会创业教育的标杆,为我国高校的社会创业发展提供了启示。再如芝加哥大学(University of Chicago)的社会创业的体验式学习与课程就包括社会企业实验室(The Social Enterprise Lab)、约翰爱德华森的社会创业的挑战(SNVC)、新的社会企业(New Social Ventures)、企业家发现(Entrepreneurial Discovery)、波斯基中心 i-corps 程序。而且有许多配套的社会创业行动计划为其课程作进一步支持。

（二）校内外各方主体在社会创业教育实施的参与

英美高校社会创业教育同时还得到了来自校内外各方主体的积极参与。首先,是来自校内不同专业及院系的协作。与商业创业教育的实施主体以商学院为主不同,社会创业教育实施的主体基本覆盖了高校的大部分专业,包括医学、社会学、管理学、工业设计等相关学科和专业。究其原因,就在于社会创业是创业者通过与其他组织和机构合作共同解决社会问题这一本质属性,即满足特定社会群体的需求、针对特定社会问题提出解决方案、设计创新型的产品和服务,从而需要具备不同专业知识的创业者来共同完成。因此,社会创业教育的外延性和覆盖面超过了商业创业教育,除了商学院开设相关课程和专业外,社会创业教育逐渐扩展至其他非商科学院,或者由多个学院进行联合设置。如以传播媒体与文化创意、艺术课程等专业和课程著称的伦敦大学金匠学院开设国际硕士项目,除凭借自身优势开设了一些特殊课程外,还联合其他学院开设了一些技能性、操作性的社会创业教育课程作为商业类创业课程的补充,包括社会企业发展沿革、合作性创新网络构建、社区关系枢纽维护、数字平台应用、政策分析与建议等课程,旨在为有意愿从事或已经从事社会创业的学生和社会人士提供相应的社会学知识。

其次,校内社会创业教育与校外多方主体的协同开发。社会创业教育经历了由商学院发起,到高校各个学院开设相关课程,再到成立专门的社会发展或创新学院的发展阶段,形成了相对系统和完整的社会创业教育体系。

① 徐小洲、倪好:《社会创业教育:哈佛大学的经验与启示》,《教育研究》2016 年第 1 期。

基于目前社会创业所呈现出的包容性、开放性、多元化的特点以及其活动跨部门、跨区域的发展需求,国外一些高校开始探索使用合作模式,多方协同、共同开发社会创业教育课程或项目。比如,杜克大学福卡商学院、耶鲁大学管理学院、百森学院、斯特灵学院及加州大学伯克利分校哈斯学院联合成立社会创业教育提升中心,为针对在校学生、社会组织及其他第三方机构提供培训项目。再如,由来自斯坦福大学在校大学生开发的、旨在为非洲妇女提供与当地文化不冲突的、基于本地资源的"全球妇女用水行动社会创业项目",正是得到了斯坦福大学哈斯中心等组织和机构的配合和支持,大学生才能有机会与来自东非当地的志愿者一起担任用水培训师和技术研发创业者的角色。

最后,校内社会创业教育与相应的社区项目之间的相互融入。因为与社区项目深入合作,使学生充分了解社区项目运行的情况并参与其中是社会创业教育实践的基础。学生参与地方非营利性组织开展的服务型学习项目,初步地掌握如何成功地组织并传递社会改变的理念和观点。通过设计具有较大影响力的募捐活动或其他慈善活动,学生能够进一步了解相关社会活动的辐射面及特定群体的需求,获得组织和实施社会活动的实践经验。同时,学生通过任务驱动型的组织和活动树立较强的社会价值和文化,与课本上的知识进行有机地融入,为今后进一步设计和创新社会产品和服务建立正确的价值导向并对今后的职业生涯规划产生重大的影响。比如,美国的"春假休闲团"项目利用春假招募学生志愿者,通过调查当地特殊群体,每个项目小组与当地社区合作选择相应的社会项目,并全程参与该项目的运行和实施。通过这一项目,学生能够获得相应的机会与区域性的非营利组织合作,从事服务性学习。这种经历能够促使学生深入地探索区域性的问题,针对特定的群体发掘其需求以及政策实施的偏差,寻求更科学的项目运作方式。这种经历也能够培养学生开阔的视野,多层次地发掘和解剖相应的社会问题,发现特定群体的精准需求,为今后开发相应的产品和服务奠定基础。

总的来说,社会创业教育的实施不仅需要校内开设该专业课程的教师或者院系参与负责,也需要校内外各方的积极参与,校内其他院系的投入、校外与社区项目的联系等等,甚至有时候亦需要政府、法律的直接参与和保障。正如前面所举的例子——"饥饿午餐"社会项目,其成功实施便是得到了来自校内外各界的帮助。

（三）社会创业教育平台的搭建

社会创业教育平台除了依托商学院开展之外,很多高校开始偏向于集中在商学院之外的学院开展社会创业教育,凸显其全校性与跨学科特征。除此之外,还会搭建一些研讨会或者社会创业平台等全校性平台实践社会创业教育。

首先,以商学院为依托平台进行教育为例,欧美很多高校社会创业教育大都集中在商学院,英国许多商学院,如伦敦大学,开展了社会创业研究,为商业管理学生提供社会企业选修课程。再比如牛津大学赛德(SAID)商学院更系统、全面地进行社会创业教育,为广大学子提供一个适合社会创业的优良环境,专门成立了一个名叫斯科尔的社会创业中心(Skoll Centre for Social Entrepreneurship)。英国的牛津大学开展的社会创业教育可以说在英国首屈一指,也是在英国最先开展社会创业教育的大学。牛津大学斯科尔社会创业中心成立于 2004 年,该中心创立的宗旨就是为牛津大学所有具有社会使命感与创新创造性想法的大学生提供一个专门学习研究的环境场所,该场所能够为这些想要致力于社会创业的大学生们提供支持与帮助。斯科尔社会创业中心每年会定期召开一个名为"斯科尔全球大会"的会议,在该会议上社会创业领域的各大知名学者、社会创业家、社会创业导师以及致力于社会创业的大学生们围坐一起讨论社会创业领域的前沿问题,社会创业项目以及解决在社会创业过程中出现的相关问题等。并且,对于大学生来说十分有利的一项活动是,斯科尔社会创业中心每年会提供五个"斯克尔 MBA 奖学金",鼓励支持在社会创业领域取得极大贡献的大学生。①

总的来说,牛津大学赛德商学院开设的斯科尔社会创业中心是一家为推进全球社会创业的顶尖学术单位,该机构通过世界一流的教育、尖端的研究,并在商业、政策、学术方面和社会领袖之间进行合作,推动创新的社会转型。该机构的研究和服务对象是全球范围的,通过使用网络的力量来放大其工作,使得研究人员、学生能跨越界限到更广泛的地方和国家。该机构的价值观有六点:创业、合作、全球关注、系统影响、知识严谨和诚实、重视团队。因此,建立如牛津大学社会创业中心类似的科学有效的治理结构是促进高校社会创业教育发展的重要保障。

后来,很多高校也都设立了专门的社会创业机构,例如哈佛大学、斯坦福大学、哥伦比亚大学、耶鲁大学、杜克大学等,这些高校均设立了专门研究社会创业的研究中心——社会创业研究中心,为想要致力于社会创业的大学生提供课程讲授和培训,它们的商学院大多都成立社会创业研究中心并

---

① Skoll Centre for Social Entrepreneurship, http://www.sbs.ox.ac.uk/ideas-impact/skoll/people-finder.

提供相关培训课程。北安普顿大学通过创建一个社会企业大学,寻求振兴,实现教学、研究和实践的社会企业生态系统的有机整合,被称为英国社会创业教育第一大学,截至 2011 年,美国已有超过 148 所院校提供社会创业教学。①

其次,也有依托非商学院开展社会创业教育的高校。例如,哈佛大学的社会创业教育,其发展模式可以说是独树一帜。该校的社会创业教育不仅仅依托于商学院(像美国大多数高校社会创业教育仅依托于商学院),而且还依托于非商科学院,充分体现出一种融合性特征。哈佛大学在多个学院开设了多项与社会创业、社会管理相关的创新课程以及论坛、实验室等学习交流平台。例如,在法学院开设了"社会创业导论"课程,模拟真实的社会企业运营方式建立了贝克曼网络法律公益诊所;在肯尼迪政府管理学院开设"私立与社会部门的创业""公共问题处理与慈善""私人资本的公共目的"等多门课程,同时给有创业意向的学生提供项目培训;在教育研究生院开设"教育革新与社会创业"课程,定期举办"桥"(BRIDGE)活动为学生提供和校内外专家零距离互动、交流创业经验的机会;在商学院开设"社会企业管理""社会创新实验室:田野课程"等相关课程。各院系也开展了许多创新创业比赛,涵盖了商业创业和社会创业两种类别。这些举措,为学生学习社会创业知识提供了广阔的渠道,可以培养学生的创新能力和创业领导力,培养学生的跨学科发展能力,提高学生解决社会问题的能力。覆盖了从理论到实践、从商学院辐射到其他学院,逐渐形成了一个较为完备的体系,这对于美国大学生进行社会创业项目提供了一个良好的学习、孵化环境。

最后,还会依托一些其他平台的搭建进行社会创业教育。比如斯坦福大学在 2001 年创建了一个社会创业研讨会,目的是运用硅谷的研究成果来解决社会问题,研讨会吸引设计学院、法学院和机械工程学院参与。当然,如果继续追溯成立这一研讨会的深入原因便是为了更好地为学生进行社会创业活动提供资源和项目的援助。在该研讨会成立的第五年,哈佛大学肯尼迪学院也成立了一个相似的研讨会,如今很多研究型大学都建立了相似的研讨会,有时候研讨会还催生出一些微小但却重要的中小企业和项目。

在通过教育平台搭建促进更好的社会创业教育的同时,也会搭建一些社会创业实践平台。在创业实践上,美国的一些大学深谙此道,实践性和体验性的教学在其社会创业教育中表现得非常突出。哈佛大学为学生提供创

---

① Ashoka,U. & Brock,D.,*Social Entrepreneurship Education Resource Handbook*,Wanshington,2011,D. C.,Ashoka U,pp. 4-5.

业体验式学习(Experiential Learning),在2014—2015学年,共49位学生参与创办了37个社会创业项目。[①] 好几个学院在专业的基础上都建立了一个体验平台。有研究者分析了107份美国大学社会创业课程的教案,发现75%的课程要求学生参加"服务学习"或"经验学习"项目,并规定学生总评成绩在很大程度上取决于学生在这些项目中的表现。比如,在杜克大学福克商学院,本科生有一门叫作《"影子"社会创业者》的课程。学生在一个学期的时间内跟着一位知名的社会创业者,进行"学徒式"的学习。学生可以了解社会创业者的日常工作和活动,分析他们是如何进行决策以及处理各种问题的;在工商管理硕士(MBA)层次,学生有机会加入一些国际性的咨询公司开展实习,可以深入到一些发展中国家,了解现实的社会问题,提出并实施解决方案。[②]

(四) 支持服务系统的构建

同样,社会创业教育的组织实践也离不开外部支持系统的构建,首先是离不开资金的支持,美国大学生社会创业之所以能持续快速地发展,一个非常重要的因素就是包括基金会、高校在内的充足经费的支持。其中由美国已故企业家兼慈善家埃温·玛瑞恩·考夫曼在20世纪60年代中期创立的非营利性私营基金会——考夫曼基金会(Kauffman Foundation)对促进社会创业教育的开展帮助效果明显。作为目前美国最大基金会之一的考夫曼基金会,也是世界上专门支持创业教育的基金会,其有多种渠道对社会创业领域进行帮助。通常其会通过考夫曼快车道、校园项目等对社会创业以及社会创业教育提供资金支持,另外,建立绿色回声(Echoing Green)基金会对社会创业企业家投资,这是大胆且前卫的创新尝试,在国际上处于领先地位。目前为止,基金会投资将近3000万美元,资助企业500余家。

除此之外,政府也会通过成立一些机构或相关政策来服务于社会创业教育,保障其有序实施。例如,2004年英国政府设立了大学生创业促进委员会(NCGE),服务各大高校的在校学生和毕业生,给他们的创业提供资源和便利,把创业教育放在了更重要的位置。此外,2009年英国文化协会发起了名为"社会企业家技能项目"的大型全球项目,该项目服务对象涵盖从社区工作者、青年工作者到社会企业家的广泛人群,旨在为社会上有需要的人群提供技能培训,通过社会企业的方式解决社会需求、加强社区的建设。

---

① Harvard Business School, 2015-2016 Curriculum Electives, 2015, http://www.hbs.edu/socialenterprise/pdf/seelectives.pdf.
② 戴维奇:《美国高校社会创业教育发展轨迹与经验》,《比较教育研究》2016年第7期。

该项目不仅给学员提供资金支持,还帮助学员与英国国内外的社会企业家建立联系,给他们获得同行资助和经验分享的机会。自 2009 年项目开展以来,接受培训的学员数量达到 380 余人,其中在读大学生和应届毕业生占了不小的比重,他们带着满腔热血和创意思维而来,获得了宝贵的经验和实用的技能,为社会公益事业添砖加瓦。

二、我国高校在社会创业教育实践上的主要创新之处

社会创业教育鼓励创新和引导受教育者探索新商机的特点决定了创业教育的内容和形式应当具有开放性,使学生有更多的选择机会,而不应只局限于某几个有限的专业或领域。目前国内许多高校在加强创业教育课程建设的过程中,大胆探索,将很多新的内容纳入创业教育之中,这种在教育内容方面的“自由拓展”显然有助于丰富高校创业教育内涵,满足不同学生群体的现实需求。

高校创业教育需要有形的具体项目作为依托是我国教育界的共识。过去十几年中,下列三个项目受到社会各界高度重视:一是全国大学生创业计划大赛,这项赛事由共青团中央、中国科协、教育部和全国学联共同主办,很多高校将此项赛事的成绩作为开展创业教育成效的标志性成果;二是校内创业园,不少高校在创业教育实践中一直力推创业模拟实践,还有些高校在校内创业园项目上投入了巨大的人力和物力;三是创业教育课程建设,不少高校已经进行了多年摸索,近两年来教育部已开始明确要求全国高校必须开设创业教育必修课。

我国高校创业教育从 1997 年的“清华大学创业计划大赛”开始,已有20 余年的历史。2009 年开始,我国大学生社会创业逐渐受到社会关注(最初称为公益创业),并相继在各大高校开展起来,其中清华大学、浙江大学、湖南大学等数十所高校较早地在国内开展公益创业教育的实践和研究。湖南大学成立了中国公益创业研究中心,该中心不仅编写了《公益创业学》教材,还构建了产学研一体化的公益创业教育模式。除高校以外,我国部分知名企业也开始把目光投向公益创业,例如零点研究集团策划了“大学生公益创业行动”项目,对青年大学生团队进行资助,旨在帮助和支持有公益理想的大学生团队。除此之外,由中国共青团组织的“挑战杯”全国大学生创业计划竞赛于 2014 年开始升级为“创青春”全国大学生创业大赛,将公益创业竞赛单列出来,作为主体赛事纳入大赛体系,也足以看出国家对于大学生社会创业的重视。我国大学生社会创业教育经过 10 多年的发展,既有相关理论知识的学习,也有实践的探索,但相较于美英两国的发展还存在一定

的差距。① 但也不乏存在一些创新之处,主要表现在如下几点。

（一）注重正确的价值观教育引领,为大学生公益创业提供精神保证

在我国,几乎每所高校都存在大学生志愿者协会这样的社团组织,大部分的学生也都参与过志愿者活动,或多或少提供过志愿者服务。像是武汉大学青年志愿者协会在成立之日起便吸引了大批学生积极参与到志愿者活动中来,他们开展了"星星的孩子,不再孤单""关爱残障儿童"等活动,积极投身于志愿者活动,服务人民,奉献社会。哈佛大学 2009 级学生向蕊在高中毕业那年开展了为外来子弟(初高中生)开办青草夏令营的活动,这次的志愿者活动带给她很大的触动,在 2011 年休学一年回国正式注册 NGO 全职运营青草青少年成长服务中心,通过同辈引导的体验式教育,为初高中生带来丰富创新的学习体验。向蕊创办的 NGO 全职运营青草青少年成长服务中心是一个相对来说较为成功的公益创业项目。

大学生是社会发展的希望和中坚力量,是公民社会的建设主体。他们青春朝气,良好的教育使他们富有社会责任感和社会使命感,对社会问题有独特的敏感度,并渴望用自己的所学改变社会、解决社会问题。因此,大学生是中国志愿者队伍中最大的群体,在志愿服务和公益服务的过程中,他们的主体认知和社会责任意识不断增强,从中发现人们对公益服务的巨大需求,从而产生公益创业最初的热情和动力。大学生是公益创业的最大群体。我国高校不仅传授大学生知识,更注重教育他们树立正确的世界观、人生观和价值观,使大学生具备正能量,为社会做贡献。

（二）积极探索社会创业教育公益价值,为大学生公益创业提供理论支持

目前,我国高校的社会创业教育还在发展阶段,大部分是以大学生公益创业竞赛形式进行。现在,全国范围内正在逐渐开展公益创业大赛活动,例如由共青团中央、教育部、人力资源社会保障部、中国科协、全国学联联合在 2014 年举办的第一届创青春"全国大学生公益创业大赛"以及 2016 年由广东省天柱慈善基金会主办,在深圳大学举行的智慧杯大学生公益创新创业大赛等。由此可以看出,大学生公益创业大赛已经在全国如火如荼地开展。

在经济全球化不断加强和知识经济加速发展的今天,培养大学生创新精神和创造能力成为时代的需求。我国大学生就业难问题日益突出,自主创业代替被动创业成为解决这一矛盾的重要途径,培养大学生创业精神和

① 李远煦:《社会创业:大学生创业教育的新范式》,《高等教育研究》2015 年第 3 期。

创业能力意义重大。因此,在全国高校深入开展大学生创业教育研究,既是关乎时代发展的关键问题,也是解决大学生生存与发展的现实问题。创业教育在我国高校取得了较大的进步与发展。社会创业教育作为一个新的分支,是创业教育的继承和发展,是我国创业教育面临的一个崭新领域,已经引起了越来越多的高校积极探索与参与。

比如,湖南大学是我国最早推行公益创业教育的高校之一。从 2006 年开始,湖南大学开始探索"公益助学+就业+创业"的产学研一体化的高校公益创业教育模式。在公益创业活动开展、课程设置、与专业教育融合、师资队伍建设等方面进行了很有价值的探索和实践。该教育模式荣获 2008 年度"中华慈善奖"最具影响力项目。辽宁工程技术大学正在构建"基于胜任力开发的多层次嵌入式"教育模式,清华大学等高校和一些研究中心也开始关注公益创业理论的研究和探索。高校的公益创业教育的尝试和探索都为大学生公益创业提供了强有力的理论支持。①

（三）广泛创办公益活动载体,为大学生公益创业奠定实践基础

目前,我国大部分高校都开展了创业教育,大力推进创业教育在大学生群体中的普及并积极开展创业竞赛。不少高校还创建了大学生创业孵化器。温州大学专门成立了创业人才培养学院负责全校的创业教育工作,提高大学生的创业知识和创业能力,建设大学生创业园为大学生创业搭建创业实践的平台,大大提高大学生的创业实践能力。义乌工商职业技术学院也设立了大学生创业园,开设电子商务创业班,鼓励大学生进行创业。就拿从温州大学创业园孵化出来的做珍珠饰品的"蝶家"来说,其通过在温州茶山高教园区开设实体店以及微商等途径来销售其自行设计的产品,逐渐拓宽销售渠道,销量越来越好。

我国高校为了提升学生素质,培养大学生社会实践和服务社会的能力,组建了很多深受大学生喜欢的社团或者组织,安排学生利用课余或寒暑假时间参加各种社会实践活动。这些社团或组织一般不得从事以营利为目的的经营性活动,活动基本是公益性的。大学生社团活动和社会实践活动的健康开展,不仅有利于培养大学生组织能力和社会实践能力,还有利于培养大学生的公益意识。为大学生最终走上公益创业道路奠定实践基础。

以温州大学为例,该校教育学院大学生每年"六一"儿童节为全市的小朋友推出的"儿童剧公演"活动,通过立体、形象、直观的表演,给幼儿以娱乐和美的享受,丰富他们的精神世界,增添他们的生活乐趣。受到儿童与家

---

① 彭迪、葛江霞:《部分高校社会公益研究团体扫描》,《社会与公益》2014 年第 10 期。

长的热捧。再如该校物理与电子信息工程学院的 IT 服务队,由计算机专业的大学生组成,他们经常深入社区,义务为社区居民普及电脑知识,排除维修计算机故障等。贴心的上门服务受到小区居民的一致好评。这些公益活动紧密结合大学生所学专业的特点,不仅发挥了学生的特长,锻炼了他们的实践能力,同时又增强了他们的公益服务意识。

与此同时,在校期间从事的公益活动,经过挖掘、引导和深化,很有可能成为大学公益创业的好项目。比如该校物理与电子信息工程学院的"温州童馨留守儿童服务中心",它的开端就是物电学院的一批关爱留守儿童的学生们创建的暑期社会实践队。关爱留守儿童已经成为当今社会关注的焦点,作为当代大学生,应毫不犹豫地承担起这份责任,"童馨"团队由此应运而生。团队 2011 年以支教的形式在丽水市庆元县开展关爱留守儿童的各项活动。4 年来,童馨团队已开展多次社会实践活动,并成立了童馨公益基金,长期扶助留守儿童,志愿者也从 30 人发展到 150 余人。"温州童馨留守儿童服务中心"获得 2014 年"创青春"全国大学生挑战杯创业计划大赛公益组织银奖。又如温州理工学院无偿献血者俱乐部,一个主要从事无偿献血宣传、服务和组织的学生公益组织,目前共有在册志愿者 300 余位。他们还通过暑期社会实践三下乡等活动,分别赴农村、乡镇、企业开展无偿献血宣传活动,以更好地做好无偿献血宣传和服务工作。

这些通过社会实践走出来的公益项目,因为紧密结合市场和社会的需求,为社会提供公共服务,通过创新组织和模式,实现公益价值和社会价值的完美结合,这都是大学生实践社会创业、高校开展社会创业教育的有利形式。

第四节　动力学与组织社会学视野下的高校社会创业教育本质

一、系统动力学对社会创业教育的启示

(一) 系统动力学的概念

系统动力学(System Dynamics)由美国麻省理工学院福瑞斯特(Forrester)教授于 1958 年提出,该学科主要分析研究信息反馈系统,通过建立模型来模拟和展示复杂世界的客观规律。① 作为一门认识、解决系统

---

① Forrester, J. W., "Industrial Dynamics: A Major Breakthrough for Decision Makers", *Harvard Business Review*, 1958, Vol. 36(4).

问题的交叉综合学科,系统动力学自 20 世纪 80 年代被福瑞斯特教授引进教育学领域后,在诸多领域都取得了良好应用与成功,并在其他国家进行了试点推广。

在 20 世纪 80 年代,随系统动力学一起被引进教育学领域的还有系统思考(System Thinking)方法。但随着社会进步与科技发展,知识更新周期越来越短,新时代对社会创业教育人才培养提出了新的要求,社会发展对综合性人才的需求与日俱增。在这一背景下,传统教学模式的缺陷被诸多教育学专家所诟病,而新型人才对新型教育模式的呼吁日渐高涨。新型教育模式又称现代化教育模式,指的是以提高学生能力为教学目标,将学生摆在教学主体位置,注重探究式实践教学并鼓励学生对知识进行应用。现代化教育模式从根本上对传统教学模式进行了改进,经过 40 多年的发展取得长足进步。

（二）　系统动力学的社会创业教育价值

第一,系统动力学将孤立零散的知识点以系统化方式进行再组织,不仅能显著提高学生对创业课程的兴趣,还能加深学生对所学结构化知识体系的记忆。

第二,以学生为主体的系统动力学教育转变了以往以教师为中心的局面,对发挥学生主动性和改变学习习惯有十分明显的作用。首先,学生学会利用计算机进行建模;其次,广泛搜集资料,获取各方信息;最后,系统整合资料、信息,并与小组进行讨论合作,提出并解决相关问题。

第三,系统动力学和系统思考主张以系统的、发展的、长远的目光来审视事物全景,这在创业环境复杂多变、创业模式灵活、创业学习学科综合的今天,有利于促进学生在社会创业学习中养成系统思考、统筹全局的思维习惯,锻炼学生的思维能力。因此,可以说,尽力锻炼系统思考能力是大学生社会创业适应复杂环境的必然要求。

最后,社会创业教师在社会创业教育中的角色地位和作用在系统思考和系统动力学的影响下发生着积极改变。在系统学习中,社会创业教师的主要职责是作为资源提供者、建议者引导学生的学习方向,与以往对学生学习的监视不同,社会创业教师也是学习活动的一员,他们需要不断创造学习机会、营造良好的学习环境。

（三）　系统动力学对社会创业教育的启示

尽管系统动力学在教育领域内取得了丰硕成果,对化解教育教学发展模式僵局的作用已得到广泛认同,但就目前实际情况而言,无论是教育领域还是社会创业教育领域,系统动力学的应用都十分有限,没有达到预期的广度与深度。

其一,系统动力学在教育学领域的普及不充分与其发展阶段相关。系统动力学没有被引起足够重视是因为其影响力暂时还较弱,很少有人将系统思考与建模的学习方法运用在社会创业教育中。针对这一现象,我国著名系统动力学专家王其藩作出了解释:系统动力学本身发展还不够成熟,现阶段的系统动力学相当于麻省理工学院 1861 年的工程学或约翰·霍普金斯大学医学院 1893 年的现代医学。

其二,与系统动力学领域的研究学者较少相关。普通教师对系统动力学这一学科的接触有限,因而缺少相关的基础理论知识,在教学中进行运用更无从谈起,这一现象不仅是普通教师的困境,更是一线教师等其他类型教师的难点,而现阶段能够致力于系统动力学研究的学者有限,社会创业教育领域更少,这便导致在社会创业学习过程中,学生无法通过正常的教学活动途径获得系统动力学的学习思维方法。

其三,与系统动力学视角下社会创业课程编排相关。一方面,系统动力学覆盖面较窄。在学科覆盖面上,虽然有些高校尝试运用系统动力学原理重新编排自然科学、数学、社会学等课程,但以创业学、社会创业学为代表的各学科综合系统课程仍处在"被遗忘的角落",在教材上,尚未有任何一套教材能够全面覆盖系统动力学从理论、建模到教学方法的学习过程。另一方面,社会创业教育领域对系统动力学的作用认识不全面,在这种现实背景下,社会创业活动很难获得来自社会创业政策与合作项目的资金等支持,这也使得这一教学方法的推广受阻,后继乏力。

总之,虽然系统动力学有望从根本上改变现有社会创业教育模式,但作为一种全新的社会创业教育模式,要达成社会广泛共识并获得资金与人员支持,还任重而道远。届时,系统动力学在教育领域的更大作为需要依靠社会创业多方面的共同支持与努力。①

二、组织社会学对社会创业教育的启示

(一)组织社会学的概念

组织社会学概述作为组织理论中的一个典型交叉学科,研究组织问题时融合了经济学、管理学、心理学、运筹学、统计学、组织行为学、博弈论等学科。由于内容和理论庞杂,该学科目前尚未形成一个整合的学科体系,特别

① 吴少杰、张俊杰、张成浩:《系统动力学方法在教育中的应用与展望》,《教育观察》2018 年第 7 期。

是近年来与学术界普遍关注的新制度经济学、经济社会学的部分内容有重合之处，与管理学相似，只能简单划分为不同的研究取向与学术流派，整体仍处于"丛林状态"中。如法国学者尚拉（Shang La）将其划分为有文化主义流派（包括经理学派、社会人类学学派）、制度学派（包括社会学、经济学和政治学三个方面的进展）、组织生命周期派、批判学派、人口学派和生态学学派。斯科特（Scott）则将其分为六种主要的理论框架和分析方法——权变理论、资源依赖理论、制度理论、交易成本理论、组织生态学以及网络理论。①

总体而言，该学科目前的理论研究还在不断扩展深化，包含着四类理论旨趣和两种理论取向。组织系统理论、组织结构理论、组织行为理论与组织环境理论是四种风格各异的理论类型。个体主义取向与集体主义取向在组织结构和出发点上不同，前者基于社会人的出发点，既承认组织中存在保证效率的正式结构，也存在自发性的非正式结构，后者则基于社会整体的出发点，更为关注组织与外在社会环境的互动。

（二）　组织社会学的社会创业教育价值

针对社会创业教育合作、合法化、合理性的理解需要以组织和环境互动的开放系统理论作为出发点，基于组织社会学中以交易成本理论为代表的理性选择学派和制度学派的视角进行分析和解释，提出对策建议。

从组织环境互动的开放系统理论视角看，社会创业组织将环境视为自身发展的众多因素之一。抽象地说，任何实际存在的系统都是开放和封闭的统一有机体。环境在为系统内相互作用提供场所的同时，限定了社会创业教育主体的作用范围与方式，这是因为社会创业主体在系统内的活动都是以系统与环境的相互作用、相互转化为前提的。从这个意义出发，可以认为这种相互作用依赖高效的外部环境。在环境因素的论述上，新制度主义学派代表人物梅耶（Meyer）和斯科特（Scott）基于组织趋同性的研究，认为可以将其划分为制度环境与技术环境。② 在组织合作问题上，由于社会创业教育合作可被视为高校为应对复杂环境的变化而作出的一种自我调整，因此也可以用这一分析工具加以考察。合理性生成与合法性生成的二元对立来自技术与制度环境的二元对立，也就是说，考察社会创业教育合作机制时，分析这两个方面是十分必要的：

---

① ［美］W. R. 斯科特：《对组织社会学50年来发展的反思》，李国武译，《国外社会科学》2006年第1期。

② ［英］布莱恩·罗恩、［美］塞西尔·G. 米斯克尔著：《机构理论和教育组织研究》，江芳盛译，心理出版社2004年版，第588—589页。

　　组织社会学视角下社会创业教育合作机制合理性分析。社会创业教育合作机制合理性分析,即合作生成效率机制分析。"为什么某些经济交易不直接通过市场价格机制来进行,而要在由规则与等级制实施机制构成的治理结构即公司中来进行?"这是科斯在《企业的性质》中发出的疑问。从交易成本理论的观点来看,这是基于技术环境的考量,现代组织越来越追求效率,技术环境与劳动生产力紧密相连,在强调组织工具理性的烘托下,合作是各方理性选择的结果。针对科斯的这一观点,威廉姆斯对比市场与企业,同时将诸如公共领域与政府部门、社会问题与第三部门等主体的替代性治理系统纳入考量,对科斯的观点进行了扩展,认为交易成本是市场化思维的关键因素,决定不同治理形式的是不同的交易特征及其成本差异。社会创业教育的合作关系作为一种治理选择,处于市场和科层制两个端点之间,虽然学校组织不同于社会企业,但在运行过程中,交易成本是相通的。这里的交易成本也不同于社会企业的经济交易,高校实施社会创业教育的"交易"行为在环境与系统条件下进行,作为非营利组织的高校,其"交易"对象包含知识这一特殊产品。由此可见,实施社会创业教育仅依靠高校这一单一主体是不行的,顺利实施这一教育有赖于学界、业界与监管界的共同合作。具体地,基于技术理性原则,发挥企业的市场资源、高校的教育资源、政府的政策资源,以资源整合实现"技术优势",以理念融合实现"观念融合",以跨界协同实现"政策助力",从而使得社会创业教育的发展实现成本优势、高效高质的发展。社会创业教育的重要作用可见一斑,政府等各有关部门正视、重视社会创业教育是至关重要的。对组织而言,组织内部效率与外部效率并存,即组织内的个体与群体,教师与学生都会在合作时考虑个人利益得失,这种合作合理性的生成只有在同时符合内外部效率时才能发生。

　　什么是合法性?萨奇曼(Suchman)认为"合法性是一种普遍化理解或假定,即由某个实体所进行的行动,在社会建构的规范、价值、信念和身份系统中,是有价值的、适当的假定",但在制度环境下,社会创业教育合作合法性剥夺了组织效率,片面要求组织服从广泛认同的规则与制度。因此,我们认为组织合法性是指那些诱使或迫使组织采纳具有合法性的组织结构和行为的观念力量。这种社会创业教育合法性通过直接的非营利性质和间接的创业孵化性质两方面表现出来。这两者在制度内遵循广义的道德规范,解决社会问题、实现社会价值还须通过高校—市场—政府产学研链条。

　　具体来说,社会创业教育合作的合法性可以从外部强制性机制与内部模仿机制和社会规范机制来展开。

　　强制性机制是指高校创业部门与创业学院的自主权与各级政府制定的

法律法规。由于这不符合效率机制的生成逻辑,便无法产生聚合效应,同时由于相关政策法规还不完善、性质边界还不明晰,新生的社会创业学及其企业形态在产学研过程中还存在一些灰色地带。

相较之下,模仿机制无论是频率、特征或其他成果都符合技术环境的要求,是理性选择下对成功组织的模仿。而社会规范机制则来源于专业培训、组织领域内专业网络的发展和复杂化。在组织成员,尤其是管理人员朝着专业化方向发展时,这种机制的作用力就会不断增强。社会创业教育在实施过程中的内部合法性源自从上而下各个主体的专业化参与:设计主体——领导层、协调主体——中间层、执行主体——教学层、接受主体——学生层。目前我国社会创业教育的发展现状并不理想,一方面是学校重视度不足,表现为在部门设置上虚设部门、缺乏专业的师资准备、课程设置不合理等;另一方面是各个层面的工作浮于表面、流于形式。缺失内部合法性的事实是影响社会创业教育合作的一个根本原因。

（三）　组织社会学对社会创业教育的启示

组织社会学视角下,社会创业教育近年来发展呈现百花齐放、日新月异的态势。具体表现为以下几个方面:第一,组织成员增多。新的社会创业教育合作组织成立（零点公益、青年恒好、滴水恩）扩大了社会创业的体量和影响力。第二,运营模式探索。新的社会创业教育模式的形成（授人以鱼—授人以渔、第三方支付、资源置换）革新了市场原有的竞争格局和商业理念。第三,学术阵地跟进。新的社会创业教育研究的开展（非营利组织、创新社会、社会创业教育、结构性创新）深化了理论和应用的螺旋式发展。第四,教育模式探索。新的社会创业教育模式在开展（浙江大学—四位一体、湖南大学—产学研创、北京师范大学—京师品牌、武汉大学—人权蓝皮书）。通过搭建和完善社会创新人才培养体制、加强企业社会责任、科研转化机制和产权保护机制的监督,近年来我国社会创业的发展实现了公共管理和人才培养上的有机统一。

通过借鉴社会创业教育系统中各组织的市场经验和教育经验,我国要实现社会创业教育发展,应做到以下几点:

首先,实现组织队伍的专业化。从上到下（顶层设计—中层协调—基层实施—教学反馈）,实现职位健全、权责明晰的人事管理、人才激励制度,实现高校社会创业教育从管理到教学的人力资源供求平衡和去陈出新。

其次,实现组织运作的专业化。从里到外（教育部门—高校—企业—第三部门—政府部门）实现主体独立、跨界协同的人才转化模式、资源整合模式、利益共享模式、责任共担模式,实现高校社会创业教育从社会服务到人才培养的社会贡献和价值传递。

再次,实现研究的国际化。基础设施上圈定社会创业研究的"经济特区",成果交流上构建传播分享的"学术阵地"。

最后,实现教育的协同化。将德育教育、职业教育与社会创业教育深度融合。依托各级政府的政策支持,构建"产学研创"的社会创业孵化模式、搭建起"高校—企业—非营利组织—政府"——"四位一体"的生态系统。通过社会创业教育实现人才的"社会化",促进其职业生涯规划,使培养的人才具备创新精神、创业能力和社会责任感。

三、组织社会学与社会创业教育的价值融合及启示

(一)组织社会学与高校社会创业教育的价值融合

高校作为社会组织的一员,承担并符合着相应的社会角色与期望。经历了"开放—封闭—开放"的阶段,社会与高校在发展和交互上变得更为紧密。借由互联网时代的联通便利,如今来自企业、政府、非营利组织等利益相关者的价值取向得以通过跨界合作的途径传达给高等教育机构。这使得高校与利益相关者,高校教育与市场活动、经济发展、政策推行的联系密度、链接层次都达到了空前的规模和深度。

社会创业教育作为高等教育的子集,其人才培养的价值内涵、实现形式也受外界影响出现了变化。首先,人才价值内涵的方面,外部环境对社会创业教育提出了新的诉求。经济领域,核心竞争力源自"劳动力要素—资本要素—技术要素—创新要素"的"支点变动",这要求高校的输出人才具备创新精神、创业能力;民主领域,权责意识源自"生存权力—财产权力—政治权力—道德权力"的"力场扩增",对高校人才提出了具备社会责任意识、社会使命感的要求,合格人才应具备的能力重心、素养内涵(市场借由"社会适应—就业—教育问责"向高校提出了诉求)发生了变化。其次,实现形式的方面,外部环境对社会创业教育开展有了更多参与。高校教育方式、教育模式的转变以及教育思维上的纳新和融合,使得人才培养过程中出现了大规模竞赛、实习实践课程等一系列不同于传统课堂的培养方式。这种参与有利于学生的社会化,同时也开拓了学生自我发展的思路,促进其职业生涯规划。使得培养的人才更具灵活和变通,具备敏锐的机遇探测能力。

由此可见,在阻止社会中各单元通过"外部诉求响应—内在逻辑表达"的价值交互下,实现了多方合作人才共建的生态。这些利益相关社会族群,借由人才产—供—销的"食物链"实现了协同发展。

（二）生态系统下的组织驱动对社会创业教育的启示

我国的社会创业教育可以充分发挥高校的主体地位,通过利用各部门(商业企业、非营利组织、政府部门、其他社会创业组织、媒体机构、科研院校、中介服务机构)的资源和优势创造性地促进资源在不同主体间的流动,形成各主体间互利共生的互助关系与社会支持网络,使系统在协同效应影响下表现出单个社会创业种群不具备的功能和作用,有效降低在公益创业孵化过程中遭遇的市场和技术的不确定性,规避高风险,克服在完成社会使命时所面临的能力不足的困难,从而实现规模效应,共同增进社会整体福利。

（三）有效利用高校的引力作用

社会创业组织所面临的复杂多变的环境(经济技术环境、社会文化环境、区域地理环境、政治资源环境)大力推动着社会创业生态系统的形成。市场需求的变化多端,对社会企业等社会创业组织的创新和资源整合能力要求也越来越高。由此,越来越多的高校意识到,只有各主体之间相互联合起来、彼此协作,形成一个完整的生态系统才能满足社会创业企业需求,更好地解决社会问题并获取一定的效益。

主导社会创业教育机构位于该社会创业生态系统的中心位置。一方面,它拥有其他机构组织不具备或难以模仿的核心技术能力,为整个系统搭建了一个交流合作的社会创新平台,并引导系统内成员相互协作,共同完成某项社会使命;另一方面,主导高校还可以凭借其强势的科研地位自然地产生一种"磁场",吸引更多优秀机构的加入,并对参与者进行评价筛选。[1] 由此,在社会创业生态系统的形成过程中,需充分利用这种自发的引力作用,一方面,可以加速生态系统的发展,大大缩短形成周期;另一方面,还可以对系统内部成员进行高质量的筛选,防止"搭便车"行为的产生,确保系统内的成员享有共同的社会价值观,能够不遗余力地完成社会使命,朝共同愿景努力。

（四）注重社会创业环境的支撑作用

社会创业环境中蕴藏的外部环境条件与资源因子,影响着社会创业生态系统中各种群的性质和进化方向,对系统各主体间的协同共生起着制约和催化作用。社会创业的支撑环境包括政治制度环境、技术经济环境、文化教育环境、区域地理环境等要素,这些环境要素共同组成了社会创业生态系统内部各种群赖以生存的外部环境系统。

---

[1]　宋林、顾力刚:《企业生态系统的形成动因分析》,《改革与战略》2011年第1期。

政治制度环境中,政府在社会管理创新领域的支持政策和财政投入、区域环境内相关法律法规与制度环境的完善情况,极大程度地影响着社会创业生态群落开展社会创业活动的积极性。技术经济环境中,隐形的资源、技术与市场平台,可为生态系统提供多元的社会创业融资渠道、技术创新支持及其他专业化的中介服务。文化教育环境中,社会创业教育系统的成熟度、社会关系状况、人文培养氛围、社会舆论导向及社会制度的规范性,对社会创业生态系统中高校获取社会支持具有重大意义。区域地理位置、交通运输设施、自然生态系统等自然地理环境要素,是影响系统主体间进行便捷联系的重要因素,为系统研究与发展提供了基础性条件。

总之,社会创业支撑环境的各要素直接或间接地影响着社会创业生态系统中各生态种群的创业活动,生态种群与支撑环境相适应则可推进社会创业相关活动的稳步进行,反之则会妨碍社会创业活动的正常开展。

（五）整合社会网络合理构筑基础基石

国际化是我国社会创业教育的未来发展方向,社会创业组织必须紧跟时代潮流,利用网络(指最新的网络技术,也指社会创业者、社会创业组织间的关系网)获取最新的技术与资源,加快社会创业生态系统的形成,具体为社会价值共享机制、平台和标准以及社会资源整合能力。[1]

社会引领的价值共享是首要支撑,其引力和推力的作用可以吸引参与者的加入,经过竞争、协同、突变,达到新的动态平衡,形成社会创业生态系统。[2] 为了持久地挽留住这些参与者,需要建立价值共享机制。只有形成以社会问题为导向的价值链,该社会创业生态系统相比其他系统才能更好地处理社会矛盾、服务社会领域、引领更多社会创新、为社会创造更多的整体价值,从而获得可持续发展。平台和标准是第二大支柱,它不仅规划了生态系统的整体框架,还界定了成员间的关系。高校正是由于在平台和标准中居于核心地位,并在系统中扮演主导者的角色,才能通过优良的平台和完善有利的标准吸引更多高校、媒体机构、中介服务机构和其他的社会创业组织及政府部门参与其中,增加内部资源的异质性。使社会创业主题更加多元化。社会资源整合能力是第三大基础,即运用创新的方法整合社会资源,使社会创业生态系统赢得更多创业型组织支持,彰显系统多样性,增强系统的整体优势和抵御外部风险的能力。

---

[1]　汪忠、廖宇、吴琳:《社会创业生态系统的结构与运行机制研究》,《湖南大学学报(社会科学版)》2014 年第 5 期。

[2]　宋林、顾力刚:《企业生态系统的形成动因分析》,《改革与战略》2011 年第 1 期。

第四章 高校社会创业教育的实践模式与创新

第一节 知识图谱视角下社会创业研究主体的筛选

作为社会创业教育执行主体的高校是本章研究的基本单元,如何选择高校,考察怎样的高校社会创业教育模式具有代表性是本节所要解决的问题。

科学研究、人才培养、社会服务作为高校的三大职能,存在着相互依存、相辅相成的关系,并在长久的历史发展和现实因素的作用下进行复杂动态的交互作用。卓越的人才培养模式与强大的科研产出实力息息相关,对于教育问题的研究更是如此。教育实践中所获得的教学经验有助于人才的培养,人才培养过程中所累积的教学经验又有助于教育问题的研究。这是高校自身的教育特性和社会特性共同决定的。同时,这也是教育发展的内在原理,是社会角色的必然表现、是文明发展的根本动力。也就是说,在社会创业教育研究领域居于国际或国内前列的高校或社会组织,其内部的社会创业教育的实践体系、孵化体系将具备代表性和研究价值。

本节依据社会网络理论,考察高校在社会创业领域的科研合作网络。按照权威期刊上的发表成果确认合作关系,并依据合作次数区分强弱联系。从而选择在社会创业研究领域具有较强影响力的高校作为后续的研究对象。

出于对过往研究成果的回顾和未来研究方向的展望,本书梳理了自社会创业概念提出以来(1998—2018)社会创业科技论文的知识网络。并从研究主体以时间视角进行文献统计。在本书中,采用 Citespace 5.3.R3 软件选取学术合作知识网络作为研究对象。基于绘图学和社会网络图谱技术 SNA① 的 Citespace 作为近年来国内外文献综述领域的热门软件,其具有数据兼容性强、分析效率高,操作便捷、结果直观等诸多优点。Citespace 通过

---

① Carrington, P.J. & Scott, J. & Wasserman S., *Models and Methods in Social Network Analysis*, Cambridge University Press, 2005.

对论文的标题、关键词、摘要、参考文献、文节各部分信息进行术语挖掘、领域挖掘、主题挖掘,能为使用者提供其研究领域的热点主题、核心参考文献、主要研究机构等具有参考价值的资讯。[①]

一、数 据 准 备

本节选择的研究领域是社会创业,鉴于社会创业(Social Entrepreneurship)是一个外来词汇,选择国外文献作为确认社会创业研究起始年份的来源。社会创业的概念最早界定是由迪斯(Dees)在 1998 年发表的《社会创业与商业创业相结合的挑战》[②]一文提出。因此,笔者选择的分析时域为1998 年 8 月至 2018 年 8 月。在数据库选择上,国外笔者选择数据结构最为完整的 Web of Science 核心合集数据库(Core Collection);国内笔者选择中文数据库中数据结构最为完整的 CSSCI(Chinese Social Sciences Citation Index)。在文献索引方面,笔者采用篇名搜索的方式。国外数据搜索中,笔者通过"Social Entrepreneurship"进行搜索并通过 Citespace 5.3.R3 过滤除重后获得有效文献 583 篇;国内数据搜索中,笔者同样采取篇名搜索。由于国内学术界对"Social Entrepreneurship"的主流表述存在两类——社会创业、公益创业。所以笔者分别以"社会创业""公益创业"进行搜索,经 Citespace 5.3.R3 过滤除重后获得有效文献合计 50 篇,其中,"社会创业"32 篇,"公益创业"18 篇。

二、研 究 结 果

(一) 国外研究主体

科研合作网络的国家层面分析,采用 TOPN 法并选取发文量排名前 50 的样本点,时间切片为一年一次,时域为 1998—2018 年。样本标签的展示占比为 5%。通过对 Web of Science 核心合集数据库(Core Collection)的文献分析,可得社会创业研究影响力的国家分布。国外开展社会创业研究的国家共存在 42 个。社会创业研究发文量排名第一的是美国(169—关系数:数值为网络中与其他节点建立关系的数量,非发文量,原理后同),其次是英国(74)、西班牙(47)、加拿大(38)、澳大利亚(26),中国排名第 8(19)。此外,通过时间切片来看,社会创业研究的洲际流向为北美洲—欧洲—亚

①　Chen,C.,*CiteSpace II:Detecting and Visualizing Emerging Trends and Transient Patterns in Scientific Literature*,John Wiley & Sons,Inc.,2006.

②　Dees,J. G. & Elias,J.,"The Challenges of Combining Social and Commercial Enterprise",*Business Ethics Quarterly*,1998,8(1).

洲—南美洲,国际流动始于 2008 年英国和美国的学术合作,其后分别以美国和英国为中心,在北美洲和欧洲扩散开来。此外,在亚洲的研究网络中,以新西兰和澳大利亚的国际合作为始,逐渐扩散至中国及中东方向。从研究的聚类网络来看,大致可以分为两个子类群聚网——以英国为核心的欧亚社会创业研究网络和以美国为核心的南北美研究网络。

科研合作网络机构层面分析,采取同样的时区分割和阈值选择方法,得出社会创业研究的机构分布。国外开展社会创业研究的主要研究机构共存在 52 所,纳入 1998—2018 年间每年社会创业发文量排名前 50 的研究机构或高校,进行合作网络分析,得出社会创业研究发文量排名第一的是 Harvard Univ(9),其次排名前五的后四位分别是 Indiana Univ(8)、Univ NCarolina(6)、Univ Essex(4)、Univ StGallen(4)。从每年的时间切片来看,机构间大体量的合作始于 2014 年 Univ Strathclyde 与 Univ Turku。其后于 2015 年 Univ N Carolina 和 Bucharest Univ Econ Studies 进行了大量合作。同年,以 Babson Coll 为中介枢纽,Univ Reading、Univ Essex、Univ St Gallen 四所机构构成了社会创业研究的合作网络,并且 Univ Reading、Univ Essex、Babson Coll 三所大学形成了两两合作的强关系科研网络。最后,在 2017 年 UFZ Helmholtz Ctr Environm Res 与 Univ La Frontera 也开展了大规模的学术合作。

（二） 国内研究主体

由于国内社会创业研究成果较少,采用 TOPN 法、TOPN% 进行科研合作网络的机构分析无法获得足够样本点,所以这里采用 G-index 法(Egghe L 2006),规模因子设定为 20,时间切片为一年一次。鉴于 CSSCI 第一篇社会创业的文章发表于 2006 年,所以时域设定为 2006—2018 年。样本标签的展示占比为 100%。通过对中国社会科学索引(Chinese Social Sciences Citation Index)的文献分析,可得社会创业研究影响力的机构分布。国内社会创业领域共存在 49 个研究机构。国内社会创业研究机构的发文量排名前五(由高到低)的是:浙江大学教育学院(排名第一,关系数 2),浙江大学公共管理学院(排名第二,关系数 2),浙江大学管理学院(排名第三,关系数 2),安徽财经大学工商管理学院(排名第四,关系数 2),湖南大学公共管理学院(排名第五,关系数 2)。此外,从合作主体的科研实力来看,科研水平较高的高校更倾向于校内学院间合作(例如湖南大学、浙江大学),而科研水平较低的高校倾向于校外合作(例如广东科学技术职业学院与黑龙江畜牧兽医职业学院)。从机构合作的时序来看,浙江大学社会创业研究较早在 2006 年,其后湖南大学(2011、2015)和广东科学技术职业学院(2011)各自开展了相关研究。

　　从第一节的研究结果来看,社会创业研究规模排名前茅的是英国与美国,这也确实与其社会创业发展历程是有所关联的。英国的社会活动开始于 19 世纪末,最初的产业集中在养老、环保和医疗领域,近 100 年的较长的发展时间使得其在社会创业领域的法律法规、监管部门都较为健全。成熟的市场环境与产权保护制度,促进其社会创业教育系统的发展,社会创业成熟的市场运作,对社会创业教育提出了人才培养机制专业化的要求。这反映在部门的专设化和师资的专门化,也就是说,英国成熟的社会创业教育系统为社会创业市场的正常运作提供了保障,英国的社会创业教育具备研究价值。此外,美国的社会创业教育也非常具备参考价值,一方面源自其完整的社会创业教育学历层次(基础教育—高等教育(本科—硕士—博士)—继续教育—终身教育),另一方面源自包容的社会创业氛围(创业信念—人力资源—社会资源)。而这其中,哈佛大学作为社会创业研究的发源地(社会创业概念提出者供职于哈佛),无论是机构还是研究成果都具备极为丰富的资源(哈佛社会创业学院、学界合作项目"创业学博士合作项目"、哈佛社会创业案例库),还具备专业且中立的社会创业教育评价的合作伙伴(《成功》《创业者》),成熟的社会创业教育模式(聚焦模式、辐射模式、磁石模式、混合模式)。从教学、竞赛、实践等多个角度考察该校的社会创业现状及社会创业教育的人才、管理、教学体系将对我国高校社会创业教育发展提供宝贵经验。

　　从国内社会创业教育来看,湖南大学在社会创业和社会创业教育研究中可以被看作为国内研究的标杆。首先,湖南大学的社会创业教育具备专设机构(校内社会创业部门、学院"湖南大学创业学院"、研究中心"滴水恩")。其次,具备专设人员(双师导师、研究人员专业的师资发展体系"湖南大学创新创业教育师资培训班")、具备专业资源(教材《公益创业概述》、实验基地"湖南大学 KAB 俱乐部")。最后,还有社会创业领域的研究专家(汪忠、唐亚阳等)。其社会创业教育系统各方面基础设施和人员配备上都较为完善且具备内外部的合理性,该校学者还率先提出了"产学研"的社会创业模式、"社会创业生态"等具有学科基础、具备实践检验的发展理论和合作理念。对我国其他高校在社会创业研究和社会创业教育发展具有较大参考价值。基于以上讨论,笔者选择美国和英国作为国外的案例来源,具体为哈佛大学,而国内则选择湖南大学。

第二节　社会创业教育实践模式的典型案例分析

一、国外社会创业教育的模式

（一）哈佛大学社会创业教育模式分析——跨界推进

美国哈佛大学运用庞大的网络社会资源推进社会创业教育的发展,其在英美高校社会创业教育中独树一帜,作为美国社会创业教育模式的代表,值得笔者深入地研究与探讨。

哈佛大学商学院是世界顶级的商学院,也是社会创业教育实施的主体,其中最具特色的代表是社会企业发展中心（Social Entreprise Initiative, SEI）,该中心得益于1947年MBA毕业生约翰·怀特海（John Whitedhead）。他认为社会创业是重要的,由此产生了培养社会企业管理者的想法,基于此他捐赠1000万美元给哈佛商学院用于社会企业发展中心的建立。

在哈佛商学院第七任院长约翰·海克特·麦克阿瑟（John Hector McArthur）和部分教职员工的推动下,中心在1993年建立,旨在服务于培养社会创业人才,推动社会企业发展的研究。至今,该中心已经成立27余年,积累了许多值得借鉴的优秀经验,发挥其独有的内在价值,因此其仍在社会创业教育中占据不可撼动的影响力。

后来,哈佛大学商学院对其目标做了补充并明确提出"培养为社会创业做贡献的领先",该目标成为开展社会创业教育过程中的一大特色。在该目标的引导下,学院参考近几年有关社会创业的研究成果,并结合实际教学活动,丰富学生的学习体验,不断打造一个有助于培养社会企业领导者的良好学习氛围。

有数据表明,在哈佛商学院的努力下,2015年,有97位教职人员参与到社会创业教育、实践与研究中;自1993年以来,该中心出版了802种社会创业案例集,形成11门与社会创业有关的MBA选修课。

由于哈佛大学商学院在社会创业教育的经验丰富,成果丰厚,所以他们有关社会创业的界定也比美国其他商学院的更加广泛,他们认为社会创业不是通过社会创业形式存在加以区分,而是只要以社会责任为驱动,致力于解决所面临的社会问题的组织都可以被认为是社会创业的范畴。

此外,目标与资源的配置一直是管理学关注的重点,如何保证目标与资源配置的合理运行也在不断地探索中,其中最重要的一点就是明晰成果测评工具。而目前许多非营利性的社会企业由于其自身的性质难以评价其目标效率，缺乏合理的评价工具。哈佛大学却突破困难，由于哈佛商学院不依赖于企业的存在形式，其在目标与资源配置方面更关注实现目标的最大化，他们基于对社会企业以及社会创业者的认识，以社会企业管理为目标导向，认为社会创业的实质是组织通过对有限资源的合理配置实现社会问题的解决。

（二）第一课堂：开发融合性社会创业教育课程

为了培养具有创业精神与能力的社会创业人才，美国一些高校纷纷探索社会创业教育模式。其中，哈佛大学社会创业教育经历了机构设置、课程开设、专业培养等过程。20世纪90年代中期，哈佛大学成立社会企业发展中心。迪斯教授在商学院首开社会创业课程《社会部门中的创业》，①哈佛大学的社会创业教育模式很快由传统的商学院主导模式转化为学科交融模式。2004年，哈佛大学首次招收第一批社会创业专业博士生，从单纯课程开设迈入专业化人才培养的轨道。

在课程设置上，哈佛大学试图将社会创业课程渗透于学科与专业学习，以培养学生的社会责任意识和创业性思维为重点，体现出创业与专业融合的特征。近年来，哈佛大学商学院、教育研究生院、肯尼迪学院、哈佛学院、法学院等学院纷纷从各自学科出发，将专业课程与社会创业课程紧密融合，开设多种类型的社会创业类课程。

哈佛大学社会创业教育课程呈现交叉、多元的特征。商学院主动将原课程范畴拓宽到其他社会科学领域，如能源、教育、卫生等，形成以社会问题和创新管理为核心的课程内容。商学院开设的《教育中的创业与技术创新》课程，从美国基础教育改革的国际与国内背景出发，探讨如何将商业准则、技术创新管理方面的知识应用到K-12教育改革中，以创新的方式促进教学效果的提升和学校形象的重塑。② 每年均有来自全校500多位学生选修商学院开设的社会创业核心选修课程。社会科学中其他学科也主动与创业课程挂钩，形成以问题解决和创新思维教育为特征的新课程。教育研究生院的《教育革新与社会创业》课程为有志于进入社会创业领域、扩大全球教育机会的学生开设。该课程采用工作坊、讲座、材料阅读等多种教学方式，增强学生教育领域社会创业认识，提升其创业技能，培养有志于创造可

① Brock, D.D. & Steiner, S., "Social Entrepreneurship Education: Is It Achieving the Desired Aims?", *Ssrn Electronic Journal*, 2009.

② Entrepreneurship and Technology Innovations in Education, 2015, http://www.hbs.edu/course-catalog/1525.html.

持续变革的未来社会创业者。上述两个课程案例表明,针对教育改革这一社会问题,哈佛大学商学院和教育研究生院从原有的学科结构出发,开设了各有侧重的社会创业课程。同样地,针对公共卫生、能源清洁、城市发展、互联网法律等社会发展所面临的重要问题,肯尼迪政府管理学院等学院开设了相关的社会创业课程。

如果对社会企业和商业企业的管理差异没有进行系统的思考,就很难培养学生在不同性质的企业中运用商业技能的能力。哈佛大学商学院正基于对商业企业和社会企业管理差异的清晰认识,将社会创业教育课程的目标定位于培养广义的社会创业人才,从战略管理、统筹规划、企业的社会参与、社会以及经济资源调配四个方面进行课程设置,见图4-1。

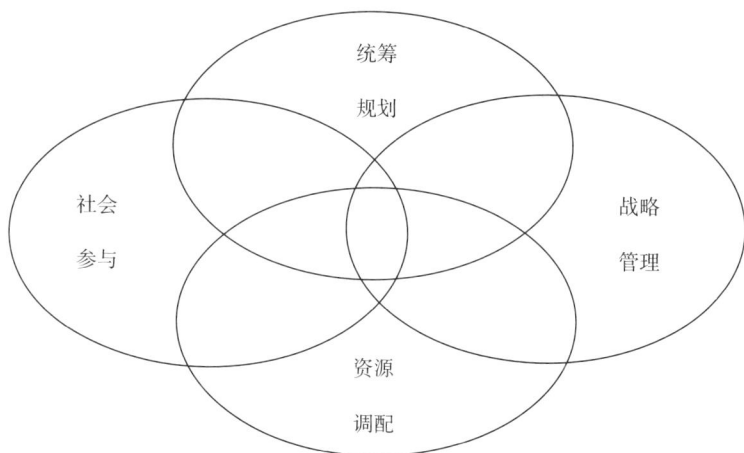

图4-1　社会创业教育课程设置原则①

在社会创业教育开设的20余年中,其核心教学团队从7名教师发展到90名教师,②他们积极参与到社会创业课程的教学与科研工作中,通过创业计划指导、社会企业管理、专题学习以及研讨会等多种形式开展社会创业教育。如表4-1③所示,仅2015年社会创业课程的教材就多达500余本,一些活跃的教学研究人员一年可以开发6—12本教材,平均每个研究人员开发教材的数量为4—6本。

①　The Havard Business School Social Enterprise Initiative at the Ten-Year Mark,2010.

②　Social Enterprise Mission & Impact a Catalyst for Creating Social Value,2016,http://www.Hbs.edu/socialenterprise/mission-and-impact/.

③　The Harvard Business School Social Enterprise Initiative at the Ten-Year Mark,2012.

表 4-1　社会创业课程的发展状况

主要维度	具体项目	1994 年	1997 年	2000 年	2015 年
相关教师数		10	23	N/A	90
管理教育	课程数	0	2	4	15
	选课学生数	0	124	278	951
MBA	课程数	1	2	5	9
	选课学生数	70	171	236	361
教材		11	16	24	547

目前,哈佛大学商学院的社会创业课程将社会企业管理、企业社会责任(CSR)管理和社会商业管理纳入其中,共有课程 19 门。选课的学生均来自MBA 课程和管理学课程(Executive Program),这些学习者对社会创业课程的需求程度较高,授课形式除采取传统的班级讲授外,还通过研究课程与实践活动学习来丰富课程形式,但将具备丰富经验的企业家学员和经验较浅的 MBA 学员组织在同一课堂尚存在一定的困难,这也是哈佛大学商学院今后致力解决的课题。

美国其他商学院也有一些类似课程,但相较而言,哈佛大学商学院的社会创业课程指向性更为鲜明。另外,哈佛商学院的社会创业课程教学采用归纳法(从实践上升到理论的学习过程),而其他商学院的类似课程教学采用演绎法(将理论应用于实践的学习过程),哈佛大学商学院遵照实践和理论并重的教学传统进行社会创业课程的设计。

据不完全统计,哈佛大学商学院的 MBA 学生中的 15%—25% 会参加一门以上的社会创业课程。全体毕业生中有约 5% 在非营利组织中担任管理岗位,而 MBA 学生的比例更高,有约 10% 的人在非营利组织中工作,其中有 3%—5% 的学生在 MBA 毕业后立即选择进入非营利组织进行工作。

社会创业教育领域宽广,创新性、交叉性、实践性等要求对高质量的课程与教学带来挑战。从整体上看,哈佛大学社会创业教育课程设置具有以下几个明显特点:社会创业课程设置既以社会实践需求为导向,又以学科交叉方式冲破了传统的学科藩篱;既强调大学生的社会情怀,又关注学生的创业能力;既重视大学生创业思维的训练,又关注其社会问题解决的专业素养提升;既继承原有的专业教育传统,又融入新的创业教育精神。

我国创业需求与人口的潜力巨大,且拥有世界上最庞大的高等教育规模。为了实现"大众创业,万众创新"的目标,教育部发文要求从 2016 年起,所有高校必须开设创业教育必修课程。这意味着我国高校创业教育课程需求之量大、面广将迈入世界之最。在我国高校创业教育需求勃发的背景下,如何开设高质量的创业教育课程(包括社会创业教育课程),是当前高等教育界面临的重大难题。哈佛大学面向社会重大需求,通过开发融合性社会创业课程满足社会与学生需求,为我国高校提供了可资借鉴的经验。

（三）创业实践:构建多元体验学习平台

社会创业教育具有鲜明的社会属性,学生要通过服务性学习、社会调研、公益活动等社会实践,加深对社会现状的认识,并在实践基础上识别社会创业机会,提升创业能力。哈佛大学为有志于成为社会创业者的学生提供多元社会创业体验平台,创业体验式学习(Experiential Learning)是其重要形式。2013—2014学年,共60位学生参与创办了39个社会创业项目;2014—2015学年,共49位学生参与创办了37个社会创业项目。① 哈佛大学法学院、教育研究生院、商学院等学院以专业为依托,设立了社会创业体验平台。如法学院建立事务法律诊所和贝克曼网络法律公益诊所,这些诊所以社会企业方式运营,学生可以在法务实践平台积累社会创业的经验、深化法律专业学习,并通过参与起诉、咨询和辩护等法律业务获得相应的学分。教育研究生院的"桥"(Bridge)项目为来自哈佛大学内外的学生、专家提供培育教育创新的合作空间,并组织开展创新创业比赛,推动学生的跨学科培养,提高其解决重要社会问题的能力。商学院举办社会创业和商业创业两类创新创业大赛,为学生提供参加社会创业竞赛机会,检验社会创意的可行性,发展社会创业技能,加强风险意识和跨领域合作能力。其社会创业竞赛包括营利、非营利、混合模式三种类型的商业计划,每年吸引众多学生团队参与。

"来自校长的挑战"(President's Challenge)项目是哈佛体验式学习的典型项目,受到全球广泛关注。哈佛大学校长福斯特(Drew Faust)每年遴选五个全球性社会问题,鼓励全校学生进行跨学科合作,设计创新解决方案,以创业的形式消除或者缓解阻碍时代进步的全球难题。2012—2015年,该挑战赛的热门选题为教育、环境、健康等。此外,其选题也涉及经济与就业、城市发展、灾难防治等重大社会问题,见表4-2。②

---

① Harvard Business School, 2014-2015 Curriculum Electives, 2014, http://www.hbs.edu/socialenterprise/pdf/seelectives.pdf. Harvard Business School, 2015-2016 Curriculum Electives, 2015, http://www.hbs.edu/socialenterprise/pdf/seelectives.pdf.

② 资料来源:http://I-Lab.harvard.edu/experiental-learning/presidents-chanllege。

表 4-2 "来自校长的挑战"项目历年遴选主题（2012—2015 年）

领域年度	经济	教育	环境	健康	其他
2015	经济发展与可持续就业	教育创新	能源与环境	平价医疗	互联城市
2014	经济发展与可持续就业	教育创新	能源与环境	平价医疗	有效治理
2013	经济发展与可持续就业	学习	能源与环境	健康	艺术；灾难准备和救灾
2012	经济发展与可持续就业	教育赋权	洁净水源；洁净空气	个人健康；全球健康	

"来自校长的挑战"项目面向全校开放，形式是训练与竞赛相结合。参加竞赛中最优秀的 10 支队伍将各自赢得 5000 美元奖励以进一步完善其创业方案，冠亚军团队还将共享 10 万美元大奖。随着越来越多的学生对该挑战赛的关注，哈佛大学创新实验室近年来还设立了"来自院长的挑战"（Dean's Challenge）项目，如来自院长的文化创业挑战、设计挑战、运动创新挑战、食品安全挑战等。这些挑战项目皆以解决社会复杂问题为关注点，鼓励学生设计社会创业方案，破解时代难题。一系列挑战赛已成为哈佛大学推广全校性社会创业体验学习的标志性项目。

无论是创业类比赛、田野调查还是项目实践，哈佛大学都试图为每位学生提供社会创业教育的机会。然而，这并不意味着社会创业教育要求所有学生都成为社会创业者。哈佛大学推动社会创业教育的重要意图是希望通过多学科交叉的体验学习平台，促进学生在具体活动中亲身体验、反思观察与后续应用，培养学生的社会责任感、创业思维，并采取行动解决社会问题的能力。

创业教育具有多元目的，培养具有社会责任感、创业精神、实践能力的社会公民是创业教育的基本功能。我国创业竞赛等实践项目风起云涌，其评价观念与标准亟须从经济价值的单一性走向社会价值、经济价值、文化价值等兼容的多元性。

（四）组织保障：打造紧密协作的社会创业教育共同体

组织架构与机制是创业教育有效运行的重要保障。为推进社会创业教育，哈佛大学构建了由学校、政府、企业、社区、基金会、媒体等利益相关者组成的社会创业教育共同体。在学校内部，学校有关科研与教学组织、专业学院、学生社团等共同参与全校性社会创业教育（见图 4-2）。

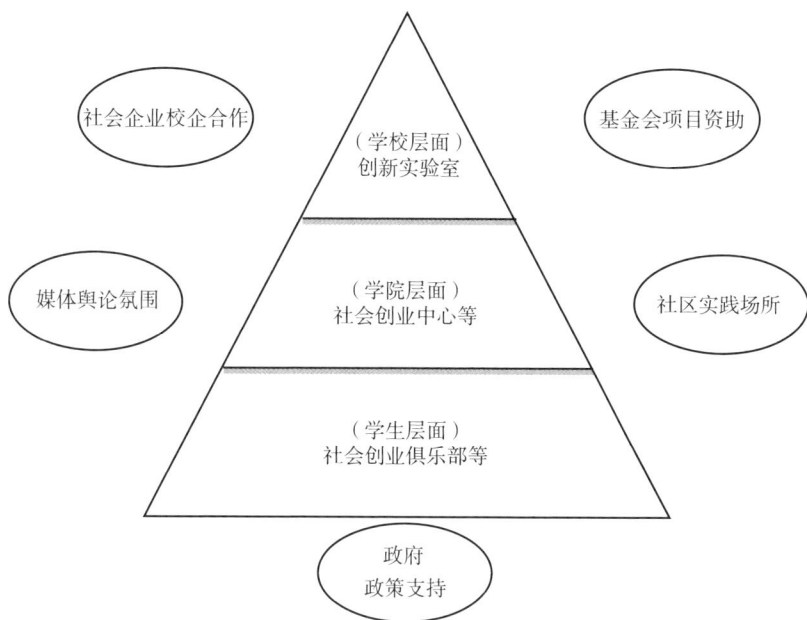

图 4-2　哈佛大学社会创业教育共同体

在社会创业教育共同体中,"哈佛大学社会创新联盟"(Social Innovation Coalition)和"哈佛创新实验室"(Harvard Innovation Lab)是两个标志性组织,在推动各个社会创业实施单位的交流、协调与合作中发挥了重要作用。"哈佛大学社会创新联盟"重在为全校参与社会创业教育的师资提供交流与合作平台,其成员包括来自商学院、神学院、人文学院等学院的专家教授,也包括校内行政管理人员。秉承"任何学科、任何阶段的学生都可以成为创业者"理念的"哈佛创新实验室"成立于 2011 年。该实验室负责推进哈佛全校性创业教育,由哈佛大学教务长和各学院院长共同管理。哈佛创新实验室提供网络视频和课程学习,一对一的专家咨询服务,培育团队式创业活动,开展工作坊、挑战赛、创业企业培育和孵化等工作,帮助哈佛学生提高创业实践技能。这种管理模式具有较强的执行力,并容易凝聚全校力量,为有志于参与社会创业的大学生提供多方面资源。

哈佛有关学院通过建立社会创业教育组织、开设理论与经验性课程,开展社会创业竞赛,搭建学生社会创业实践与交流平台等形式推进社会创业教育。如"哈佛学院社会创新协作组织"(Social Innovation Collaborative)汇集了一批旨在以创新路径解决世界紧迫的社会与环境问题的成员。该组织以培养社会创业者为目标,注重导师网络建构,为本科生提供社会创业机会,开设富有成效的开放性对话、多样的全校性赛事、能力建构工作坊、一年一度的社会创业创新峰会(Igniting Innovation Summit on Social Entrepreneurship)等特色项目,并加强与哈佛大学校内外组织的合作培养。有的学院尽管没有成立专门的组织,但配备专门人员开展社会创业教育。如肯尼迪政府管理学院公共领导力中心一直致力于培养学生的公共领导力,学生可通过跟随企业导师、与专家对话、小组合作等形式完成领导力训练。

哈佛大学的社会创业社团在学生中具有广泛影响。如以关注教育、社会财富、社会责任为主,成员多达300人的"社会企业俱乐部"(Social Enterprise Club)。该俱乐部的宗旨是激励、教育与联络创造社会变革的领导者,为哈佛大学商学院学生提供更多的社会创业机会,帮助学生提高创业项目的社会影响,增进社会创业组织之间的合作。"健康社会创业者协会"(Harvard Social Entrepreneurship Health)是公共卫生学院的学生社团,旨在点燃学生创业激情,为其提供创业技能、创业经验和创业人脉网络,扩大学生医药和公共卫生领域的社会创业影响力。

哈佛大学将社会创业人才培养的范围从商学院拓展到多个学院,甚至整个学校系统,必然面对多个教育主体的分工与协作问题。如在校内,学校层面的战略设计与平台建设,学院层面的协同推进与学生组织的自主发展;在校外,政府、基金会、社区、企业、媒体等多种力量共同营造更开放、生态的外部支撑体系。哈佛大学通过努力协调校内与校外教育主体的关系,积极探索出社会创业教育共同体的发展路径。

哈佛大学商学院在提供社会创业课程的同时,还通过多样化政策提高学生对社会创业活动的参与度,包括一项基金、一项奖金、一项补贴计划:夏季奖学金基金(Summer Fellowship Fund)资助对象为在社会企业实习的大学二年级学生,每年资助人数约50名;领导力奖学金(HBS Leadership Fellow)相较之下竞争更激烈,其颁发对象是毕业一年内、在公共部门或非营利组织工作的大学生;贷款补贴计划(Loan Assistance Program)不设年级、毕业年限,比领导力奖学金的颁发对象更多,其实施对象为在公共部门或非营利组织工作的学生。

我国高校创业教育即将迈入前所未有的规模化、制度化的发展轨道。社会创业教育必将面临极其错综复杂的内外部多层、多元关系,构建我国高校社会创业教育生态系统是高质量创业教育发展的必由之路。

二、社会创业教育新范式：包容性创业

（一）美国高校社会创业教育的典型模式——包容性创业

包容性创业概念是于 2013 年由经合组织（OECD）与欧盟委员会（European Commission,EC）所提出,[1]专门将特殊人群（包括青年、女性、老人、少数民族、移民者、残疾人及其他群体）与创业结合起来探讨,真正将包容性创业与高校教育结合起来,这也是美国高校近来所开辟的全新范式。包容性创业教育（Inclusive Entrepreneurship Education）作为当前美国高校在解决特殊群体,尤其是残疾人群体就业创业抑或重新适应生活的有效途径,通过创业技能和知识以及身心康复的锻炼让残疾人群体更好地融入社会,提升他们的就业和可持续的竞争力,破除了传统上在解决这类群体从"输血"式帮助向"造血式"提升的转变,并在解决残疾人群体等公共问题上已经取得了显著成效。

（二）美国伤残退伍军人触发高校包容性创业教育的兴起

随着现代科学医疗技术的发展,美军服役人员在战争受伤后存活下来的概率高过了历史任何时候。根据美国国防部的调查统计,在现代战争中受伤后幸存下来的军人超过 90%,而在越南战争中军人的存活率仅为75%,在第二次世界大战中则只有 70%。[2] 这意味着越来越多的幸存退伍军人要与在战争过程中遭受的心理和生理疾病和创伤进行长期斗争。确切地讲,退伍军人在战争中所遭受的身体残疾等问题,不仅对回归日常生活带来了严峻的挑战,跟常人相比,他们在就业上也同样处于劣势。以就业率为例进行说明,参与海湾战争退伍士兵的失业率从 2012 年 7 月份的 8.9%上升至 8 月份的 10.9%,这个比例明显高于美国总失业率的 7.9%;跟同一年龄阶段的非军人失业率相比,20—24 岁的退伍军人的失业率高达 19%。[3]

据 2016 年美国国家退伍军人分析和统计中心的统计数据显示,"美国当前大约有 19386589 名退伍军人",且截至 2013 年,男性退伍军人失业率高达 11.1%,女性的退伍军人相对更高些,高达 14.7%。在 2005 年统计的23427584 名退伍军人中,男性的比例高达 93.1%,女性退伍军人则只有

---

① Potter,J. & Halabisky, D., *The Missing Entrepreneurs*:*Policies for Inclusive Entrepreneurship in Europe*,Paris:OECD Publishing,2013,pp. 18–21.

② U.S.Department of Defense,*Directorate of Information*,*Operations and Report*,American War and Military Operations Casualties:Lists,Statistics,and Tables,2002.

③ Institute for Veterans and Military Families,Syracuse University,The Employment Situation of Veterans,http://vet.syr.edu/pdfs/guidetoleadingpractices.pdf.

6.9%,跟男性退伍军人相比,女性退伍军人的总数要少得多,但这些退伍军人在回到日常生活中会面临各种各样的问题。①

　　新世纪以来,仅从伊拉克和阿富汗战争中回国并有生理或心理健康问题的军人就超过了6万名,研究表明,从伊拉克和阿富汗退伍的军人中患有心理问题的占到了19%。② 此外,且更为糟糕的是,尽管退伍军人的比例只占到了成年人口的11%,但美国每四个流浪汉中就有一个是退伍兵;研究报告表明,从伊拉克和阿富汗战役中回国的老兵有越来越多的人成了流浪汉,数量最高可达1500人。如果从全国范围来看,美国退伍军人无家可归的情况则更加糟糕,并且这一数字在2005年至2006年有稍微地增长,虽然退伍军人无家可归现状在每个州各不相同,例如,内布拉斯加州、纽约州、佛蒙特州退伍军人无家可归的人数出现明显增长的趋势,而科罗拉多、佐治亚和肯塔基州则有明显的下降。③ 但在战争中所造成的身体上残疾和心理上的创伤显然会增加退伍军人应聘工作时所面临的挑战,尽管在退伍之后很多人愿意重操旧业,他们身体上的障碍却限制了这一可能性。

　　高校在援助该群体在重新定义和转变自身职业生涯目标上一直扮演着重要的角色。美国历史上颁布具有里程碑意义的《退伍军人权利法案》(Servicemen's Readjustment Act of 1944)就是最好的例证,该法案旨在通过高等教育的深造来帮助退伍军人享有更好的平民生活,让他们有机会接受适当的教育或训练。该法案的颁布实施,使数百万美国退伍军人受惠,对美国迅速从战时经济向民用经济转变提供了智力支持和人才保证。具体而言,高校在退伍军人中实行的"关注学费援助的计划、灵活的入学渠道以及将伤残退伍军人与帮助者配对的项目都确保他们每个人能够获得完成学业

①　Cunningham, M. & Henry, M. & Lyons, W., "Vital Mission: Ending Homelessness among Veterans", *The Homelessness Research Institute at the National Alliance to End Homessness*, 2007, (11). National Center for Veterans Analysis and Statistics, "Profile of Veterans: 2014-Data from the American Community Survey", United States Department of Veterans Affairs, 2016, (3), p. 3. Interagency Task Force on Veterans Small Business Development, "Report to the President: Empowering Veterans through Entrepreneurship", Washington D.C.: U.S.Small Business Administration, 2011, p. 1.

②　Hoge, C.W. & Auchterlonie, J.L. & Milliken, C.S., "Mental Health Problems, Use of Mental Health Service, and Attrition from Military Service after Returning from Deployment to Iraq or Afghanistan", *Journal of theAmerican Medical Association*, 2006, (9).

③　Cunningham, M. & Henry, M. & Lyons, W., "Vital Mission: Ending Homelessness among Veterans", *The Homelessness Research Institute at the National Alliance to End Homessness*, 2007(11).

所需的住宿和其他帮助"。① 所有这些项目都证实了高校能够更好地让这些退伍军人为传统的职业做好准备。

在支持退伍军人上,雪城大学具有悠久的历史,第二次世界大战后,时任雪城大学校长威廉·托里(William Tolley)对退伍军人实行了"统一的招生政策"(Uniform Admission Program)以确保从战争回来的退伍军人的入学,与此同时,退伍军人的注册人数也以前所未有的速度在增长。"截至1947 年,以退伍军人的注册人数数量计算,雪城大学位居纽约州所有大学的第一位,全美大学第 17 位。"②可以说,雪城大学在支持退伍军人教育上的这些举措为当前美国高校开展包容性创业教育做了很好铺垫,并成为其他高校的榜样。

(三) 包容性创业教育的案例研究——以雪城大学为例

包容性创业教育是指帮助不同的伤残人士通过商业规划训练,运用定制化的商业发展目标和支持机制,在一个共识驱动的合作框架内利用多元化的公共和私人合作伙伴资源来获得财务资源的战略和过程。③ 简单而言,就是高校商学院与身体残疾康复部门相互合作来帮助伤残人士转变职业发展轨道的举措。美国高校在开展包容性创业教育中以雪城大学为模板,并正在向其他高校逐渐辐射。以下将对雪城大学开展包容性创业教育的具体过程和后续支持等关键环节进行解析,以达到更深入全面的认识。

1. 责任与担当:包容性创业教育的文化逻辑

前文已经提到,雪城大学第二次世界大战时期的校长威廉·托里向退伍军人敞开大门,为国家解决退伍军人再融入社会生活作出重要贡献,并使得雪城大学逐渐成长为美国退伍军人选择大学时的优先考虑。随后,该校一直在为退伍军人接受高等教育而默默贡献。从第二次世界大战结束至今的 70 余年内,分别创建了面向退伍军人、现役军人和即将参军的群体需要的创业项目,其社会贡献和影响力突出。笔者认为,从其办学理念、组织架构和运作机制等多个方面可以发现,雪城大学这种长期形成的办学理念已经上升为成熟的办学文化,并为大学管理者、教员和学生所接受和认可。而这样一种文化逻辑,是大学与国家互动过程中的特殊产物。

---

① Maclean, A. & Elder, G.H., "Military Service in the Life Course", *Annual Review of Sociology*, 2007(33).

② Syracuse University Archives Exhibitions: Remembering the GI bulge, 2017-06-18, http://archives.syr.edu/exhibit/bulge.html.

③ Shaheen, G. E., "Inclusive Entrepreneurship: A Process for Improving Self-Employment for People with Disabilities", *Journal Policy Practice*, 2016(15), pp.58-81.

大学跳出"象牙塔"身份,扮演更多的"社会服务站"的角色,为推动社会发展和国家进步做贡献,实际上是在美国高等教育的发展进程中得到了明显推进。"威斯康星理念"的提出和传播就是一个最好的例证。然而,大学究竟应当如何服务于国家发展的需要?对这个问题的回答催生出不同的办学模式。雪城大学首先是应对国家政府在第二次世界大战后的号召,为服完兵役的军人提供接受高等教育的机会,在此基础上,该校还根据残疾退伍军人众多的特点,为他们提供需求导向型教育资源。具体来说,注重退伍军人尤其是伤残退伍军人社会融入问题的办学文化,不仅获得雪城大学自第二次世界大战以来的学校领导的支持,这种文化还融入到该校办学的组织设计和具体制度中。例如,雪城大学包容性创业教育核心组织伯顿·布拉特研究院的创始人伯顿·布拉特长期关注作为社会少数群体的残疾人的教育问题,正是在他的支持和影响下,雪城大学才创建了伯顿·布拉特研究院,形成了成熟的包容性创业教育机构。此外,相关机构的管理理念也展现出该校文化中对于社会责任和担当的理解。退伍兵和军人家庭研究院(Institute for Veterans and Military Families)是一个高等教育跨学科研究院,其核心关注点在于改善国家退伍军人及其家人的生活。①

2. 依次推进与多样选择:包容性创业教育的实践逻辑

包容性创业教育的主要推动者盖里·沙辛(Gary Shaheen)和米扎·提希客(Mirza Tihic)曾说,包容性创业是帮助处于经济和社会劣势的不同类型残疾人士进行创业的战略和过程,强调运用个性化商业发展目标和支持计划,并利用多样化合作伙伴在共识推动下所提供的资源。② 由此可知,包容性创业教育的实践强调"个性化"和"多样化"等特征。而在雪城大学,这样一种认识和相应的实践逻辑表现为以"依次推进"和"多样选择"的创业教育活动内容和关系。具体来说,这一实践逻辑主要显现在多样化和渐进性的课程设置与实践活动当中。在伯顿·布拉特研究院,为伤残退伍兵提供的创业项目就超过40个,主要涉及以法律、技术和商业等领域为主的社区导向型包容性创业教育。③ 而具体到其中的每个项目,"依次推进"的理念在项目设计上得到了鲜活的体现。例如,"纽约新企业/包容性创业"(Start-Up NY/Inclusive Entrepreneurship)项目的实践模式就主要分为三个

① Syracuse University-Institute for Veterans and Military Families, https://ivmf.syracuse.edu/about-us/,2018-05-06.

② Hamburg, I., et al., Inclusive Entrepenurship Education, http://www.archimedes2014.eu/doc/journal-articles/Inclusive%20Entrepreneurship%20Education.pdf,2018-05-06.

③ Burton Blatt, "Our Projects", http://bbi.syr.edu/projects/index.html,2018-05-06.

模块,分别是:(1)加速和扩大规模,即为未来的创业者验证创业想法,为他们提供所需的指导和帮助;(2)发挥影响力,即修读相关专业的学生到雪城大学所在的社区,为伤残退伍兵提供创业咨询服务和其他形式的援助;(3)商业化,即通过学校与区域内的高科技企业等外部组织合作,在小型企业带动地方经济的过程中让伤残退伍军人也参与其中,并确保他们的利益受到保障。雪城大学还进一步拓展影响力,创建了退伍女兵创业项目、现役军人创业项目等,其中,参与现役军人创业项目的人数超过了3万人。①

　　除上述项目以外,课程的实施也同样值得关注。鉴于受众群体不同,包容性创业教育在实践的过程中具有一般性创业教育所欠缺的特点,例如在基础课程学习中更加强调跨学科的创业咨询。在考夫曼基金会全校性创业教育资金的资助下,雪城大学魏特曼商学院开发了一门新的体验性课程——《包容性创业顾问》(Inclusive Entrepreneurship Consulting),虽是商学院开发的课程,但是"这门课程的注册范围并不仅仅局限于商学院的学生,全校任何专业的学生只要注册创业辅修学位项目都可以注册此课程",这门课程包括三个主要组成部分:第一,对伤残学生自身优势和影响的探讨,这部分通常由创业原理和实践以及残疾方面的专家共同教授;第二,教授学生咨询的基本要素,主要包括研究的学习方法、积极聆听、资料收集、与客户之间建立起信任以及如何有效地进行团队合作;第三,教授学生创业方法和商业规划课程,并参与体验,与残疾创业者合作,亲手生产至少四个具有价值的产品,并在最终的咨询报告和团队分享中进行展示。由此该课程在帮助伤残学生和社区残疾人士创业上取得成就,在2010年被授予校长奖,截至目前,已经有90位学生从此课程中受益并且帮助了15位想要从事企业的伤残人士创业。②《包容性创业咨询》是一门独特的课程,它融合了对残疾问题的研究和借助社区体验学习的创业方式,通过探索资助残疾人方式的同时也推动了社区创业的繁荣发展。至此,雪城大学包容性创业教育的模式已在逐步发展中成型。在注重责任与担当的文化逻辑,强调依次递进与多样发展的实践逻辑的引领下,雪城大学已经打造出稳定的四阶段包容性创业人才培养模式,见图4-3。

　　具体而言,第一阶段是向潜在企业家阐释一个较为清晰的商业理念和

①　Morris, M. & Liguori, E., *Annals of Entrepreneurship Education and Pedagogy* 2016, Massachusetts:Edward Elgar Publishing,Inc.,2016,p.367.

②　Morris, M. & Liguori, E., *Annals of Entrepreneurship Education and Pedagogy* 2016, Massachusetts:Edward Elgar Publishing,Inc.,2016,p.367.

```
┌─────────────────────┐         ┌─────────────────────┐
│       阶段一          │         │       阶段二          │
│      创业意识         │  ───▶   │     初级创业者        │
│  方向和商业概念发展    │         │     市场研究          │
│ 自我评估，团队建设和探索│         │    商业概念发展        │
│                     │         │    商业培训网络        │
└─────────────────────┘         └─────────────────────┘


┌─────────────────────┐         ┌─────────────────────┐
│       阶段四          │         │       阶段三          │
│      持续增长         │  ◀───   │    早期创业公司        │
│       利润          │         │     商业计划          │
│       扩张          │         │   收益和财政计划        │
│                     │         │    金融和会计          │
└─────────────────────┘         └─────────────────────┘
```

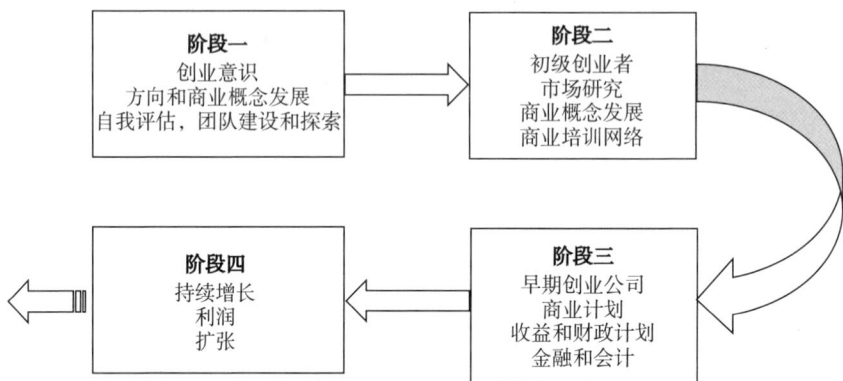

图4-3　包容性创业教育四阶段培养模式①

意识,并且对创办企业的一些具体细节有一个基本的掌握。在这个阶段,商业指导者(Business Navigator)会通过商业发展过程,引导伤残学生入学学习,并且在此过程中会让这些学生了解他们的创业理念和帮助他们识别自身的技能、优势和愿景,在此基础上满足他们实现创业目标的相关需要。换言之,在第一阶段,有志于自谋职业的伤残学生在通过市场测试完自己的商业愿景或假设之后,必须形成一定的商业意识,进而构建起一套可行的商业策略。进入第二阶段就意味着参与培训的伤残学生已经具有清晰的商业理念,但还没有撰写商业计划,因此在这一阶段,创业者必须学会撰写商业计划和学习如何进行工业和市场调研。到了第三阶段,创业者已经掌握了清晰的商业计划和市场计划,并且开始执行这两项相关计划。在进行计划的过程中,他们开始承担企业运作过程所落实的会计、销售和管理等方面的程序。进入第四阶段,也就是最后阶段之后,学生已经开始运作自己的企业,但仍然需要获得帮助来维持企业的持续运作,他们会与商业孵化器合作来巩固现有企业的持续运作,简而言之,在此阶段中,创业者所进行的工作都是为了维持现有企业运作的稳定性和持续性。

3. 精准帮扶与持续赋能:包容性创业教育的发展逻辑

持续生长与不断扩大影响力,一直是高校创业教育可持续发展中的一大挑战。即使作为接受考夫曼基金会支持的一些高校,在改革过程中也发生过因为资助链条断裂而被迫叫停创业教育项目的情况。然而,雪城大学却在多年的发展中探索出一条自己的道路。具体来说,推动雪城大学包容

① Shaheen,G.& Tihic, M., Abdul-Qadir, El - J., "Inclusive Entrepreneurship", 2017 - 06 - 19, http://bbi.syr.edu/docs/projects/startup_ny/Inclusive%20Entrepreneurship%20APSE.pdf.

性创业教育可持续发展的逻辑是为伤残退伍军人提供精准帮扶,并在创业教育教学与实践过程中向学习者、教师和管理者等多个参与主体不断赋予动能,进而实现包容性创业教育的自给自足。笔者认为,面向伤残退伍军人的创业教育不同于一般性的创业教育,要注意这些退伍军人在再次融入社会过程中的心理调适过程和军队生活对他们的职业选择所造成的影响。发展逻辑可在多个地方寻找到痕迹,包括特色鲜明的创业咨询课程,以及针对美国"9·11事件"的伤残军人及其家人提供的三阶段式的培训项目。值得注意的是,这些项目基本只需在前期的学习中花费少量的时间,例如在"退伍军人—家人训练营"(Entrepreneurship Bootcamp Veterans-Families)中,第一阶段只用30天的时间学习创业基础知识,并且是网络课程;第二阶段则是在EBV联盟高校中为期9天的集中式学习;第三阶段则是创业项目的孵化和后期支持阶段,学校通过融合了创业导师、资源和全国性合作伙伴网络的广域平台向参与者提供12个月的支持与指导,确保创业者能够在创业初期获取所需的支持。

　　雪城大学包容性创业教育的开展并非一帆风顺,项目可持续性的维持牵涉诸多因素,而这些因素是理解其发展逻辑所必须了解的前提,具体包括以下几点。首先,需要有一名成熟的召集人。在开发和维持合作中存在以下挑战:确定每个利益相关者的既得利益;确保开放的对话和信息共享、记录会议并关注成果。对于未来的共识来自信息共享和对其他利益相关者的清晰认识。其次,各主体间相互信任的合作关系。具有明确的社会使命和融入社区的悠久历史的大学,如雪城大学,是构建跨系统合作的理想化伙伴——这样的系统能够为创业的残疾人提供机会和消除障碍。大学可以为合作注入资源,例如擅长创业、商业管理、教育和(或)残疾政策的研究或实践的教员。大学还可以安排实习生去援助社区创业项目,与此同时还能够充分激发学生的创业兴趣。大学要与残疾服务供应商和其他利益相关者之间建立相互信任关系,才能使得创业教育服务有序进行,大学在合作中承担主要地位。再次,强烈的内在自我使命感。雪城大学校长的就职演讲就以"作为公共事业的大学:探索雪城之魂"(University as Public Good:Exploring the Soul of Syracuse)为题,以"学术在行动"(Scholarship in Action)为大学规划的推动力。该规划引领了教员和学生的创新和创造力,开发了有意义的合作并带来积极的可持续的社区变化。雪城大学的使命是不仅要"身处于社区,还要代表社区"(in the community,but of the community)。雪城大学通过将包容性创业注入大学的文化和课程中,通过教育学生将残疾视为人类条件中本质的一部分,赞美每一个残疾人所拥有的独特技能和潜质,其包含了成为成功创业者所需的远景和技能,使得大学成为改善社区和公民状况的强劲力量。

(四) 包容性创业教育所带来的积极意义

1. 使残障群体重拾希望与信心

作为美国高校创业教育的一种较为新颖的创业形态,包容性创业教育具有巨大的现实意义。这不仅是因为美国残疾人数占据总人口的 20%,[①]据不完全统计,残疾人中就业的人数只占到总人数的 38%。[②] 可见,美国残疾人中失业、未充分就业以及生活在贫困中的人员比例严重失衡,包容性创业教育在当中发挥重要作用。而且从更深远的意义来讲,包容性创业教育转变这些弱势群体的职业发展轨道,重塑他们对生活的信心,激发他们对工作的热情,这都彰显出创业形态上的价值。正如担任纽约州精神健康办公室委员会特别助理和收容事务局主管兼心理疾病康复人士的约翰·艾伦 (John Allen) 说道:"包容性创业教育不只是在帮助残疾人士找到工作这么简单,我们的目标应该不止于就业,而是要帮助那些已经完全丧失在竞争环境下工作的希望的,并且停止寻找工作的人,让他们相信拥有一份有意义的工作完全是有可能的"。[③]

伤残人士本身的客观条件所带来的种种困难导致很多残疾人士宁可依赖政府的特殊津贴度日,也不愿意尝试寻找工作,更不用说考虑创业了。或者说他们害怕丢失了那些难以获得的现金支持和社会保险的医疗福利,这些都很容易促使这一类人干脆放弃工作的想法。客观上讲,这也是众多伤残人士的常态想法,这种心态在一定程度上不仅恶化了当前伤残人士群体就业严重失衡程度,而且当越来越多的伤残人士必须依赖公共援助才能满足生活需要或者生存的时候,相应的社会和经济后果都会给当地的社区带来严重的消极影响。可以说,这对自身和所处的社会都毫无助益。

实际上,伤残人士成为创业家也有内在的动机和外在的动力。很多伤残人士希望从"病人""消费者"的这种如影随形角色转变为小型企业主。显而易见,"病人"或"精神病人"这种标签给他们所带来的消极影响及社会

---

① Kingma,B.,*Academic Entrepreneurship and Community Engagement*,Edward Elgar,2011,p. 110.

② Erickson,W.& Lee,C.& Von Schrader,S.,2008 *Disability Status Report:The United States*,Ithaca,NY:Cornell University Rehabilitation Research and Training Center on Disability Demographics and Statistics,2017-06-19,http://digitalcommons.ilr.cornell.edu/cgi/viewcontent.cgi? article=1285&context=edicolletc.

③ Kingma,B.,*Academic Entrepreneurship and Community Engagement*,Edward Elgar,2011,p. 119.

地位的弱化是很大的,他们不满足于现状,更想改变社会对他们的态度,从这个层面来讲,创业就是一条较为可靠的转变途径。

必须指出的是,当伤残人士以企业者的身份赚取一份收入的时候,他们就具备了减少对社会福利和其他形式公共援助的依赖,而提升经济上的自给自足能力的潜力。作为私人企业者,他们可能会购买设备、补给以及支付租金并对当地经济作出其他形式的贡献,小型企业者还会通过商业税收的形式将收入反馈于当地社区,更为重要的是,当这些伤残人士拥有自己的小型企业时,他们会聘请符合资格的伤残人士作为雇员,这不但缓解伤残人士群体堪忧的就业情况,而且这种良性循环也会带动其他伤残人士群体积极参与到创业企业大军之中,反过来创建一个繁殖成功的创新良好循环。正如雪城大学负责包容性创业教育的盖里·沙辛(Gary Shaheen)教授所言:"随着社区内更多的残疾人士听闻同伴成功创建企业的故事,他们更有可能重新点燃或寻找创业的希望,随着学生和教师看到了与残疾人创业者直接合作的成果,典型和特征性的障碍正在慢慢消失,此外,随着越来越多的残疾人在当地企业中找到了工作,为社区作出贡献,使实现积极的经济影响成为了可能"。[①]

2. 为解决残障群体问题开创新民主模式

社会创业家兼诺贝尔和平奖获得者穆罕默德·尤努斯(Muhammad Yunus)博士曾经说道:"我们想要什么和我们怎么得到它,取决于我们的思维——随着新知识的出现,我们需要发明持续改变的观点和重置思维的方法。如果我们能重置思维,那我们就能够重置我们的世界。"[②]如果思维不进行转变,那么在处理社会日益复杂的公共问题上就处于无序或者被动的境地。长期以来,在解决公共问题上,主要由政府部门完成,且不管政府部门在解决公共事务上是否存在无法绕过的官僚体制抑或其他缺陷,但是公共部门所提供的规模是巨大的,而且也是合法性的来源。由于包容性创业教育通过重构伤残群体价值的表达方式,使其以创业者的身份融入当地的经济发展之中,运用新工具来推动已有的创业系统,让他们成为创业课程中的学生,为其提供融合了残疾和创业的课程,最终使高校及其学生成为所在社区社会创业的关键伙伴。显而易见,在解决伤残群体就业问题上,高校通过包容性创业以寻求一种非完全授权,又非完全市场驱动的方式。但这种方式并非将政府部门作为在残疾人群体等公共问题上的有效补充,相反,高

① Kingma, B., *Academic Entrepreneurship and Community Engagement*, Edward Elgar, 2011, p. 119.
② Yunis, M., *Creating a World without Poverty*, New York: Public Affairs, 2007, p. 246.

校这时已经扮演了一种主体身份。

在推行包容性创业教育的过程中,残疾人士必然会与很多残疾和社会服务机构及系统接触,这些机构和系统对他们的生活施加了影响。当他们失业的时候,可能还要接触劳动力职业中心(Department of Labor Career Centers)、职业再适应机构(Vocational Rehabilitation Agency)和诸多雇佣培训项目。而作为未来的创业者,他们可能需要联系小型企业发展中心、租赁机构、退休主管服务联合会(Service Corps of Retired Executives,SCORE)和其他大量的创业援助项目。当这些系统被召集到一起共享信息的时候,才能很好地理解各个系统应对挑战和推动残疾人创业的方式。这些机构或系统的有效运作又少不了政府部门的支持,但是在落实包容性创业教育的情境下,高校需找到和这些机构或系统(政府)合作的办法,而不会只围绕着政府开展工作。这是意义重大的,其中较为重要的一点就是在解决类似于残疾群体就业等公共问题上开创新民主模式,即政府部门不再是唯一,甚至不再是必不可少的主要参与者,这个生态系统包括了高校、残疾和社会服务机构、公共政策机构、对包容性创业教育提供慷慨资助的公益群体。但必须指出的是,所有的参与方都必须学会更紧密地合作,就如同高校在开展包容性创业教育时,商学院必须与致力于身体和心理康复的学院部门进行合作一样,只有这样,结果才会是一种饶有成效、多方参与、相互连通的新民主模式。

3. 使高校凸显社会服务角色

在美国兴起包容性创业教育伊始,美国退伍军人和他们的家庭所共同面临的复杂变动的挑战,相比向传统的学生提供教育而言,高校在对退伍军人中的角色和作用的定位上应该是不同的。越来越多的学者和决策制定者意识到,创业能够为他们带来诸多好处,例如灵活性和自主权,这是过去职场环境所不可能提供的,这些好处对于伤残退伍军人来说会显得特别珍贵,因为拥有自主权的创业对伤残群体来说意味着独特的控制感,而这些特征正好能够应对战争中负伤所带来的恐惧和无助感。[1] 同时,帮助失去希望抑或希望所剩无几的人重新点燃创业的希望,其本身就是一件富有挑战性的事。撇开一般创业者共同面临的困难不说,即使这些残疾人士富有市场前景的想法,那么谁来帮助他们撰写商业计划,又或者,在商业计划、启动资金都已准备好的时候,自己要运营企业却因为身体条件限制无法身体力行

---

[1] Janoff-Bulman,R.,"Assumptive Worlds and the Stress of Traumatic Events:Applications of the Schema Construct",*Social Cognition*,1989(2).

的时候,谁来代替他们运作,这些都是鼓励和推动伤残人士创业无法绕过的问题。如前所述,尽管面临着重重困难,也有大多数人满足抑或依赖政府的特殊津贴而变得更为懒惰最后形成了慢性失业,但不可否认的是,希望通过创业来加入美国商业界的伤残人士也大有人在。据美国人口统计局(U.S. Census Bureau)统计,超过1000万伤残人士想要加入创业大军之中,[①]这些群体欠缺的不是致力于创办企业的斗志和毅力,相反,是整个社会环境在对伤残人士创业的支持系统、资金和培养体系的建立不完善。而这其中,高校包容性创业教育的系统性与智力资本的集合性成了担起解决这些问题的主要力量。

高校包容性创业教育的这种面向更广泛伤残群体在发展中必然有一定的持续性,因为从更深层次的方面来讲,大学推动全校范围的包容性创业教育不仅仅是帮助伤残群体转变职业发展轨道那么简单,也就是说这不只是在缓解伤残群体严峻的就业失衡。究其根本,我们会发现,高校推动包容性创业教育不仅契合高校致力于服务社区的方略,更在于促进社会的公平。通过高校来推动伤残人士创业本身就是一种社会融合(Social Inclusion)的途径,而每一个提倡社会融合的人都意识到,帮助他人,尤其是伤残群体走出贫困抑或是进行职业转变的第一步便是态度的转变,而这种转变不仅仅是对原有身份的转变,更是对公民责任和价值观的转变。换言之,这些伤残人士通过转变开始以"主人翁"的身份参与到社会活动中并作出某些贡献,显而易见,高校承担社会角色的同时,也是推动社区内公民和社会进步的强大力量,这才是其价值所在,亦是高校最应以彰显的。

(五) 美国高校包容性创业教育的经验

从美国高校,尤其是雪城大学在包容性创业教育的经验中,我们可以清晰地看出,高校推行面对残障群体的包容性创业教育的主要目标是重新点燃他们对生活乃至工作上的热情和希望,同时亦体现了高校服务于社会这一角色定位。而对于我国,此方面尚处于懵懂阶段,但可从其中得到某些启示。

1. 利用校园资源优势,促进跨学科合作

我国高校在创业教育过程中相对显得过于独立,跨学科性与融合性做的还不尽如人意,对于硕博士的培养更甚,且对于特殊人群的培养任务也更多托付于特殊教育学院。例如我国的长春大学特殊教育学院,悠久的特殊

---

① U.S. Census Bureau, "Statistics Abstract of the United States", 2017 - 06 - 19, http://www.census.gov/compendia/statab/.

教育历史使其走在全国特殊群体创业教育的前列,主要为听障大学生搭建创业平台,引入或联合中小企业,力争打造长春成为中国最大的残疾人大学生暨残疾人就业基地。① 当然,这样的特殊教育学院有着先天的创建优势,但更大的舞台应在非特殊教育学院,以此促使校园资源的充分整合与利用。

创业教育生态系统本就具有跨学科性,美国在高校开展包容性创业教育的过程中,由于商学院或管理学院并没有具备与残疾或康复治疗有关的必要特长,因此,在具体推行包容性创业教育过程中,充分利用了校园已有的资源优势,与具备康复残疾人相关专业的学院展开合作。有必要指出的是,双方的合作并不仅仅是在专业知识或技能上相互补充这么简单,而是建立在包容性创业教育已有的协作性框架的基础上进行,以雪城大学开展的包容性创业教育为例,该校魏特曼管理学院的教师会提供构思企业和开发创业思维的培训,目的在于帮助有抱负的创业者理解创业的意义,鼓励在商业规划规程中开展相关技能和知识的培训。随后,致力于治愈和包容残疾人士的伯顿·布拉特研究院的教师则会开办"定制和探索"(Customization and Discovery)的培训,这一培训的意图是帮助雄心壮志的创业者发展个人技能和优势,并寻找到所需的资源和支持,而这些是成为创业者的必备条件。由此可见,推行包容性创业教育从专业知识的角度必须与其他学院通力合作,与此同时,这种跨学科的合作反过来又为包容性创业教育的可持续发展保驾护航。

2. 维持项目可持续发展,需厘清相关影响要素

在当代短短几十年里,我国从贫困大国跃居 GDP 世界第二,在减少贫困方面最主要的措施之一就是鼓励创业,已有的途径主要表现为创业活动的间接作用、小微借贷、包容性创业、非正式经济体、社会创业和与破坏性创新相结合的可持续性创业这六种途径,②而基于中国这样一个发展中国家,包容性创业将是减少贫困人口基数的重要举措。至于高校应如何将包容性创业与教育结合起来,就需要结合我国具体国情以及高校自身特点进行开展,发挥自我特长。换句话说,各个高校想要持续性地针对不同弱势群体开展类似项目,应具体情况具体分析。

同样地,包容性创业教育在雪城大学等附近的社区发挥显著作用,但这并不意味着雪城大学没有考虑自身特征,也不意味着全面移植这种模式到

① 李季、袁旭东:《听障大学生创业实践研究——以长春大学特殊教育学院为例》,《产业与科技论坛》2011 年第 10 期。

② 斯晓夫等:《如何通过创业来减少贫穷:理论与实践模式》,《研究与发展管理》2017 年第 12 期。

其他社区抑或其他国家的高校就能发挥同样的作用。撇开包容性创业教育的"本土化"的重要性,即使对包容性创业教育模式感兴趣的高校都应该对其进行全面的规划,厘清有助于促进或阻碍包容性创业教育的因素,抑或是需求和差距。这些要素都是各个高校要借鉴,是在自身独特的文化、社会和经济环境中应该优先考虑的问题。比方说,包容性创业教育的支持者应该清楚,包容性创业教育要想在学校取得可持续发展,而不是昙花一现的效果,主要原因是这种价值观需与学校的使命或者发展愿景相符,只有在这样的基础上才能为项目的开展提供合法性地位和源源不断的资源支持。

3. 解决伤残群体等公共问题,高校可发挥至关重要作用

我国残疾人数量庞大,甚至比世界上大多数国家的总人口数量还多。根据第六次全国人口普查的总人数及第二次全国残疾人抽样调查中残疾人占全国总人口比例的推算,我国残疾人约 8502 万人,[1]处于就业年龄段内(男 15—59 岁,女 16—54 岁)约 3200 万人,其中城镇约 800 万人,农村约 2400 万人,[2]残疾人群体占我国总人口比例约 6%。而其中高校在这方面的努力显然不够,由 2016 年中国残疾人事业发展统计公报显示,全国仅有 9592 名残疾人被普通高等院校录取,1941 名残疾人进入了高等特殊教育学院学习。[3] 国务院总理李克强专门就促进残疾人就业创业工作作出重要批示,指出提升残疾人职业技能,促进他们就业和增收,既是保障基本民生,加快残疾人小康进程的要求,也是践行"大众创业,万众创新"的生动体现。因此,研究和剖析美国高校致力于解决残疾人群体就业创业问题的包容性创业教育,不仅有助于我国在解决相关领域问题时提供经验和参考作用,而且也说明了残疾人劳动者是"大众创业,万众创新"的一支重要力量,在构建创新创业教育体系中应该得到我国高校的重视。

"授人以鱼不如授人以渔",传统解决伤残群体方式一直被称为"输血"式帮助,因为伤残群体依靠国家和社会的救济与扶贫来生活只能缓解一时之需,却无法从根本上解决出路。一方面,若要"授人以渔",我们必须让教育在其中发挥作用,将这类群体中的更多人引入高校这一优质资源集中营,帮助他们找到自我发展的方向,形成良好的职业技能和经济发展能力。另

---

[1] 中国残疾人联合会:《2010 年末全国残疾人总数及各类、不同残疾等级人数》,2012 年 6 月 26 日,见 https://www.cdpf.org.cn/zwgk/zccx/cjrgk/4c0d47abe6a3414790d4ee786553fb65.htm。

[2] 刘稚亚:《被就业捆绑的套中人——残疾人》,《经济》2015 年第 5 期。

[3] 中国残疾人联合会:《2016 年中国残疾人事业发展统计公报》,2017 年 3 月 31 日,见 https://www.cdpf.org.cn/zwgk/zccx/tjgb/332b71692c61450088b0cf87decceb42.htm。

一方面,政府部门应该鼓励和资助高校拓展残疾人群体接受职业技能训练上的教育渠道,因地制宜,努力提高残疾人群体接受包容性创业教育的质量和规模。只有从"输血"式单向帮助向"造血"式提升转变,才能促使残疾人群体积极发挥自身主观能动性,主动适应市场竞争,增强参与社会的积极性。高校作为集优质资源和公共使命为一体的公共机构,在帮助解决社会公共问题上具有义不容辞的责任,中国高校应契合这一价值理念,主动承担起服务社会的角色,借鉴其优良模式,为残障人士搭建起更广阔的平台,促进"大众创业,万众创新"的进一步深入。

三、国内社会创业教育发展现状及模式

(一) 国内社会创业教育发展现状

经过近年来的发展,大学生社会创业实践正逐渐向全国铺开。相对而言,湖南、北京、广东等地方的大学生社会创业先后起步,属于我国社会创业的早期阶段。可喜的是,这些地区的社会创业在起步阶段就注重理论探索和实践活动的结合。但是,我国的社会创业实践还处于纸上谈兵阶段,基本上没有冲出校园、走向社会。

1. 大学生社会创业教育组织模式单一

高校是大学生阶段性学习的重要场所,属于铁打的"营盘",但"营盘"中的主体即大学生却是流动性的,他们具有年纪轻、有激情、思维活跃、短期目标强的特点,但也容易浅尝辄止,难以长期紧盯某一领域的社会创业实践,因此高校多以项目化的运作模式推动大学生社会创业教育实践活动。这种组织模式的项目化,致使社会创业活动缺乏长期规划和远期目标。调查数据显示,大学生参与社会创业教育实践活动基本上只有两年时间,即大二和大三阶段。即使社会创业项目运营较好并且具有广阔前景,但社会创业团队限于目前的项目化运行模式,专注于某一特定领域长时间持续运营下去的几乎没有,不少学生因为短期目标变更、学习成绩下降、考研、就业等情况,从大学生社会创业团队中离职,引起团队人员的变化,特别是部分核心成员的离开造成团队解散,导致大学生社会创业团队生存艰难,社会创业活动难以继续。探索改善大学生社会创业团队的管理方法、确保社会创业的可持续发展迫在眉睫。

2. 大学生社会创业教育问题意识不强

社会创业是一个创新的活动或者行为过程,在创业的过程中要有新定义、新产品和新服务、新方案、新的解决社会问题的办法等,只有这些方面产生创新,才能与创业形成良性互动。但是,在急功近利的创业目标指引下,

大学生社会创业组织所供给的产品、服务以及商业模式,都存在创新意识不足和问题导向意识不强的特点,关注的问题呈现出同质化现象,无法形成良性互动。大部分大学生在进行社会创业时,只选择操作成本小、技术含量低的项目进行商业化运作的尝试。调查数据显示,我国青年社会创业主要集中领域依次是教育文化(25%)、老人和残障(20%)、环境保护(17%)、扶贫开发(13%)、医疗卫生(12%)和妇女儿童(12%)等,其中教育文化、老人和残障成为青年社会创业最集中的领域。这两个创业行业和领域的选择,一方面说明当前社会问题集中于教育和老年人的社会保障问题;另一方面也反映出青年创业层次较低,旨在解决社会的生存问题,对于社会的发展问题则关注较少。实际上,大学生作为接受了高等教育的高素质公民,社会创业时理应具有创新精神和国际视野,并具有强烈的问题导向意识,能提出我国乃至全人类需要共同面对的社会问题(如环境保护问题)的解决方法。从这方面看,当下我国大学生社会创业教育的现状与先进社会创业的目标还有很大差距,从而失去了社会创业是为解决社会问题而存在的核心意义。

3.大学生社会创业教育价值失衡

社会创业教育的价值内涵体现在两个方面:一方面是以解决社会问题、培养社会责任感为特征的"公益性";另一方面是以培养创新创业能力、适应市场竞争为特征的"创业性"。社会创业作为近年来创业教育研究的热点,我国的社会创业教育存在着发展起步晚、规模小、环境不成熟、体制不完善等问题。

虽然政府出台了一系列有助于社会创业发展的纲领文件,高校、企业、第三方部门也开展了模式多样的项目合作(外因)。但受社会创业文化氛围不浓、社会创业认知错误、社会创业风险回避等原因(内因),高校学生普遍对社会创业还存在着误解和排斥。考虑到影响学生社会创业教育的内因,高校在社会创业教育的发展路径上,选择了"扩体量"的方法。也就是说,优先在数量层面扩大参加的学生人数。此外,这意味着高校开展社会创业教育的过程中,为降低学生的畏难情绪、激发学生的参与热情,在教学、实践、孵化环节都过多强调"公益性"。而对于"创业性"的创新特征和生存特征关注不足。由此,导致社会创业教育所培养和孵化的社会创业人才具备较强的社会责任感、奉献精神,而在商业技能和创业能力上有所欠缺,使得高校社会创业教育的价值实现上出现了失衡。

(二) 国内社会创业教育发展历程

作为一种集社会公益性和创业性于一身的新型创业模式,社会创业在促进社会经济发展、扩大就业群体、解决与社会公益有关的各种社会问题方面发挥了重要作用。对乐于接受新鲜事物、充满社会热情的大学生群体而言,社会创业是值得投入的"新大陆"。我国大学生社会创业教育经历三个阶段:

1. 创立阶段

以 2006 年湖南大学创立滴水恩社会创业协会为标志,这是我国首个以"社会创业"命名的大学生社团,2007 年湖南大学又设立了中国大学社会创业研究中心,部署编纂《公益创业学》并作为教科书进入课堂,将大学生的公益品质和社会责任意识教育融入人才培养的目标体系,使得大学生针对社会问题而进行公益志愿服务行动的能力得到提高。

2. 发展阶段

有以下象征性事件:零点研究咨询集团 2008 年实施"大学生公益创业行动"项目,以扶持有公益理想的大学生和大学生团队为目标,社会开始关注社会创业;北京大学 2009 年设立社会创业研究会;清华大学 2010 年面向全国大学生举行了"北极光—清华"社会创业实践挑战赛和以"让志愿与微笑成为青年学生的习惯"为主题的首届志愿公益论坛,随后复旦大学的社会创业基地、上海财经大学的社会企业研究与发展中心、广州职业技术学院的社会创业研究所等也先后成立。

3. 转型升级阶段

表现为 2012 年《中国创业教育报告》首次阐述了社会创业在中国的实践;2014 年已连续举办 18 被誉为大学生科技奥林匹克竞赛的"挑战杯"全国大学生创业计划竞赛升级为"创青春"全国大学生创业大赛,将社会创业竞赛作为主体赛事纳入大赛体系,覆盖到全国 2200 多所普通高校;2015 年清华大学、中国社会科学院、中国青年政治学院等 5 所大学研究机构相关专家教授及中国青年报社、KAB 全国推广办公室联合发布国内首份《中国青年公益创业调查报告》,全面阐述了目前我国青年社会创业的状况,分析提炼了社会创业存在的问题,并探索了相关解决方法。

(三) 我国社会创业教育模式探索

1. 湖南大学——集群模式

2004 年,湖南大学在海内外华人的支持下,就"社会创业教育如何培养出高素质创新创业人才"开始了理论与实践探索,并构建了颇具特色的产学研一体化社会创业教育模式——公益助学+就业+创业。在这一模式下,社会创业教育系统的构建也得到了重视,其构建骨架总结为四种类型、四个层次:非营利型、营利性企业+社会利益型、公益志愿活动型及产学研混合型;公益助学层、就业层、创业层、研究层,对应四种不同功能:授人以鱼、授人以渔、授人以业、授人以智。

　　这一社会创业教育系统在三个方面进行实践,包括专创融合教育、社会服务、文化传承。此外,湖南大学还通过教育教学联系一系列活动来运行社会创业系统:2008年开设《公益创业学》课程,2009年出版《公益创业》教材,举办首届社会创业节、创办长沙滴水恩创业孵化有限公司、建立中国社会创业网等。这些实践大多为国内首次,取得了较大成果,如斩获中国首届创新榜样与教育部校园文化建设优秀成果一等奖等。

　　湖南大学是国内较早开始集群模式社会创业教育探索的高校。2007年,湖南大学获批成立湖南大学中国社会创业研究中心,成为国内首个批准成立社会创业研究中心的高校。近些年,在集群模式下,湖南大学以教学、研究、实践为体系的社会创业教育系统对社会经济可持续发展作出了巨大贡献。其推进社会创业教育的措施值得各大高校借鉴,主要有以下方面:

　　2. 顶层组织设计

　　全面构建社会创业教育体系、全面普及社会创业教育、全面引导鼓励和扶持社会创业活动,在提升大学生社会责任感的同时提升大学生的创新精神、就业创业能力是湖南大学社会创业教育的工作目标。为实现这一目标,学校先后成立了相关领导组织与协调机构,如专家委员会顾问、指导中心等。学校学生创新训练项目(SIT项目)每年获拨款150万元,其中30万元用于设立专项基金。为从制度上推进社会创业教育,学校在2009年5月下发《湖南大学关于进一步加强大学生社会创业教育工作的实施意见》,从学分认证、教师奖励、公派出国、推免评优等方式激励社会创业教育实施,同时建立班集体社会创业委员会以保障社会创业教育的有序实施。

　　3. 课程与科研

　　在"产学研与公益一体化"方针的指导下,湖南大学深入推进教学体系改革。在课程上,更新旧知识的同时增设《大学生心理素质修养与训练》《社会创业学》等课程,并以公选课和毕业设计的形式面向广大学生;在师资建设上,每月开设"社会创业大讲堂",邀请来自各个领域的专家担任湖南大学社会创业导师。

　　在科学研究方面,先后立项数十个国家级、省级和校级研究课题,并在《人民日报》理论版发表十余篇研究论文;在教学体系建设方面,推行"四学期制"精简本科教学,在扩大全校学生选课范围的同时鼓励学生跨专业自由选课,包括《公益创业学》等,出版教材《公益创业概述》,实践教学尝试

"项目制教学";在学术交流方面,先后主办了首届中国大学生社会创业年会和首届中国大学生社会创业论坛。

湖南大学社会创业教育科学研究成果丰硕,率先成立了"湖南大学中国公益创业研究中心"以加强国内外在社会创业教育领域的学术合作交流,该研究中心集结了从教授到讲师,再到研究生等多层次的社会创业研究团队,建立了以"社会企业研究所"为代表的四个分支研究机构,并依托教育部"人才培养模式创新试验区"确立了系统的研究方向,成功申报各级研究课题 10 余项,其中《公益创业——高校创业教育的新天地》一文更是于2009 年 6 月 17 日刊载《人民日报》,这一系列丰硕的成果为湖南大学全面推进社会创业教育提供了有力的理论支撑。

4. 人才培养与师资培养

以"尊重个性、阶梯培养、柔性嵌入"为原则的社会创业人才培养体系包含教学体系、研究体系、实践体系等多个模块,以实现"模块化"集群式人才培养模式,从教学、研究、实践等多个角度出发,实现了专业教学计划+教育平台建设、社会创业实践课程+社会创业知识+社会创业能力的有机结合。

为建设高业务水平的社会创业师资团队,湖南大学形成了以课程群为单位的集群式教学组,通过"送出去,请进来"的双向模式建设了一批具有"双高"——高学历、高职称特征的复合型教学队伍,建立了长效的师资交流机制。高质量的师资建设是社会创业教育本身对培养高层次人才的要求,参与社会创业教育的教师,须具有包含慈善公益活动相关基本技能与管理经验在内的广博知识框架,这已是学界与业界达成的共识。

5. 竞赛、实践与孵化

学校与一些知名企业共建校企互动孵化平台,打造"湖南大学国家大学科技园"等实践教学基地,形成了"做中学"的实践教学模式,并与多家省、市级非营利性组织共同搭建志愿公益实践平台;大力支持在校学生积极参与各类国家级、省级创业计划竞赛,获奖颇丰,如《滴水恩大学公益创业孵化有限公司》创业项目获得第六届"挑战杯"创业计划竞赛全国金奖,涌现出一批具有担当精神的社会创业者典型。

为加强学生对国内外社会创业动态的认识,及时掌握各类社会创业竞赛信息,湖南大学成立了中国社会创业网、公益类创业孵化公司、大学生社会创业社团等一系列组织团体,为学生提供更多创业实践机会;此外,学校还邀请公益类创业孵化公司入校对学生创业实践活动进行指导,推荐优秀创业项目参加各类社会创业竞赛,并实施竞赛项目"一对一"或"多对一"的项目导师制。

6. 产学研一体化

实施社会创业教育,湖南大学实现了良好的协同效应,坚持产学研一体化的同时,对促进社会经济可持续发展具有深远影响,具体表现在学术研究、社会创业教育、产业孵化器与创业竞赛四个方面:

第一,学术研究。依托滴水恩集群项目,积极开展社会创业教育的理论与实践探索,湖南大学在慈善基金组织等非营利组织、慈善公益与产学研一体化、行动理论研究等项目上取得了巨大发展,形成了"公益助学+就业+创业"的一体化社会创业教育新模式。

第二,社会创业教育。2008年,国内第一堂《公益创业学》课程在湖南大学面向全体大学生开讲,不仅讲授了社会创业概念,还结合国内外现状与本校同学讲授了社会创业概况,并在课外进行社会创业实践指导等创业内容。

第三,产业孵化器。2008年7月,湖南大学学生公益社团成立国内首家公益类创业孵化公司——长沙市滴水恩创业孵化有限公司,使相应的学生社会创业组织扶持基金逐步落实到位。此外,学生还通过其他类似渠道进行创业孵化实践,如自觉创建滴水恩大学生社会创业社团、创建中国社会创业网等非营利性公益组织、与湖南电视台公共频道合办"千名义工善行善为"活动等志愿公益活动、创办滴水恩科技、滴水恩信息服务中心等服务学生的盈利型创业项目等。

第四,创业竞赛。引导学生在教育、扶贫、环保、助残、医疗卫生、妇女儿童、文化、社会道德等领域开展了众多的公益类社会实践活动;先后参加团中央中国光华基金会主办的"诺基亚青年创意创业计划大赛"、联想公益创投大赛、"益暖中华"——谷歌杯中国大学生公益创意大赛等活动。

7. 主要项目成果

湖南大学中国社会创业研究中心成立"滴水恩"非营利性的慈善机构,集结国内外资源帮助贫困地区的大学生成功完成学业,以促进就业与创业,并吸纳有创业热情的大学生加入基金创业项目。

2007年5月,本着"感恩、回报"的原则,由原湖南财经学院关志民、李久学、高建臣、田丰、贾烨军等内蒙古籍校友发起成立的"滴水恩—内蒙古学子奖助基金"得到了原湖南财经学院、湖南大学已毕业的各界内蒙古籍校友以及生活和工作在各地的内蒙古籍贯人士及其朋友、企业界捐助,无偿向湖南大学在读的品学兼优、家境贫困的内蒙古学子提供公益基金资助。

第三节 双创升级背景下大学生社会创业学习的机制研究

社会创业作为一种新兴的组织形式,在解决社会问题和实现自我可持续发展上都具有天然的契合优势。社会创业教育其具备能培养创新素养、创业能力、社会责任感人才的教育功能而具有丰富的研究内涵。首先,从时代内涵来看,社会创业教育具有带来改变社会、解决社会问题、响应党的十九大号召全心全意为人民服务的新途径和新内涵;[1]其次,从教育内涵来看,作为创新创业教育的重要组成部分,社会创业教育应作为人才强国战略、提高人才综合素质、推进教育现代化[2]的重要组成部分以及新的增长点;最后,从社会内涵来看,社会创业教育的发展本身就是借由价值融合实现自我完善的过程。社会创业教育在主体、监管、目标、理念上的多元性,需要对它自身的有机构成、意义使命进行不断探索。[3]

一、全国社会创业教育低参与率省(自治区、直辖市)高校的实证研究

从高校学生的视角来看,学生参与创新创业教育属于创业学习行为,目的在于提升自己的创业素养、提高创业自我效能感以及激发创业意愿。依据蒂蒙斯[4]的创业三因素理论,创业环境能给学生提供商机、资源。这两类创业要素对创业行为具有驱动作用。就正处于创业准备期的大学生来说,创业环境感知意味着对创业资源的感知,自身对其的评价将有可能影响其学习过程中的积极性和对学习结果的评价。故此,本节就创业环境感知对社会创业教育学习参与度、学习评价的作用机制进行探究。

---

① 杨英杰:《从四个意义准确完整理解十九大精神》,2018 年 1 月 18 日,见 http://theory.gmw.cn/2018-01/18/content_27381113_2.htm。

② 教育部:《绘制新时代加快推进教育现代化建设教育强国的宏伟蓝图》,2019 年 2 月 23 日,见 http://www.xinhuanet.com/politics/2019-02/23/c_1124154488.htm。

③ 黄兆信、李炎炎:《社会创业教育的理念与行动》,《教育研究》2018 年第 7 期。

④ 杰弗里·蒂蒙斯、小斯蒂芬·斯皮内利:《创业学:21 世纪的创业精神》,人民邮电出版社 2005 年版,第 105 页。

（一）创业环境对社会创业教育的影响：综合因素下的教育模块

1. 创新创业人才培养下的相辅相成与兼容并蓄

创业环境的研究经历了早期环境①与组织发展的关系②探索，近期的研究则更多关注创业环境的维度③和特性④。无论是三因素⑤、四因素⑥、五因素⑦等模型都突出了以下两点特征：环境对创业主体的资源、商机输送功能；环境对创业者自身发展的教育作用。对于高校大学生而言，处于"众创时代"的创业学习受到了来自从宏观设计到具体推进的全方面支持，这些创业环境不仅包含科教资源（学校教育、创业指导），还涉及资金支持（孵化器支持）、政策绿灯（税收减免）。以上这些创业环境，将有可能对创新创业教育的学习过程产生影响。

2. 创新创业人才培养下的课程设计与师资建设

纵观国内外诸多学者对创新创业教育体系的研究，可分为以下几类主题——创新创业教育课程、创新创业教育师资、创新创业教育模式、创新创业教育评价。创新创业教育课程的研究主题有课程设计内涵性、课程设计适切性、课程设计有机融入。⑧

关注课程设计内涵的学者认为课程设计应符合教育目标，培养学生的核心素养，如学者尚恒志认为高校创新创业课程应设立创业意识类课程、创业能力类课程、创业相关知识类课程、创业体验类课程。⑨ 研究者施永川则认为创新创业教育课程中应加入博雅教育的相关课程，兼顾学生综合素质

① Child, J., "Organizational Structure, Environment and Performance: The Role of Strategic Choice", *Sociology*, Vol. 6, No. 1, 1972.

② Aldrich, H. E. & Pfeffer, J., "Environments of Organizations", *Annual Review of Sociology*, Vol. 2, No. 1, 1976.

③ Wennekers, S. & Wennekers, A. V. & Thurik, R., "Nascent Entrepreneurship and the Level of Economic Development", *Small Business Economics*, Vol. 30, No. 3, 2008.

④ Bacq, S. & Janssen, F., "The Multiple Faces of Social Entrepreneurship: Are View of Definitional Issues Based on Geographical and the Matic Criteria", *Entrepreneurship & Regional Development*, Vol. 23, No. 5-6, 2011.

⑤ 杰弗里·蒂蒙斯、小斯蒂芬·斯皮内利著：《创业学案例：21世纪的创业精神》，人民邮电出版社2005年版，第105页。

⑥ Gartner, W. B., "A Conceptual Framework for Describing the Phenomenon of New Venture Creation", *Academy of Management Review*, Vol. 10, No. 4, 1985.

⑦ Gnyawali, D. R. & Fogel, D. S., "Environments for Entrepreneurship Development: Key Dimensions and Research Implications", *Entrepreneurship Theory & Practice*, 1994.

⑧ Šunje & Aziz & Kenji, *Entrepreneurship in Higher Education*, New Directions for Higher Education, 2010.

⑨ 尚恒志：《大学生创业教育的课程体系研究》，《教育研究与实验》2009年第1期。

的培养;关注课程内容的研究者则将课程的可接受性和教育目标纳入,秉持全生参与,着重培养的教育理念。① 学者顾明远等人将高校创新创业教育课程分为:学科课程、活动课程(如创业活动、创新创业竞赛)、环境课程、创业实践课程(如自主创业、创业工作室);②关注创新创业课程的有机融入的研究者建议采用将创业内容融入专业课程(依托式),专业创业融合新设课程(开发式),创新创业课程加入专业板块(融入式);关注创新创业教育师资方面研究的学者,则认为创新创业教育师资包含两个方面——师资素养和培养途径。③ 师资素养上强调"双师型"实践教学经验和实践创业经历;④关注培养途径方面学者则大都提到两类三种途径:外部引进、内部发展、混合式发展。

3. 创新创业人才培养下的体系建构与评价反馈

从创新创业教育模式来看,国外研究中已有很多成熟的探索,例如美国高校创新创业教育模式的三类划分——磁石式、辐射式、混合式;⑤欧盟则将创新创业教育发展与国家经济发展战略进行衔接,采用政府项目推行、战略依托推动、专有战略推进。⑥ 我国创新创业教育模式主要有广谱式模式⑦、内创业模式⑧、创业型大学模式。

创新创业教育评价的研究可从内容和主体上进行划分,如期刊杂志、政府部门、教育机构;评价内容上也可大致分为两类指标,即主观性评价、客观性评价。客观性评价通常采用的指标有创新创业教育的参与度、毕业生创业率、创新创业竞赛获奖成果、在校生创业规模、创业融资额度;主观性评价采用的指标包含创新创业课程满意度、创新创业教育重要性、创业环境符合程度等。由此可知,创业环境对高校大学生的创业学习可能通过课程、竞赛、实践三个途径产生影响。而这一影响结果既有可能影响创业学习中的具体行为(学习内容、接触内容),也有可能影响其对创新创业学习结果的

---

① 施永川:《大学创业教育应为与何为》,《高等工程教育研究》2013年第3期。

② 顾明远:《国际教育新理念》,海南出版社2001年版。

③ 施永川、黄兆信、李远煦:《大学生创业教育面临的困境与对策》,《教育发展研究》2010年第21期。

④ 黄兆信、陈赞安、曾尔雷等:《内创业者及其特质对我国高校创业教育的启示》,《高等教育研究》2011年第9期。

⑤ The Kauffman Foundations, *Entrepreneurship Educationin in United State*, 2010, pp. 4-9.

⑥ European Commission, *Entrepreneursip Educationin Europe: Fostering Entrepreneurial Mindsets through Education and Learning*, Oslo, 2006, October 26-27.

⑦ 王占仁著:《"广谱式"创新创业教育导论》,人民出版社2012年版。

⑧ 黄兆信、曾纪瑞、曾尔雷:《以岗位创业为导向的人才培养体系研究与实践——以温州大学为例》,《教育研究》2013年第6期。

主观评价。

（二）调研设计和全国性采样

1. 调查工具的编制

调研共分三个阶段：第一阶段是题项及访谈提纲编制（时段：2018年5月10日—2018年7月9日）在文献梳理的基础上，邀请专家评定修改形成试测卷；第二阶段是试测及修改（时段：2018年7月10日—2018年9月9日）选取全国98所高校进行试测及修订形成正式投放版本；第三阶段是正式调研开展及数据回收（时段：2018年9月15日—2019年1月18日）。

2. 数据回收及筛选

调研于2018年9月15日开始至2019年1月18日12时止，通过问卷星面向全国31个省（自治区、直辖市）、1231所高校的创新创业教育相关老师和接受过创新创业教育的在校学生、教师开展调研，共回收调查问卷201034份，访谈记录283份、50万余字。其中《学生卷》调查问卷共调研高校1231所，涉及31个省（自治区、直辖市），共回收问卷187914份，有效问卷170764份，占比90.87%；《教师卷》调查问卷共调研高校596所，涉及除宁夏外的30个省（自治区、直辖市），共回收问卷13120份，有效问卷12596份，占比96.01%。

（三）社会创业教育学习参与度、学习评价的选样与量化

1. 研究对象的确定

本书主要是探索大学生群体的创业环境感知对其社会创业学习的影响。首先，研究群体上选择的是大学生群体，而教师群体、教辅人员、组织领导的数据不纳入分析范围；其次，由于我国社会创业教育处于起步阶段，教育模式和体系尚不成熟，所以此处选择接受了国内最前沿社会创业教育的学生群体——在校大学生，故此毕业生群体的数据不纳入分析范围；再次，有研究表明事后评价相对于事前评价，评价者会基于自身目标事件的切身经历对考察概念给出更符合现实的描述，这也更加切合本章节的针对性。因此，参与过社会创业教育的学生群体被选作我们研究的目标群体，而未参与的学生数据则不予以考虑（故在取样过程中不涉及一年级新生的调查）；最后，由于本章节调研涉及全国31个省（自治区、直辖市），出于数据的代表性和参考价值，将通过分层等比抽样（PPS）的方式，确定最后的样本数：根据社会创业教育参与度的不同进行区分，以全国各省（自治区、直辖市）社会创业参与度均值标准差为界，将各省（自治区、直辖市）划分为三类，即社会创业教育高参与区、社会创业教育中参与区、社会创业教育低参与区。具体划分情况和分类情况见表4-3。

表 4-3　各省份社会创业教育参与率分布表

参与类型	编号	区域	参与率	参与类型	编号	区域	参与率
高参与区	5	内蒙古	81.41%	中参与区	8	黑龙江	65.95%
高参与区	15	山东	72.91%	中参与区	16	河南	65.76%
高参与区	13	福建	72.69%	中参与区	17	湖北	65.73%
中参与区	6	辽宁	71.69%	中参与区	25	云南	65.73%
中参与区	1	北京	71.36%	中参与区	27	陕西	65.51%
中参与区	11	浙江	70.08%	中参与区	7	吉林	65.12%
中参与区	23	四川	69.42%	中参与区	3	河北	65.08%
中参与区	31	新疆	69.23%	中参与区	14	江西	64.26%
中参与区	4	山西	68.92%	中参与区	18	湖南	63.17%
中参与区	12	安徽	68.91%	中参与区	19	广东	63.14%
中参与区	24	贵州	68.41%	低参与区	26	西藏	58.92%
中参与区	10	江苏	68.22%	低参与区	20	广西	55.11%
中参与区	22	重庆	67.07%	低参与区	9	上海	54.85%
中参与区	2	天津	66.85%	低参与区	29	青海	54.45%
中参与区	28	甘肃	66.62%	低参与区	30	宁夏	0.00%
中参与区	21	海南	66.05%	/			

　　由于宁夏回收数据在筛选后目标样本数极少(仅 2 例),为防止样本规模差异导致的方差不齐性,故不纳入目标样本的抽样统计。因此剔除宁夏样本后,得目标样本社会创业教育参与率的均值为 66.32%,标准差为0.06。由此省(自治区、直辖市)社会创业教育参与状况被划分为三类:社会创业教育高参与区:内蒙古、山东、福建;社会创业教育中参与区:辽宁、北京、浙江、四川、新疆、山西、安徽、贵州、江苏、重庆、天津、甘肃、海南、黑龙江、河南、湖北、云南、陕西、吉林、河北、江西、湖南、广东;社会创业教育低参与区:西藏、广西、上海、青海。通过表 4-3 数据可得,样本总量共 30 例,抽样对象分为三层。其中,高参与率样本共 3 例,占比 10.00%,抽样比率16.13%;中参与率样本共 23 例,占比 76.67%,抽样比率 70.97%,低参与率样本共 4 例,占比 13.33%,抽样比率 12.90%。故对三类区域抽样次数采用1:5:1 的抽样方案。高参与率区域抽样 1 次,中参与率区域抽样 5 次,低参与率抽样 1 次,合计得到 7 省(自治区、直辖市)的数据。

　　经上述抽样方案,采用不放回式抽样、计算机随机出数的抽样方式得到结果如下:低参与区域 1 例,广西(编号 20);中参与区域 5 例,第一次抽样

结果:云南(编号25),第二次抽样结果:贵州(编号24),第三次抽样结果:
河北(编号3),第四次抽样结果:浙江(编号11),第五次抽样结果:安徽(编
号12);高参与区域1例,福建(编号13)。由此可得,我们选定的代表省
(自治区、直辖市)为广西、云南、贵州、河北、浙江、安徽、福建,合计数据
35937例。筛查后其中未参加过社会创业教育的学生共11687例,剔除后
剩余24250例。最终筛选后,其中低参与区样本2901例,因此最终获得目
标样本2901例。

2. 研究指标的准备

(1)控制变量。笔者选取的人口学变量包括性别、学科门类、学校类
型。首先,从前人研究来看女性相对于男性对社会创业会表现出更大的兴
趣和投入,性别差异有可能影响学生群体社会创业教育的评价;其次,选择
学校类型源于高校创新创业教育发展的政策导向特征,不同层次的学校在
获得创新创业项目、资源等会具有差异,这些差异在教育资源上反映为对学
生创业支持上的差异,所以将学校类型列为影响社会创业教育评价的又一
影响因素;最后,笔者选择学科门类作为控制变量源于社会创业教育在培养
学生公益精神和社会责任感上的公益性特征,笔者认为学生群体对社会创
业的评价和参与可能受到其学科专业、学科门类的影响,控制变量主要以分
类变量的形式存在,数值仅作区分而不具备代数运算的功能。

(2)预测变量。由文献综述可得创业环境分为政策因素、社会因素、经
济因素、文化因素、教育因素。调研通过模糊评价法获得目标群体关于创业
环境感知的评价。预计将采用探索性因子分析方法进一步确定大学生对创
业环境感知的维度,具体见实证研究部分。所有条目均采用5点正向记分,
没有逆向记分题项,且均匀赋权。因此,在自变量得分计算上维度得分为各
条目的代数总和。

(3)因变量。根据文献综述部分对创新创业教育的梳理,本调研认为
创新创业教育体系应包含课程、师资、竞赛、实践四个板块。从学生的角度
来看,创新创业师资作为课程的实现条件可与课程合并为创新创业教育教
学维度,创新创业教育竞赛和创新创业教育实践可分别设立为创新创业教
育竞赛维度、创新创业教育实践维度。从操作定义上看,本调研的因变量包
含社会创业教育学习参与度和社会创业教育学习评价:学习评价通过排序
的方式,考查学生对各创业教育维度的重要性评价;学习参与度通过选择题
的方式,考查学生对该维度下涉及的教育内容。总的来说,本调研包括两个
因变量:①社会创业教育学习参与度(事实性指标)——由社会创业教学参
与、社会创业竞赛参与、社会创业实践参与构成;②社会创业教育学习评价

（评价性指标）——由社会创业教育教学评价、社会创业教育竞赛评价、社会创业教育实践评价构成。因变量考查方式采用排序判断题。在得分计算上，事实性指标，参与记 1 分，未参与记 0 分。事实性评价得分为各维度的代数之和；评价性指标采用均匀赋权，反向计分。排第 1 位记 3 分，排第 2 位记 2 分，排第 3 位记 1 分，未选择记 0 分，不足 3 项者选项得分由评分者实际选填项决定，评价性指标总得分为各指标得分转换后的代数之和。

（四）创业环境感知对社会创业教育影响的实证研究

1. 大学生创业环境感知包括两个维度：校园创业环境、社会创业环境

通过对问卷中符合创业环境维度界定的操作条目进行保留，经 KMO 和 Bartlett 检验，得 KMO 值为 0.966，p<0.001，由此可得选定的操作条目适合进行因子分析，故采用软件 SPSS 20.0 对大学生创业环境感知评价进行主成分分析，通过最大方差法，旋转正交后保留系数大于 0.6 的因子载荷，并按系数从大到小排列，所得旋转成分矩阵见表 4-4。

表 4-4　创业环境感知的旋转成分矩阵

创业环境感知内容	成分	
	1	2
学校提供一体化的创业实践服务	0.870	
地方政府简化大学生企业注册申请流程	0.863	
学校提供创业的启动基金（无息贷款）	0.863	
国家减免大学生自主创业企业税	0.858	
社会提供指导创业的免费培训	0.857	
创业实践有专项创业基金支持	0.851	
创业实践有校内外指导教师	0.849	
创业实践有专门的校外实践基地	0.849	
创业实践有独立的大学生创业园	0.833	
创新创业竞赛种类多样	0.810	
创新创业课程内容与时代前沿趋势结合紧密	0.807	
参加的创新创业竞赛项目较容易落地	0.789	
创新创业课程内容与自身专业知识结合紧密	0.754	
创新创业教育课程类型多样	0.729	
您家庭具有广泛的创业的社会资源		0.834
您认识的同学或朋友在过去一年内开始创业的		0.820
您省的创业机会总体良好		0.722

　　由分析结果及表 4-4 的结果可得,创业环境感知包含两个维度,共同解释创业环境感知方差变异的 72.30%。从条目的具体内容来看,维度 1 包含政策因素、教育因素、税收、经济因素;维度 2 包含社会因素和经济因素,从这个角度来看维度划分上存在交叉,可能不够彻底。但从条目表述的主体来看,维度 1 多涉及的是大学生的创业环境,与校园、大学生身份有所联系,着重体现的是学生视角下的创业环境感知,而维度 2 则更多体现出社会中的创业者视角所感知到的创业环境。故此,调研将维度 1 界定为校园中的创业环境感知,将维度 2 界定为社会中的创业环境感知。

　　2. 性别对社会创业教育学习参与度、学习评价影响显著

　　据指标准备部分选取的控制变量,对社会创业教育参与度高代表性省(自治区、直辖市)所在地大学生的人口学变量分布情况进行统计分析得知,社会创业教育低参与的地区男生社会创业教育的参与占比小于女生,约为 3 倍之差($N_女$ = 2202,$N_男$ = 699)。不同的学校类型中,高职高专院校参与社会创业教育的人数居于首位($N_{高职高专院校}$ = 1721,59.32%)。而学科门类方面,居于参加数占比前三位的学生学科分别是教育学的 31.75%、管理学的 23.13% 以及经济学的 10.89%。这可能说明了与社会创业教育专业关联较多的学科专业,其学生参与社会创业教育表现出更高的积极性。从描述统计的角度可以看出,学生的参与程度在性别、学科门类、学校类型上有较大差距。但这一差异是否具有统计意义,还需通过方差检验予以确认(见表 4-5)。

表 4-5　低参与区社会创业教育的方差检验

变量名称	变量水平	社会创业学习评价		社会创业学习参与度	
		M	F	M	F
性别	男	4.34	8.28**	2.36	9.43***
	女	4.60		2.47	
学校类型	"双一流"高校	4.67	1.50	2.52	1.34
	普通本科院校	4.44		2.41	
	民办高校和独立学院	5.68		3.22	
	高职高专院校	4.60		2.46	
	民办高校	0.00		0.00	

续表

变量名称	变量水平	社会创业学习评价		社会创业学习参与度	
		M	F	M	F
学科门类	哲学	5.07		2.67	
	经济学	4.65		2.49	
	法学	4.53		2.45	
	教育学	4.58		2.46	
	文学	4.70		2.51	
	历史学	3.50	0.84	2.00	0.82
	理学	4.30		2.35	
	工学	4.47		2.42	
	医学	4.47		2.42	
	管理学	4.44		2.41	
	艺术学	4.45		2.40	

注:* 表示:$p<0.05$;** 表示:$p<0.01$;*** 表示:$p<0.001$。

　　由表4-5可知,性别因素显著影响了在校大学生对社会创业教育的评价,并且女性大学生评价显著高于男性($M_女>M_男$,$p<0.01$)。而且相较社会创业教育学习评价方面,这一差异在社会创业教育学习参与度上被拉大了($F_{学习评价}<F_{学习参与度}$)。这也就是说,相对于男生群体,女性大学生对参与社会创业类的学习实践表现出更强兴趣。然而学校类型和学科门类两个因素对社会创业教育评价的影响并不具备统计学的意义($P_{学校类型}>0.05$,$P_{学科门类}>0.05$)。这一结果可能是抽样不够全面导致的,也可能是该因素对因变量的影响并不存在显著差异。

　　3.校园创业环境感知显著正向影响社会创业教育学习参与度、学习评价

　　为进一步考察研究变量和观测变量的内在联系,研究采用相关分析探索各研究变量的联系,由表4-5可知性别对因变量(社会创业教育评价、社会创业教育参与)具有显著影响,由于此处将其作为控制变量,故而采用偏相关分析,结果见表4-6。

表4-6　低参与地区社会创业教育的偏相关分析

控制变量（性别）	社会创业教育学习评价	社会创业教育学习参与度	社会创业环境感知	校园创业环境感知
社会创业教育学习评价	1.00			
社会创业教育学习参与度	0.99***	1.00		
社会创业环境感知	0.12	0.12	1.00	
校园创业环境感知	0.10***	0.10***	0.41***	1.00

注：*：p<0.05；**：p<0.01；***：p<0.001；表中的"社会创业环境感知"指代的是学生对社会中的创业环境的感知，而非学生对社会创业这类创业的创业环境的感知。

从表4-6可以看出，在控制了变量"性别"后，大学生的校园创业环境感知仍与其社会创业学习评价呈显著相关关系（$\alpha_{校园-参与度}=0.10$，$p<0.001$），然而可能由于测量社会创业环境感知的题目较少，或是未涉及核心操作行为的考察，社会创业环境感知与社会创业教育评价的相关关系并不显著（$\alpha_{社会-参与度}=0.12$，$p>0.05$）。但总体来看，学生群体对创业环境的感知与社会创业教育呈现出弱相关关系（$\alpha<0.04$）。

4. 校园创业环境感知对社会创业教育学习参与度、社会创业教育学习评价的影响机制

根据上述研究结果，采用多元回归模型（OLS）进一步考察校园创业环境感知对社会创业教育的影响作用，探究变量间的因果关系。在控制变量上我们选择对因变量具有显著影响的"性别"，在自变量方我们选择与因变量具有显著相关性的"校园创业环境感知"作为预测变量。而对因变量的确定上，我们仍保留原有设定选择"社会创业教育学习参与度"和"社会创业教育学习评价"。

调研通过逐步迭代的方式构建回归模型：（1）模型1.1：因变量"社会创业教育学习评价"，加入控制变量"性别""校园创业环境感知"；（2）模型1.2：因变量"社会创业教育学习评价"，加入控制变量"性别"，预测变量"校园创业环境感知"，交互项"性别×校园创业环境感知"；（3）模型2.1：因变量"社会创业教育学习参与度"，加入控制变量"性别"，预测变量"校园创业环境感知"；（4）模型2.2：因变量"社会创业教育学习参与度"，加入控制变量"性别"，预测变量"校园创业环境感知"，交互项"性别×校园创业环境感知"；（5）模型1.3：因变量"社会创业教育学习评价"，加入控制变量"性别"，预测变量"校园创业环境感知""社会创业教育学习参与度"，交互项

"性别×校园创业环境感知"。基于这 5 个模型,可对社会创业学习评价情况进行回归分析,结果如表 4-7 所示。

表 4-7　低参与区社会创业教育的回归分析

模型 自变量	模型 1.1 社会创业教育学习评价	模型 1.2 社会创业教育学习评价	模型 2.1 社会创业教育学习参与度	模型 2.2 社会创业教育学习参与度	模型 1.3 社会创业教育学习评价
性别	0.064 ***	0.065 ***	0.059 **	0.060 **	0.006 *
校园创业环境感知	0.100 ***	0.096 ***	0.101 ***	0.096 ***	0.001
性别×校园创业环境感知		−0.041 *		−0.044 *	0.002
社会创业教育学习参与度					0.989 ***
调整后 R^2	0.013	0.015	0.013	0.014	0.979
ΔR^2	0.014 ***	0.002 *	0.013 ***	0.002 *	0.964 ***

注: * :p<0.05; ** :p<0.01; *** :p<0.001。

由表 4-7 可知,随着变量逐步加入,R^2 不断增大,R^2 均具有统计学意义,说明模型纳入的新变量对社会创业教育具有显著影响。此外,从模型 1.2、模型 2.1 和模型 1.3 来看,随着社会创业教育学习参与度的加入,校园创业环境感知对社会创业教育学习评价的影响不再显著($p_{感知}$1.3>0.05),说明社会创业教育学习参与度完全中介校园创业环境感知对社会创业教育学习评价的影响;此外,从模型 2.1 以及模型 2.2 来看,性别对社会创业教育学习参与度有调节作用,并且呈现反向调节($\beta_{性别}$2.2 = −0.044,p<0.05)。这也就是说,性别反向调节校园创业环境感知对社会创业教育学习参与度这一过程。总的来说,该模型证实了一个关于社会创业教育学习评价的有中介的调节模型。[①] 社会创业学习参与度完全中介校园创业环境对社会创业教育学习评价的影响。性别则在校园创业环境感知对社会创业教育学习参与度作用的过程中起反向调节作用。

从上述分析可以发现,校园创业环境感知与性别存在交互作用,对社会创业教育学习参与度有显著影响。以下就该调节作用进一步分析,即以预测变量—校园创业环境感知均值正负一个标准差为界,共分为校园创业环

---

① 叶宝娟、温忠麟:《有中介的调节模型检验方法:甄别和整合》,《心理学报》2013 年第 9 期。

境高感知、校园创业环境中感知、校园创业环境低感知三组,作图分析见图4-4。

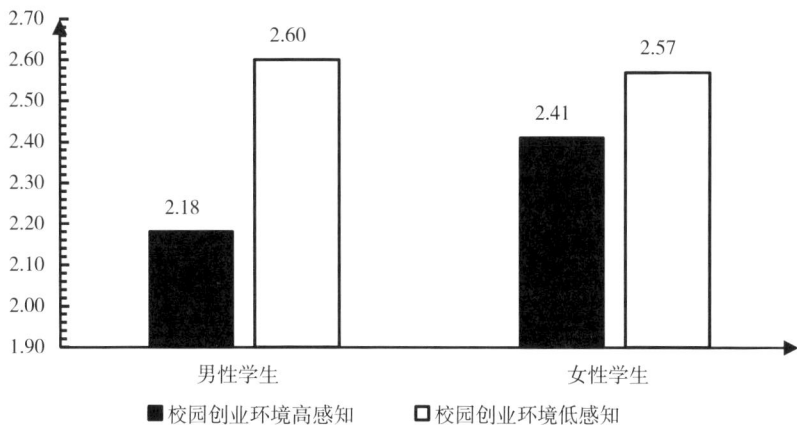

图4-4　性别对社会创业学习参与度的调节作用

性别在校园创业环境感知对社会创业学习参与度中起反向调节作用。处于低创业环境感知的学生群体,女性学生参与社会创业教育程度显著高于男性学生($M_{低感知女} > M_{低感知男}$)。然而处于高创业环境感知的学生群体中,男性学生参与社会创业教育的程度显著高于女性学生($M_{高感知女} < M_{高感知男}$)。由此可知,大学生在感知到创业环境不成熟或不利的情况下,女性学生参与社会创业教育学习积极性更高。但在有利创业环境和创业条件下,男性学生对社会创业教育学习表现出更大热情。

二、提高社会创业教育学习参与度的建议

由上述研究结果可得,性别、校园创业环境感知对社会创业教育学习参与度有显著影响。从现有文献来看,影响具体包含对课程学习的影响、竞赛学习的影响、实践学习的影响。因此,以下就结合研究结果,从三个方面对社会创业教育不同模块的学习提出相应对策。

(一) 课程学习提升:认知差异,互补创业学习

课程教学的目标主要是针对学科基础概念、原理、规律知识性和认知性的教学,以期实现学生对学科内容的识记、理解。作为教育目标的起始,学生对学习内容本质的掌握和深入的理解将直接影响该教学模块的成效。具体教学策略来看:其一,通过案例引入或抛出一个社会问题,在界定出社会痛点后就弱势群体的公益问题展开后续讨论。教师通过对学生反馈答案的

不断追问将有利于学生对概念的内涵及影响因素更深入地讨论和挖掘;通过教师循序渐进地抛出更高阶的专业问题,使得教学内容和教学深度不断推进。其二,从研究结果得知女性学生在社会创业学习上具备更大的积极性,针对此点进行学习小组组建时可考虑两方面因素:性别上的完备(男女均有,且人数比例男生稍多;针对每个诘问节点课前选择小组一名成员对其预先告知问题内容或给予相关资料起到讨论的领头激发作用,诘问第一环节的预知人多选择男性学生)。如此设计可使得讨论每一环节都有"预知学生"发挥"领头羊"作用。其三,虽然在前几环节女性学生并未事先知悉学习内容和问题,亦可充分激发其学习积极性,进而推动男性学生学习热情,并且在讨论过程中会建构新的知识与理解,从而最终促成学习共识,进入下一诘问学习环节。

(二) 竞赛学习提升:知识迁移,锤炼创业能力

竞赛部分学习的目的是学生将课程学习阶段的知识技能进行迁移,形成自身的创业效能感,实现创业素质结构的灵活运用。虽然每个创业团体在竞赛过程中对自身项目都会投入大量时间与精力。但这段时间亦是接触大量实际创业案例、仿真创业企业、深入同辈交流的宝贵时期。在将所学知识用于自身创业项目的同时,对其他创业团体关于社会痛点、目标客户、商业模式、行业及市场信息、行业竞争进行分析和过滤,采用元分析的视角,看待其所遇到的具体问题。搜集、提炼、分类,并形成自身关于社会创业流程、社会创业要素、社会创业把握更宽阔深刻的认知,最终提升社会创业自信和社会创业自我效能感。此外,还可以通过与同辈创业者之间的交流,就自身社会创业疑惑和困境进行探讨,从而更有利于自身对社会创业过程所遇问题的解决。这一阶段可以通过建立样案搜集簿和创业访谈录,随后再进行深度加工,结合社会创业的学习内容,与记录册的关键词和逻辑链条进行比对加工,最终形成自身社会创业经验的知识架构和案例库。如此这样,就能提高自身社会创业学习的效果。

(三) 实践学习提升:社会角色,锚定创业目标

从研究结果发现,校园创业环境感知对社会创业学习参与度有显著影响。创业环境的诸多因素对学生学习的影响,从本质上是通过社会关系传达的角色期望,而不同价值主体如政策制定者(政府)、教育者(高校)、投资者(投融资人)、社会支持网络(亲朋)、市场决定者(目标客户)对创业学习学生的行为期望,则将有助于学生从准创业者向创业者行为和认知层面上的蜕变,进而完成自身的创业准备,如接受多形式的注资、构建微创企业、创业工作室等等。比如,可以借由成员会议,大学生可以获得不同外部主体关

于社会问题与企业使命、商业模式的关注点、认知内涵以及期望。再如,可以整合多元价值追求,使大学生从关注社会弱势群体的切实需求出发,创造性地运用于自己的小微企业,实现企业自身社会变革的使命。又如,可以在社会创业语境下,使大学生扩宽对"分红""营利"的理解,在响应多元诉求的过程中,切实感知自身所处创业环境,发掘商机、利用资源,进一步投入自身在科教因素方面的社会创业学习,实现自身在学习与创业两项事业的并行。

总的来讲,要提升大学生社会创业学习参与度,一方面需要提高学生的创业环境感知,使其深刻理解社会创业中的核心价值和战略资源;另一方面也要构建与不同主体对话的渠道,通过体验式学习方式实现理论知识的迁移运用,最终内化为自身的社会创业素养,提升自身的社会创业效能感,从而实现大学生对社会创业教育的良好反馈及评价。

第四节　建构主义理论下的社会创业教育学习行为模型研究

响应新时期社会主义建设"五位一体"总体布局、"四个全面"战略布局[1],就要坚决执行人才强国战略、创新驱动战略,切实推进教育现代化[2]进程,扎根实际服务人民。面对新时期社会主义建设对教育赋予的时代使命,社会创业教育在对接个人发展和社会服务、推动组织创新和教育变革以及实现社会贡献及和谐社会等方面都具有天然优势。落实到具体教育过程来看,如何看待教育对象与教育环境的辩证转化关系,发挥教育对象的学习主动性,把握学习的显隐特征,达成学习环境和学习者协同,实现学习环境对学习者的促进以及学习者对学习环境改良的共生局面,如此等等,都将是推进高校社会创业教育的重要内容。

一、全国社会创业教育高参与率省(自治区、直辖市)高校的实证研究

（一）创新创业教育的新视角:多元性和社会性的关注

建构主义理论作为班杜拉社会学习理论[3]的重要组成部分,为我们研

---

① 本报评论员:《推进"四个全面"实现"五位一体"》,《经济日报》2015年11月3日。
② 教育部:《绘制新时代加快推进教育现代化建设教育强国的宏伟蓝图》,2019年2月23日,见 http://www.xinhuanet.com/politics/2019-02/23/c_1124154488.htm。
③ Pierce,W. & David,"Social Learning Theoryby Albert Bandura",*The Canadian Journal of Sociology*,Vol.2,No.3,1977.

究大学生的创新创业教育学习提供了一个崭新的视角。该理论包含:环境因素、个人因素、行为因素。① 不同于行为主义②的奖惩式教学方式和刺激—强化式的学习方式,三元交互决定论的视角为我们揭示了创新创业学习的多元性和社会性内涵。

1. 多元性加工下的内隐学习

从学习主体来看,创新创业教育研究主体的能动性需要我们关注学习过程的内隐特征。传统的灌输式教育与记背方式下的知识吸收与如今大学生个性活跃、信息渠道多元的学习环境不相适应。此外,对学生显性知识的学习应落实于隐性知识的形成和转化。经由对符号表征③和知识表征的情感体验、认知加工,将有助于学生形成对知识的领会和顿悟。也就是说,从大学生的个性特征出发,采用多样的教学媒介提供多项学习内容,将有助于学生对学习环境注意力的集中,吸引其关注并衍生学习兴趣,为领悟和默会等深度学习提供条件。

2. 社会性互动下的示范学习

从学习环境来看,创新创业教育研究主题的复杂性需要我们关注学习过程的示范效应。④ 创新创业教育涉及的学习内容和学科都很广泛,所有研究的问题也具有较高的情境性和灵活性。但传统的学习方式会使得学习者在学习中出现理论与实际的脱节,难以把握核心要点和形成体系思维,因此实践性学习和学习示范就显得尤为重要。基于三元交互决定理论,学习者通过对示范者实操行为进行抽象,将一般行为和语言表征概念化,从而建构自身关于创业过程的印象、认知,最终形成头脑中的创业蓝图,这有利于学习者对创业整体把握和要点领悟。此外,基于对创业教育内容的不同学习理解和心得,学习者之间可以通过交流来共同建构认知共识,这也将实现学习者对创新创业学习的深化。

总体来看,环境因素和个人因素对创新创业教育学习的影响要求我们关注学生自身特质、创业学习的目标环境,进而促使学生参与创新创业教育学习,促进其创新创业教育学习。

---

① 高中春:《人性辉煌之路:班杜拉的社会学习理论》,湖北教育出版社2000年版,第79页。
② B. F. Skinner, *Verbal Beahvior*, New York:Harvard University Press,1948,p. 162.
③ 卡西尔著:《人论》,上海译文出版社1985年版,第34页。
④ 高中春:《人性辉煌之路:班杜拉的社会学习理论》,湖北教育出版社2000年版,第127页。

（二）社会创业教育的新途径：多元性与社会性的构建

作为创新创业教育重要组成部分——社会创业教育，是创业内涵、公益内涵和教育内涵价值的辩证结合体。[①] 通过商业化技巧以组织形态实现社会公益，对其中涉及的知识、技能、素养实现教化和传授便是社会创业教育的内涵。基于三元交互理论，需要涉及课程、师资、竞赛、实践等多个方面。

1. 课程的双元设计与师资的多维发展途径

从国外社会创业教育发展现状看，其课程内容上与商创教育有所差异，除包含传统的创业识别、运营管理、机会开发等课程外，还涉及社会企业理念开发、社会价值评估等具有社会创业教育特色的课程。[②] 社会创业教育目标旨在对学生进行创业培养的同时，提升其社会责任感和社会企业运作能力，以社会价值为主兼顾创新价值。从培养方式来看，国外社会创业教育机构多采用跨界合作的方式进行人才培养，有校际间的研究中心、校企间的合作项目、校民间的第三方机构、学校政府共建的咨询机构。[③] 从师资建设来看，多元的科教机构，一方面使得校内教师有广阔的师资发展渠道，另一方面学生得以接触到多元从业背景下的社会创业师资，从而获得不同立场惯性的教师关于社会创业的认知和理解。这对于开放性地整合社会资源以解决公共问题的社会创业大学生来说十分重要。

2. 实践的跨域拓展与竞赛的跨界合作

从国外社会创业教育竞赛发展的历程来看，虽组织架构各有不同（如统筹式、聚焦式、融合式），呈现出两种趋势，教学模式的更新和教育目标的变迁。教学模式的更新体现在跨专业融合，这种融合具体表现在不同专业背景的学生通过创业小组的方式参与竞赛。学生通过自身的专业视角对创业项目的问题进行讨论达成共识，这一过程实现了学生对创业问题更全面和多角度的共识构建和决策形成。教育目标的变迁体现在使命的变更，从体量铺展，自20世纪90年代哈佛大学开设的《社会中的创业教育》课程以来，其现已发展为全校性、全球性的教育。[④] 谈到关注使命，这体现在社会创业教育传达给学习者关注社会变革的价值引导（而非更大的商业成功）。这两种趋势引导着社会创业教育的发展，使其在教育领域的功能和定位更加清晰和独立。

① 黄兆信、李炎炎：《社会创业教育的理念与行动》，《教育研究》2018年第7期。
② 倪好：《高校社会创业教育的基本内涵与实施模式》，《高等工程教育研究》2015年第1期。
③ 黄兆信、黄扬杰：《社会创业教育：内涵、历史与发展》，《高等教育研究》2016年第8期。
④ 徐小洲、倪好：《社会创业教育：哈佛大学的经验与启示》，《教育研究》2016年第1期。

（三）从定位到落实，社会创业教育亟待完善

反观国内的社会创业教育，存在一些亟待解决的问题。首先，对社会创业教育的定位存在重叠和误解。部分高校将社会创业教育视为商创教育，运用商创指标衡量其价值与结果。其次，从组织架构上看，大多高校将社会创业教育归为创新创业教育一部分，多采用虚设部门、人手分流的方式进行管理，少有专门专设实托机构或独立院系建制，学生在社会创业教育学习体系和转化上缺乏健全保障。最后，课程与师资有待完善。国内现行社会创业教育教材缺乏，已有的部分教材章节内容设置与商创教育区分不大，没有突出社会创业教育学习的特性。至于在师资方面，专设的社会创业师资缺乏，大多由创新创业师资、指导师、校内辅导员进行着主要的教学过程。而其中兼具公共知识和社会情怀的更为匮乏。

（四）全国性样本的调研与初筛

1. 调查工具的形成

调查工具编制过程历时近 2 月，其间经过了四个阶段的修订完善。第一阶段：调研成员通过对近 20 年创新创业教育文献的梳理，拟制出了问卷题项初稿；第二阶段：在聘请创新创业教育领域内专家学者对问卷内容及表述进行评价与修改后，形成了问卷的试测版本；第三阶段：研究团队将试测问卷投放至全国各类高校合计 98 所进行初测；第四阶段：根据试测反馈结果修改讨论后，形成最终版问卷。

2. 调查数据的初筛

2018 年 9 月 15 日至 2019 年 1 月 18 日期间开展了面向全国 31 个省（自治区、直辖市）高校的调研。共回收问卷 201034 份、访谈记录 283 份（50 万余字）。其中针对学生群体的调研共回收问卷 187914 份。依据答题时长、无效填写等筛查标准剔除无效问卷 17150 份，有效卷占比 90.87%，最终获得有效卷数为 170764 份；针对教师群体的调研共回收问卷 13120 份，依据答题时长、无效填写等筛查标准剔除 524 份，最终获得有效问卷 12596 份，占比 96.01%。

（五）社会创业教育学习参与、学习参与度的选样与界定

1. 样本过滤的筛选依据

本节的目的是探索三元交互决定理论中个人因素、环境因素对高校社会创业教育高参与率地区的学生学习行为的影响机制。出于研究对样本数据内容和标准的要求，本章节具体从三个方面对数据进行了筛选。（1）针对性。为了解社会创业教育高参与率省（自治区、直辖市）高校学生的学习状况，所以教师、教辅人员、组织领导的数据不纳入目标样本，低

参与率省（自治区、直辖市）、中等参与率省（自治区、直辖市）数据不纳入目标样本。（2）代表性。由于样本数据规模巨大，所以选择典型群体及典型区域会使得数据更具参考价值。因此，剔除毕业生群体数据，将在校大学生作为研究对象。此外依据各省（自治区、直辖市）社会创业教育参与率统计结果，通过 PFS 计算机随机抽样，确定最终的目标样本区域（编号 13：福建）。（3）适切性。由前文所述，包含两个结果变量：社会创业教育学习参与和社会创业教育学习参与度，针对社会创业教育学习参与度的研究，选取的是参与了社会创业教育学习的学生，所以未参与的学生不包含在内。通过以上三个指标筛选后，最终获得目标数据库——"社会创业教育学习参与数据库"（6737 例）和"社会创业教育学习参与度数据库"（4903 例）。

2. 变量内涵的操作界定

（1）因变量的界定：将"社会创业教育学习参与"设定为二分变量。其操作定义为"是否参与社会创业教育"，包含社会创业教育课程、社会创业教育竞赛、社会创业教育实践三种形式。参与其中任意一种形式的教育内容均认定为"参与社会创业教育"记为"1"，均未参与则认定为"未参与社会创业教育"记为"0"；将"社会创业教育学习参与度"设定为连续变量，其"社会创业教育学习参与度"认定为社会创业教育内容的参与种类，具体包含三个方面：社会创业教育课程、社会创业教育竞赛、社会创业教育实践。参加 X（"X"为参与类型数，取值 1—3）项记为"X"。

（2）自变量的界定：参考前人关于社会学习理论的研究，在个人因素上选择：性别、民族、创业打算，三者均为分类变量；环境因素上，从环境因素的示范性和多元性特征选择了两类因素：示范性因素包括亲属创业经历（二分变量）、同伴创业行为（连续变量）；多元性特征因素包括创新创业教育课程多样性、竞赛多样性、实践多样性，三者均为连续变量，采用模糊评价法 5 点正向记分，对符合程度进行打分。

（六）社会创业教育学习行为模型的构建

1. 个人因素、环境因素对社会创业教育学习行为的影响作用

（1）创业意向、亲朋创业经历示范对社会创业教育学习参与的促成作用

为进一步探索个人因素与环境因素（示范性环境因素、多元性环境因素）对大学生社会创业教育学习的影响。下面我们根据不同变量类型分别采用卡方检验（分类变量）、方差检验（连续变量）、相关分析（分类变

量、连续变量)进行统计检验,以考察两类因素是否能对学习行为产生显著影响。

表4-8　学习行为影响因素的差异性检验(分类变量)

自变量				因变量	
	维度	名称	水平	社会创业教育学习参与	社会创业教育学习参与度
				卡方值	F
自变量	个人因素	性别	男	27.21***	35.04***
			女		
		民族	汉族	0.07	0.00
			少数民族		
		毕业去向	创业	8.55**	0.00
			不创业		
	示范性环境因素	亲属创业	有	10.58***	0.10
			没有		

注: * :$p<0.05$; ** :$p<0.01$; *** :$p<0.001$。

从表4-8可以看出,性别对于学生是否参加社会创业教育的学习决定有显著影响($\chi^2 = 27.21$, $p<0.001$),而对已经参加社会创业教育学习的学生来说,教育学习内容的类型和程度上同样受到性别因素的影响($F = 35.04$, $p<0.001$),且女性学生参与程度高于男性学生($M_女 = 2.49$, $M_男 = 2.34$, $M_女 > M_男$)。此外,学生是否属于少数民族该因素并不影响其在社会创业教育学习行为。然而对于毕业后打算创业的学生来说,其与不打算毕业后自主创业的学生相比,在是否参加社会创业教育学习的决定上有显著差异($\chi^2 = 8.55$, $p<0.01$)。而且从环境因素来看,来自家庭父母或亲友的创业经历(创业示范性行为)将会显著影响到学生决定是否参与到社会创业教育学习中去($\chi^2 = 10.58$, $p<0.01$)。然而这一差异并没在已参与社会创业教育学习的学生其学习参与度上体现差异($F = 0.10$, $p>0.05$)。

(2)创新创业教育内容的多样性对社会创业教育学习的促进作用

表 4-9　学习行为影响因素的差异性检验(连续变量)

评价维度	同伴创业行为	多样性创新创业课程	多样性创新创业竞赛	多类型实践导师	社会创业教育学习参与	社会创业教育学习参与度
同伴创业行为	1.00					
多样性创新创业课程	0.33***	1.00				
多样性创新创业竞赛	0.30***	0.74***	1.00			
多类型实践导师	0.27***	0.68***	0.76***	1.00		
社会创业教育学习参与	0.15***	0.14***	0.12***	0.11***	1.00	
社会创业教育学习参与度	-0.01	0.06***	0.06***	0.08***	/	1.00

注: * :p<0.05; ** :p<0.01; *** :p<0.001。

由连续性前因变量和结果变量的相关分析可以看出示范性环境因素(同伴创业行为)会显著影响到学生关于是否参加社会创业教育学习的决定($\alpha=0.15$,p<0.001);然而对于已经参加该学习的学生,在学习参与度上却未呈现影响。从环境因素中的多元性因素来看,来自创新创业教育课程内容、竞赛类型、实践师资的多样性均显著影响学生参与社会创业教育的决定,并且同时对已参加社会创业教育学习的学生其学习投入产生显著促进作用(p<0.001)。

从表 4-8、表 4-9 的结果证实了三元交互决定论关于创新创业教育的观点,大学生社会创业教育学习行为确实会受到来自个人的因素和来自环境的因素影响。具体来说,性别对其学习行为具有显著影响。而对尚未参加社会创业教育学习的学生来说,家庭和朋友的创业经历会显著促使其对社会创业教育的学习,进而参与到社会创业教育学习中去。而已接受社会创业教育的学生,他们对学习的投入程度显著受到学习内容的多样性、学习条件的多元性有所促进,此时示范性因素对其学习参与度的影响将不再显要。

2.个人因素、环境因素对社会创业教育学习行为的影响模型

本章节考察了单因素的前因变量对社会创业教育学习行为的影响,但考虑到混杂因素所带来的假性相关和共线性问题,以下研究将通过数学建模的方式将上述各影响因子综合纳入,以考察其对社会创业教育参与、社会

创业教育学习参与度的影响机制。

（1）创新创业教育的课程多样性对社会创业教育学习参与的"挤出效应"

采用 State 13.0 软件，构建广义线性模型（GLM）将前文所得具显著影响的前因变量纳入社会创业教育学习参与模型。目标事件为"参与社会创业教育"为二分变量，目标样本的事件发生率为 72.8%（p 参与>15.0%）。[①]此时 OR 值相对 RR 值存在较大系统偏差，故采用 Log-binomial 回归分析。下面就原始模型及替代模型结果进行报告：

表 4-10 社会创业教育学习参与的促成模型

题项 \ 模型	零模型		改进模型	
	系数	p	系数	p
常数项	−7.07		−0.677	
性别	−0.052	0.000	−0.051	0.000
毕业去向	0.012	0.496		
亲属创业	0.006	0.644		
同伴创业	0.054	0.000	0.059	0.000
课程类型多样	0.047	0.000	0.066	0.000
竞赛种类多样	0.011	0.433		
实践指导师资多元	0.017	0.157		
AIC	1.136		1.135	
BIC	−51683.980		−51713.840	

从表 4-10 可以看出，随着共线性因素的剔除模型的 AIC、BIC 值减小，模型实现了优化，以此说明模型改进具有意义。毕业去向、亲属创业、竞赛多样性以及实践师资多样性对学习参与行为不具备显著影响（p>0.05）。反之，性别、同伴创业行为与商创课程教学的多样性对社会创业教育的学习参与行为有显著影响。具体来看，同伴创业现象和商创课程类型多样性的提升将会降低学生参与社会创业教育学习的可能性。这说明多样性教学设计和成功创业范例对学生具有吸引作用，同时还表明商创教育内容与社会创业教育学习在学生参与选择上存在着竞争关系。对那些尚未参与社会创

① Mcnutt,L. A. & Wu,C. & Xue,X.,"Estimating the Relative Risk in Cohort Studies and Clinical Trials of Common Outcomes",*American Journal of Epidemiology*,Vol. 157,No. 10,2003.

业教育学习的学生来说,提供更为丰富和多彩的商创教育内容,则可能不利于其参与到社会创业教育学习中去。总的来说,由表4-10得到社会创业教育学习参与行为的促成模型为:

$$\ln(Y=1) = -0.68 - 0.05X_{gender} + 0.06X_{made-Ent} + 0.07X_{course} \quad (4-1)$$

其中,"1"代表的目标事件"参与社会创业教育学习"。

(2)创新创业教育的师资多元性对社会创业教育学习参与度的"协同效应"

对社会创业教育学习参与度模型的构建,采用高斯分布下的广义线性模型,符合其结果变量为连续变量,且主要前因变量(性别)涉及二分类的情况。由此,根据表4-8、表4-9的结果确定最终纳入的因子即性别、课程类型多样性、竞赛种类多样性、实践指导师资多元性四个自变量,根据运行结果对不显著的因素进行剔除修正,最终的模型见表4-11。

表4-11 社会创业教育学习参与度的促进模型

模型 题项	零模型		改进模型	
	系数	p	系数	p
常数项	2.066		2.078	
性别	0.150	0.000	0.148	0.000
课程类型多样性	0.023	0.225		
竞赛种类多样性	-0.011	0.620		
实践指导师资多元	0.063	0.003	0.072	0.000
AIC	2.425		2.424	
BIC	-38381.960		-38397.980	

从表4-11可以看出,通过对不显著因素的剔除,模型AIC、BIC减小,说明模型优化具有意义。此外,竞赛种类多样性、课程的多样性对社会创业教育的学习参与度并不具备显著影响($p > 0.05$)。

而社会创业实践活动中的师资来源的多样性以及性别差异,在社会创业教育的学习投入上体现出了显著差异。具体来说,社会创业教育实践环节的指导教师,其工作经历、从业背景、供职机构的多样性,将会更有利于学生在社会创业教育上的学习($p < 0.05$);而女性学生相对于男性学生在社会创业教育的学习参与程度上,表现出了更高热情和投入程度($p < 0.05$)。由表4-11可以得到,社会创业教育学习参与度的促进模型为:

$$Y = 2.08 + 0.15X_{gender} + 0.07X_{practice-mentor} \quad (4-2)$$

从上述两部分研究结果来看,对于尚未接触社会创业教育学习的学生,商业创业教育的学习资源丰富性和社会网络中同龄人的创业范例将会阻碍其参与到社会创业教育学习中去。环境中多样性的学习内容和身边创业成功的典型示范,将会使其对已接触的商创学习内容更为关注。而这种注意力和精力的大量投入,将会使学生减少了解社会创业的客观资源,"挤占"接触社会创业教育学习的主观意愿,从而不利于其参与社会创业的学习。然而与此相反的是,对于已参与到社会创业教育学习的学生来说,经过了商创教育的学习和社会创业教育的学习,其关注点更集中在实践环节,需求来自不同背景的指导教师给予其提供更有效的建议和知识。此外,该类学生从商创教育、社会创业教育任何一方学习到的知识都能促进两者的学习投入和评价,实现了"协同作用"。

二、关于大学生社会创业教育学习的建议

高校大学生社会创业教育工作应关注教育过程的落实,构建从知识吸收到学习转化,再到诉求反馈的培养体系更新链条。高校需要达成在社会创业者培养过程中的显性学习与隐性加工相匹配、内在需求与外部设计相适应、教学方法与教学目标相适切、学生诉求与组织权威相对接,从而构建起一个显隐兼顾、共同驱动、科学合理、多元话语的高校社会创业教育人才培养体系。

（一）个人走向环境,将改变"引进来"

其一,从显性环境来看,在广谱式组织架构下,可以将社会创业教育内容采用融合、依托、专设等方式进行传授或教学。在此基础上,以兴趣和创业经历为结合点并依托主管部门或创新创业学院开设强化提高课程。在这一阶段,一方面可以完善学生外显知识的结构,形成学科知识体系,另一方面也可通过案例教学、问题引发式教学(PBL)、体验式教学,促使学生对外显知识的理解顿悟,进而实现知识内化。

其二,从隐性环境来看,要构建校园社会创业教育的学习环境,可依据学生不同的职业发展路径进行分别架设。对想提高自身创新能力、创造素养的学生群体,可通过校内"公益创意征集"这种类似形式,采用活动竞赛和现场比拼烘托全校"公创"氛围,实现寓教于乐;对希望具备核心竞争实现良好的就业的学生群体,可以通过课程依托,将社会创业内容融入专业课程,以扩展其专业技能的视野和领悟,实现"一超多强";针对毕业后打算开启社会创业的学生,则可以采用暑期实践项目+社会创业工作室的方式,加深其对社会问题和企业运作的认知感悟,并借此培养其社会使命感、创业素

养、创业的自我效能感。

（二）环境面向个体，让改变"走出去"

接受了社会创业教育的学生和团队不仅是社会创业教育的培养成果，也是社会创业教育重要的师资来源。具体来说，我们一方面应打破师生身份的制度隔阂，将校园社会创业者加入到社会创业师资队伍中去。如就可以通过同伴分享的方式，使初学者和熟成者以平等的身份加入到讨论式的学习中去。这样做，既能实现教学覆盖以老带新，又能达成知识学习的辩证完善。另一方面我们还应打破教学开展的空间隔阂，利用校园社会创业者所拥有的社会网络扩展社会创业教育的影响。如可借由同伴的创业示范，将其寝室网络、班级网络、专业网络提供给具有社会创业意向的学生进行二次学习。这种不局限于课程实践、学习地点、教学身份的学习，具有更高的灵活性和针对性，学习双方也能彼此天然具备信任的环境，同时也有利于实现学习过程中的有效沟通。

此外，要将学生的诉求纳入管理者的视角。作为高校重要的利益相关者——在校学生，其直接影响着教学成果的质量和教育职能的实现，因此校方对其诉求与发展应采用融合而非指令的管理方式。对有意开启社会创业的学生来说，校方应将其培养过程融入高校人才培养体系，构建有利于这部分学生社会创业的"绿色通道"，并从教学管理和组织管理上给予可操作、能比较的、具有效能的管理方式，且通过组织架构落实下来。对社会创业教育内容提出改变的学生，学校应采用"内生外引"的方式，循序渐进完善各社会创业教育环节。可以在高校社会创业教育决策链专设学生席位，并赋予其投票权力权重，实现学生在高校社会创业教育发展中的真正影响。

总体来看，高校大学生应积极参与社会创业教育学习，实现自我社会创业素养的提升，在学习过程中创造社会价值。至于高校，则可以通过社会创业教育的有效开展，实现大学生个人发展、组织完善、教育升级的三重红利。

第五节　教育变革下社会创业教育发展的时代思考

一、新时代对社会创业教育提出了新挑战

党的十八大以来，我国教育站在新的制高点，教育改革取得历史性成就，教育整体发展水平步入世界中等国家水平的前列。进入新时代，我国教育事业面临的主要矛盾发生转变，战略发展目标上升到新层次，社会创业教育也因此被提升到新高度，担任着比以往更重要的责任，完成比以往更具有

挑战性的任务。新时代、新起点,社会创业教育也迎来新局面、新挑战,在新形势面前社会创业教育必须要因时而进、因势而新,以回归本分、回归初心、回归梦想的崭新面貌,赢得新时代、引领新时代。

具体来说,进入新时代,社会创业教育主要面临三大挑战,即新要求、新突破和新模式。新要求指站在历史的重要节点,我国高等教育面临许多新的社会问题,那么针对如何解决这些问题,推动教育改革的发展,我国教育改革提出了新的要求。新突破指进入新时代,社会创业教育面临新的背景,被寄予新的厚望。创新创业教育一直是我国高等教育改革的突破口,社会创业教育作为创新创业教育新的支点,同样也担负着艰巨的任务。新模式指进入新时代,社会创业教育育人模式要创新、服务方式要变革、科研成果要新颖。

二、新思想对社会创业教育提出了新要求

习近平新时代中国特色社会主义思想是马克思主义中国化的新成果,是我国教育工作的指导。进入新时代,社会创业教育也将这一思想作为开展教育工作的新指导,深刻把握新思想的基本观点、核心要义和精神实质,充分与实际工作相结合,不断提升我国教育事业的发展水平。在实际工作中,社会创业教育践行新思想、开展新研究,为社会创业教育工作注入了新的高度。

三、新矛盾为社会创业教育聚焦了新任务

进入新时代,教育领域随着社会主要矛盾的变化也发生了新的变化,即人民日益增长的优质教育需要和教育供给不平衡不充分之间的矛盾。为解决这一矛盾,党的十九大报告中明确指出要落实立德树人根本任务、推动城乡义务教育一体化发展、完善职业教育和培训体系、加快一流大学和一流学科建设、健全学生资助制度、支持和规范社会力量兴办教育、加强师德师风建设、办好继续教育八个方面的具体任务。目前在这八个领域的研究均有一定的进展,但是研究不充分、不明晰、操作性不强等问题仍十分突出。因此,为解决在教育公平、教育质量等方面的社会问题,社会创业教育要不断推进自身的实践、积累经验,为教育、学习、企业等组织的决策部门提供有效的决策依据和方案。

四、新使命要求社会创业教育要有新作为

党的十九大勾画了中国特色社会主义现代化的新蓝图:到 2035 年,我

国基本实现社会主义现代化,意味着教育要率先实现现代化;到21世纪中叶建成社会主义现代化强国,意味着我国要率先建成教育强国,这既是教育改革发展进程的必然要求,也是新时代赋予社会创业教育的重大历史使命。而社会创业教育可以为实现教育现代化,构建教育强国提供强大的支撑力和创造力。一方面,广大教育工作者和科研工作者要有社会创业教育使命感、责任感,致力于解决新时代社会创业教育过程中所面临的重大理论问题和现实问题,提高研究水准,丰富研究成果,为构建社会创业教育现代化体系和创业型社会提供强大的支撑。另一方面,在社会创业教育过程中,要更好地传承和实现创新创业的核心竞争力,通过知情践行、产学研创的培养模式和转化模式,不断将我国打造成在教育、科技、创新等方面均领先的社会主义强国。

五、新问题要求社会创业教育要有新提升

新时代赋予教育更高的使命和责任,但就目前形势看,社会创业教育的发展与强国要求、人民期待、国家智库建设等方面还存在不容小觑的差距,一是社会创业教育的研究水平较低。首先,研究内容不新颖,原创性不够且重复性研究占比较大。其次,研究缺乏实证性,仅局限于理论性研究。最后,研究成果质量不高,不具有可考量性、借鉴性。二是未形成通畅的社会创业教育成果转化渠道,致使创业者缺乏充分平台无法提高成果转化率。三是就整体而言,社会创业教育研究团队的研究水平需要进一步提升,考核评价激励机制也要更加科学、全面。四是社会创业教育研究仍存在单独作战的现象,团队内部或团队与团队间的协同创新力不够,因此社会创业教育需要直面问题,积极应对,在提升咨政建言、理论创新、指导实践等方面的能力。

第六节　教育改革对社会创业教育发展的启示

一、社会创业教育发展四大要点

（一）加强社会创业教育智库建设

社会创业教育的主要职责之一便是决策服务。在中国特色社会主义新时代下,社会创业教育必须认准目标,善于发现机遇、抓住机遇,勇于突破困境向前迈进,推动新时代下的中国特色新型教育智库建设,并扮演好教育决策中智囊团和思想库的角色。首先,要认准问题。将目光聚焦于社会痛点

问题,把握市场机会、抓住机遇,对社会创业教育现代化策略、重大社会创业教育政策和社会创业教育发展战略进行研究探索,加强教育强国建设,开展重大社会创业教育政策评估,进行社会创业教育舆情监测并不断对社会创业教育满意度进行追踪测评。其次,要选对路径。有效利用互联网、大数据平台,进行科研方法上的创新,强化以数据为基础的实证研究,与国外社会创业教育进行比较研究,积极探索新的社会创业教育研究组织形式和研究方法,从而提高决策服务质量,产出更具影响力的新成果。最后,要促进转化。以促进社会创业教育科研成果和教学成果转化为首要任务,建立操作性强,更加科学化的成果转化评价激励机制,推进社会创业教育成果发布机制和转化推广平台的建设,达到提升社会创业教育质量的最终目的。

（二）深化社会创业教育基础研究

首先,深入开展社会创业教育基础研究。在社会创业教育基本理论、前沿学科以及交叉学科方向上进行深层次探讨研究。思考互联网+、大数据背景之下的社会创业教育教学新形式、新方向,促进新时代教育理论知识的形成和发展。其次,不断总结社会创业教育实践经验。在实践中收集多样的新材料,不断引发自我思考,形成新的思维模式并健全思维体系,从而产生更多新的观点和看法。面向社会创业教育一线,及时完善经验总结,促使理论完善提升。同时,优秀典型实践基地重点培养,由局部到整体逐步开展宣传推广工作,达到经验全覆盖、国家社会创业教育共进步的目的。

（三）深化社会创业教育综合改革

要促进社会创业教育全方位的综合性改革和教学改革,第一步,应从区域改革入手,根据各高校不同的地理位置发挥其自身独特的地域优势,挖掘其独特的科技优势和创业环境优势,寻求适合自身社会创业教育发展的最优路径,从而形成全国性多样化的教育发展模式。第二步,以社会服务为基准点,采用科研手段引领改革,利用现代化信息技术带动社会创业教育现代化,加强社会创业课程体系建设,寻求新的社会创业育人模式,采取更多有效措施促进社会创业内涵发展,深化社会创业教育教学改革,提升受教育群众的教育获得感。第三步,及时更新思想观念、破除体制机制弊端、打破利益固化怪圈,总结有效经验,构建体系完备、科学规范、运行有效的社会创业教育制度体系,从而形成具有全国性参考价值的社会创业教育发展模式。

（四）构建社会创业教育"合力网"

科技的进步与时代的发展促使"人类命运共同体"的形成,教育问题也不再是相互独立的单一性问题,需要各区域协同合作,各主体共同研究,促使社会创业教育走向规模化和一体化。在发挥学术界和实业界对社会创业教育学术影响和社会影响的同时,还需凝聚各方社会主体力量,共同促进社会创业教育长足发展与进步。社会创业教育以"共商共建共享"为理念基础,进行包容互惠开放式的发展研究,以"项目带动、创新驱动、合力推动"为主建立社会创业教育工作机制,形成全国一体化社会创业教育研究新格局。此外,各地社会创业中心、高校及志愿者组织之间应加强交流与合作,形成合作联盟,构建社会创业教育"合力网",共同享有教育资源,共同搭建网络平台、数据平台、成果发布平台、自媒体平台等资源平台,共同做好满意度测评工作,共同创造社会创业教育新体系,从而共同为社会创业教育发展贡献力量。

二、我国社会创业教育发展新探索

大学引领社会发展通过其前瞻性认识与卓越人才培养来实现。社会创业教育致力于培养能够解决社会突出问题、具有创新创业思维和能力的社会创业者,在政府、市场等相关利益之间形成创新性社会治理模式。哈佛大学社会创业教育的肇端与发展反映出其办学的高度敏锐性,折射出其创新创业精神与全球领袖人才培养目标,也体现了其办学过程中的协同性。

社会创业有助于解决社会与经济发展中的弊端。长期以来,我国以GDP为导向的传统经济发展思路导致了很多社会问题,如环境污染、贫富差距拉大、教育机会不均等、企业道德下滑等问题。这些社会问题在很大程度上制约着经济可持续发展。实践证明,社会创业通过捕捉新机会,处理社会机构缺位或应对社会环境产品分配不均,从而克服和弥补传统结构的效能不足。大学生是社会最富创造力的群体,也是未来社会发展的主力军,社会创业教育可以在很大程度上提高他们的社会使命感,以创新创业思维解决社会问题。

目前,我国部分高校开始推动社会创业教育。2007年,中国社会创业研究中心落户湖南大学;2009年,清华大学举办了首届"北极光杯"社会创业挑战赛;2013年,浙江大学首次尝试开设了社会创业短学期实践课程;2014年,由共青团中央等单位举办的"挑战杯"中国大学生创业计划竞赛更名为"创青春"全国大学生创业大赛,将社会创业纳入大赛,为推广社会创业理念,推动社会创业教育发挥了促进作用。然而,全面推进我国社会创业教育还面临着一系列难题,需要大家继续努力探索社会创业教育的新思路和新举措。

(一)观念重构:克服创业教育的功利主义倾向

作为世界名校,哈佛大学重视培养具有全球视野的领导人才,注重将全球重大问题与教育相结合,及时将"可持续发展""经营责任""绿色创业""全球变革"等理念渗透进创业教育之中,显现出其社会创业教育在世界高等教育舞台的前瞻与先行。

我国新一轮创业浪潮正推动高校创业教育逐步走向专业化、体系化、整体化。然而,尽管人们对创业教育的认识正日益拓展,但将"创业教育"等同于"商业创业教育"的观念仍占主流,"以创业带动就业""创业创造财富"等口号透视出这种认识论。

20世纪80年代以来,国际创业观念已经发生广泛而深刻的变化。我国高校应该主动引领创业社会的发展,而不是被动适应当下的就业压力。创业教育需要从更深入和多元的角度去理解,创办企业、社会创业、内创业等多种形式的创业必须得到全面重视。针对大学生的创业教育也应该百花齐放,满足大学生创业的多元价值需求。

（二）学科交融:促进全校性的社会创业教育

知识社会的一个重要特征是知识不再固守某一局部版图中,社会问题也不会单纯地发生在某一学科边界之内,渗透、交叉、互动成为重要趋势。这种复杂性对学生的认知和创业能力提出了更高的要求,学习、社会、创业成为当代大学生必须把握的脉络。越来越多的学者认识到,无论何种学科背景的大学生都应该接受一定形式的创业教育,[1]而不是将自身局限在原有学科边界之内。基于社会创业兼有社会性和创业性双重性质,高校在推进社会创业教育时应积极鼓励学科交融、渗透与合作。哈佛大学社会创业教育组织模式与实施策略可为我国高校提供相关的借鉴经验。

在学科交融理念下,社会创业教育具有教育对象全校化、学科边界融合化、课程类型多样化、组织管理去中心化等特征。在学科交融模式中,各个参与学院各负其责,专业师资与创业师资共同开发课程,专业学习与创业学习各有侧重。在社会创业教育管理上学科交融模式面临着组织架构与职能重组的任务。如在社会创业教育系统中,全校层面的协调机构主要负责学校层面的社会创业教育战略制定与执行、合作平台搭建、创业实践活动组织等;院系自主负责专业性的社会创业教育预算、决策、招生、接受捐赠等。

（三）内外协同:促进社会创业教育的可持续发展

内部组织和外部支撑是社会创业教育能够取得可持续发展的有效保障。高校社会创业教育,与学校、政府、企业、社区、基金会、媒体等利益相关

---

① Katz,J. A. & Roberts,J. & Strom,R. & Freilich,A.,"Perspectives on the Development of Cross Campus Entrepreneurship Education",*Entrepreneurship Research Journal*,2014,Vol. 4(1).

者有着千丝万缕的关系,只有在各方形成共同体的情况下,大学生方有可能实现社会创业理想。哈佛大学在构建社会创业教育共同体上,内部实现了"学校—学院—学生"三个层级的协同,外部则吸纳多方社会资源,为社会创业教育的实施提供支撑性环境。

从发展的历史经验和实际需求来看,社会创业教育应注意避免成为偏安一隅的书斋式教育,走向社会、联系社会和服务社会是其必然方向。但对于如何与社会互动,怎样实现内外部联动,这是没有统一答案的问题。在当前的背景下,我国社会企业对高校发展的参与还明显弱于国外同类企业,社会基金及其他非营利组织的身影也并不常见,因此仅从这一点来看,社会创业教育的推动并不能全部依赖于高校,政府应更多地将企业及其他社会力量引入高校,这些机构也应采取更为积极主动的行为,因为高校是社会创新发展的力量源泉,而创新驱动发展的时代已然到来。

第五章 大学生社会创业者创业能力影响因素及实践探索

社会创业是坚持经济效益与社会效益的一种新型创业形式,能够为社会发展、经济平稳运行、政府治理、市场调节提供另样的方式和手段,从而平衡经济、社会、环境三者之间的关系。通过社会创业教育能够不断提升大学生的创业能力,从而促进大学生社会创业,是当前解决社会问题,为全球经济和社会发展作出贡献的重要途径。基于中国31个省、市、区20134份有社会创业经历的大学生样本,从性别、数字政府建设、创业教育对大学生社会创业者的创业能力影响机制展开分析。结果表明:首先,性别对大学生社会创业者创业能力有显著影响,且数字政府建设、创业教育对大学生社会创业者创业能力均有正向显著影响。其次,创业认知遮掩了女性社会创业者在创业能力方面的优势,即女性具有更高的创业能力。此外,创业认知在政府数字化改革和社会创业能力关系中起部分中介作用。最后,创业认知在创业教育和社会创业者的创业能力关系中起部分中介作用。本书研究分析了大学生社会创业者创业能力的影响机制,并为创业认知在创业能力中的作用机制提供了新的视角。

第一节 数字时代大学生社会创业者创业能力研究背景和理论分析

一、大学生社会创业者创业能力研究背景

社会创业是一种新的创业形式,是人类社会发展到一定阶段,随着经济、社会问题的产生而出现的,特别是在全球经济困难之时,创业者们开始更多地关注社会经济部门,认为社会创业在经济不佳状况下具有更大的潜力应对亟待解决的社会问题,更能够为全球经济和社会发展作出贡献。[1]

---

[1] Sonnino, R., Griggs-Trevarthen, C., "A Resilient Social Economy? Insights from the Community Food Sector in the UK", *Entrepreneurship and Regional Development*, 2013, Vol. 25, No. 3-4, pp. 272-292.

社会创业与人们对社会问题、居住环境、特殊群体的关注密切相关,其追求社会和经济目标的双重性,①既能够为社会的发展提供益处,还能够为不同的群体创造价值。

在社会创业实施过程中,社会创业者作为实施主体和最核心的行动者,他们的素质与能力结构对创业项目的成败、创业组织相关机构的运作及发展起着至关重要的作用,社会创业者处于解决复杂社会问题的最前沿。②越来越多的国家和高等教育机构关注创新创业教育并对其进行大量的投资。③ 中国自 2014 年起颁布一系列有关创新创业的文件,以鼓励"大众创业、万众创新",并大力投资高校创新创业教育,以激发人们的创业热情。④根据全球创业观察(Global Entrepreneurship Monitor,GEM)报告,中国创业活动率在持续上升。

日益突出的社会和公众的服务需求要求大学生利用自身所学为社会和公众解决问题,以及在此过程中实现商业价值和社会价值的双赢。⑤ 对于高校来说,其对学生创业具有非常重要的促进作用,⑥特别是高校的人才培养、社会服务使命以及与经济社会发展不可分割的属性,使其与培养社会创业者紧密相关。社会创业教育在高等教育生态系统中的生态位将逐步扩大,其竞争力和影响力也将走向强化。伊利(Ely)认为高校的新角色是教育学生认识到可持续发展的重要性,⑦其职责之一是培养有责任的公民和

---

① Shin, C., Park, J., "How Social Entrepreneurs' Value Orientation Affects the Performance of Social Enterprises in Korea: The Mediating Effect of Social Entrepreneurship", *Sustainability*, 2019, Vol. 11, No. 19.

② Davis, P. E., Bendickson, J. S., Muldoon, J., & McDowell, W. C., "Agency Theory Utility and Social Entrepreneurship: Issues of Identity and Role Conflict", *Review of Managerial Science*, 2021, Vol. 15, pp. 2299-2318.

③ Brush, C. G., Duhaime, I. M., Gartner, W. B., Stewart, A., Katz, J. A., Hitt, M. A., Alvarez, S. A., Meyer, G. D., & Venkataraman, S., "Doctoral Education in the Field of Entrepreneurship", *Journal of Management*, 2003, Vol. 29, No. 3, pp. 309-331.

④ Wang, C., Mundorf, N., & Salzarulo-McGuigan, A., "Entrepreneurship Education Enhances Entrepreneurial Creativity: The Mediating Role of Entrepreneurial Inspiration", *The International Journal of Management Education*, 2022, Vol. 20, No. 2.

⑤ 李远熙:《社会创业:大学生创业教育的新范式》,《高等教育研究》2015 年第 3 期。

⑥ Astebro, T., Bazzazian, N., & Braguinsky, S., "Startups by Recent University Graduates and Their Faculty: Implications for University Entrepreneurship Policy", *Research Policy*, 2012, Vol. 41, No. 4, pp. 663-677.

⑦ Ely, A. V., "Experiential Learning in 'Innovation for Sustainability': An Evaluation of Teaching and Learning Activities (TLAs) in an International Masters Course", *International Journal of Sustainability in Higher Education*, 2018, Vol. 19, No. 7, pp. 1204-1219.

领导者,使他们能够为社会问题提出相应的解决方案。[1] 然而,在高等教育中实施可持续社会创新仍然存在障碍和挑战,[2]提升大学生社会创业者的创业能力或是一种策略。创业能力对于创业成功十分重要,[3]且大学所进行的创业教育能够影响大学生的创业能力。[4] 但以往的研究大多聚焦于创新创业教育对商业创业能力的作用,[5]研究社会者创业能力的很少。此外,大量研究强调创新创业教育能够直接影响大学生创业能力,[6]但也有研究从社会心理学的角度发现创业认知在能力提升中起着至关重要的作用。[7]尽管人们对这一领域的兴趣日益浓厚,但对成功的社会企业家如何塑造能力以及需要具备哪些能力却知之甚少。因此,本书旨在探究创新创业教育在大学环境下提高大学生社会创业者创业能力的过程。

　　性别视角是社会创业研究分析中的一个重要考虑因素。[8] 然而,在大

---

① Agustina, T., Budiasih, Y., Ariawan, E. K., & Gorovoy, S. A., "Role of Social Entrepreneurship in Business Management", *Journal of Critical Reviews*, 2020, No. 7, pp. 257-262.

② Ávila, L.V., Leal Filho, W., Brandli, L., Macgregor, C.J., Molthan-Hill, P., Özuyar, P.G. & Moreira, R.M., "Barriers to Innovation and Sustainability at Universities around the World", *Journal of Cleaner Production*, 2017, Vol. 164, pp. 1268-1278.

③ Lofstrom, M., "Does Self-Employment Increase the Economic Well-being of Low-Skilled Workers?", *Small Business Economics*, 2013, Vol. 40, pp. 933-952.

④ Hahn, D., Minola, T., Bosio, G., & Cassia, L., "The Impact of Entrepreneurship Education on University Students' Entrepreneurial Skills: A Family Embeddedness Perspective", *Small Business Economics*, 2020, Vol. 55, pp. 257-282.

⑤ Karimi, S., Biemans, H. J., Lans, T., Aazami, M., & Mulder, M., "Fostering Students' Competence in Identifying Business Opportunities in Entrepreneurship Education", *Innovations in Education and Teaching International*, 2016, Vol. 53, No. 2, pp. 215-229.

⑥ Wang, C., Mundorf, N., & Salzarulo-McGuigan, A., "Entrepreneurship Education Enhances Entrepreneurial Creativity: The Mediating Role of Entrepreneurial Inspiration", *The International Journal of Management Education*, 2022, Vol. 20, No. 2. Iwu, C. G., Opute, P. A., Nchu, R., Eresia-Eke, C., Tengeh, R. K., Jaiyeoba, O., & Aliyu, O. A., "Entrepreneurship Education, Curriculum and Lecturer-Competency as Antecedents of Student Entrepreneurial Intention", *The International Journal of Management Education*, 2021, Vol. 19, No. 1. Sánchez, J. C., "The Impact of an Entrepreneurship Education Program on Entrepreneurial Competencies and Intention", *Journal of Small Business Management*, 2013, Vol. 51, No. 3, pp. 447-465.

⑦ Chaston, I., & Sadler-Smith, E., "Entrepreneurial Cognition, Entrepreneurial Orientation and Firm Capability in the Creative Industries", *British Journal of Management*, 2012, Vol. 23, No. 3, pp. 415-432.

⑧ Vázquez-Parra, J. C., García-González, A., & Ramírez-Montoya, M. S., "Social Entrepreneurship Competency: An Approach by Discipline and Gender", *Journal of Applied Research in Higher Education*, 2021, Vol. 13, No. 5, pp. 1357-1373.

量的创业研究中,性别往往仅作为一个控制变量来考虑,[1]没有意识到创业存在性别差异。实际上,女性在商业创业中的存在感更弱,在社会创业中的参与度与男性相似。[2] 因为社会创业较商业创业往往更强调亲社会行为,较少与大胆、冒险行为联系,而女性更具备与之相关的关心他人[3]和人性化[4]等特质。因此,本书考虑到预期结果可能会受到性别的影响,加入了性别要素的研究。

创业是很复杂的活动,大学生创业不仅受学校创新创业教育的影响,也受到政府的影响。随着数字时代的到来,政府数字化改革迫在眉睫。政务新媒体新平台日益成为政务服务的新渠道,人们可以通过这些平台了解创业相关政策、信息,从而感知到创业机会。另外,电子政府极大地简化审批流程,提高办事效率,优化营商环境,提供给大学生一个更加开放、包容的创业环境。因此,本书也考虑政府数字化改革对大学生社会创业活动的影响。

因此,本书将构建一个模型,分析性别、数字化政府、创业教育对社会创业者创业能力的影响机制,以及创业认知在其中发挥的作用。本书丰富了理论和实践研究,对教育工作者、研究人员和国家政策制定者具有一定的参考价值。

二、数字时代大学生社会创业者创业能力理论基础与研究假设

(一) 社会认知理论

社会认知理论(Social Cognitive Theory,SCT)是一种关于人类功能的心理学观点,强调社会环境在动机、学习和自我调节方面所起的关键作用。[5]

---

[1] Cui, J., Sun, J., & Bell, R., "The Impact of Entrepreneurship Education on the Entrepreneurial mindset of College Students in China: The Mediating Role of Inspiration and the Role of Educational Attributes", *The International Journal of Management Education*, 2021, Vol. 19, No. 1.

[2] Gupta, P., Chauhan, S., Paul, J., & Jaiswal, M. P., "Social Entrepreneurship Research: A Review and Future Research Agenda", *Journal of Business Research*, 2020, Vol. 113, pp. 209-229.

[3] Hechavarría, D., M., & Brieger, S., A., "Practice rather than Preach: Cultural Practices and Female Social Entrepreneurship", *Small Business Economics*, 2022, Vol. 58, No. 2, pp. 1131-1151.

[4] Clark Muntean, S., & Ozkazanc-Pan, B., "Feminist Perspectives on Social Entrepreneurship: Critique and New Directions", *International Journal of Gender and Entrepreneurship*, 2016, Vol. 8, No. 3, pp. 221-241.

[5] Schunk, D. H., & Usher, E. L., "Social Cognitive Theory and Motivation", *The Oxford Handbook of Human Motivation*, 2012, pp. 13-27.

社会认知理论认为,个体与其环境之间的任何互动都可能影响其行为和态度。[1] 人类行为必须从环境、认知、行为因素之间的相互因素来解释。创业行为会随着社会结构因素的变化而演变,包括通过个人心理机制运作的教育和随后的学习,[2]个体为了获得教育、知识和学习而与外部环境进行的社会互动,不仅会影响个人的发展,也会改变其应对创业活动的行为。因此,创业教育可以通过运用基于课堂的理论和应用驱动的互动与环境中的机会,能够提升了学生的创业能力,并将其培养成极具社会责任感的企业家。

　　本书主要基于班杜拉(Bandura)[3]的社会认知理论,强调大学生社会创业者创业能力作用机制,以及增强或约束创业能力的内外因素。特别是,我们关注创业认知、预期结果和目标(创业能力),以及它们与他人(如性别)、情境(如政府数字化改革)和经验/学习因素(如创业教育)之间的相互关系。该理论综合了认知、行为和环境方面的观点,提供了一个更全面的框架来检查人类行为及其结果,而不是只关注这些层面和变量的任何一个类别。在这方面,社会认知理论为确定情境、最终影响创业能力的机制提供了一个有用的理论框架。

　　(二)　社会创业与创业能力

　　社会创业越来越受到研究者的关注,[4]其囊括了聚焦社会问题的"社会"维和强调创新型商业模式的"创业"维。社会创业是一种使用商业手段解决社会问题的新兴创业方式,[5]尽管社会创业越来越受到人们的关注,[6]但其定义仍然存在争论,主要分为三种不同的流派:(1)社会目

---

[1] Bandura, A., "The Explanatory and Predictive Scope of Self-Efficacy Theory", *Journal of Social and Clinical Psychology*, 1986, Vol. 4, No. 3, pp. 359–373.

[2] Bandura, A., "Social Cognitive Theory: An Agentic Perspective", *Annual Review of Psychology*, 2001, Vol. 52, pp. 1–26.

[3] Bandura, A., "The Explanatory and Predictive Scope of Self-Efficacy Theory", *Journal of Social and Clinical Psychology*, 1986, Vol. 4, No. 3, pp. 359–373.

[4] Saebi, T., Foss, N. J., & Linder, S., "Social Entrepreneurship Research: Past Achievements and Future Promises", *Journal of Management*, 2019, Vol. 45, No. 1, pp. 70–95.

[5] Bhatt, B., Qureshi, I., & Riaz, S., "Social Entrepreneurship in non-Munificent Institutional Environments and Implications for Institutional Work: Insights from China", *Journal of Business Ethics*, 2019, Vol. 154, No. 3, pp. 605–630.

[6] Mair, J., & Marti, I., "Social Entrepreneurship Research: A Source of Explanation, Prediction, and Delight", *Journal of World Business*, 2006, Vol. 41, No. 1, pp. 36–44.

标派:坚持社会目标的唯一性;①(2)社会优先派:赞成商业逻辑但坚持社会逻辑优先;②(3)双元均衡派:双重逻辑应当走向平衡。③ 本书遵循普遍接受的定义:坚持经济效益与社会效益并以社会效益为主的一种新型的创业形式。

社会创业者是社会创业的实施核心,而创业能力又是社会创业者所要必备的。"能力"概念研究非常多,④巴奇加卢波等(Bacigalupo et al.)学者将"能力"定义为成功完成一项工作所必需的知识、技能和态度。⑤ 兰斯等(Lans et al.)学者认为创业能力是识别和追求机会的一套知识、技能和态度。⑥ 苏莱曼等(Slisane et al.)(2021)认为创业能力包含知识、技能和创新心态。⑦ 而创业是一套知识和技能的混合体,其基础是个人和组织的价值观和态度的反映。⑧ 因此本书参考众多学者的研究,认为创业能力包括创业知识、创业技能和创新精神三要素。

(三) 性别和创业能力

纵观全球,男性创业者要比女性创业者多。全球创业观察显示,全球女性创业活动总量平均比例是男性创业活动总量比例的四分之三。一直以来,创业活动被认为是由男性主导的领域,⑨男性具有的侵略性、冒险性、创新性等特征

① Chan, C. H., Chui, C. H. K., Chan, K. S. T., & Yip, P. S. F., "The Role of the Social Innovation and Entrepreneurship Development Fund in Fostering Social Entrepreneurship in Hong Kong: A Study on Public Policy Innovation", *Social Policy & Administration*, 2019, Vol. 53, No. 6, pp. 903-919.

② Stevens, R., Moray, N., & Bruneel, J., "The Social and Economic Mission of Social Enterprises: Dimensions, Measurement, Validation, and Relation", *Entrepreneurship Theory and Practice*, 2015, Vol. 39, No. 5, pp. 1051-1082.

③ Fosfuri, A., Giarratana, M. S., & Roca, E., "Social Business Hybrids: Demand Externalities, Competitive Advantage, and Growth through Diversification", *Organization Science*, 2016, Vol. 27, No. 5, pp. 1275-1289.

④ Ferreras-Garcia, R., Hernandez-Lara, A. B., & Serradell-Lopez, E., "Entrepreneurial Competences in a Higher Education Business Plan Course", *Education and Training*, 2019, Vol. 61, No.7-8, pp. 850-869.

⑤ Bacigalupo, M., Kampylis, P., Punie, Y., & Van den Brande, G., Entre Comp: The Entrepreneurship Competence Framework, Luxembourg: Publication Office of the European Union, 2016.

⑥ Lans, T., Biemans, H., Mulder, M., & Verstegen, J., "Self-Awareness of Mastery and Improvability of Entrepreneurial Competence in Small Businesses in the Agrifood Sector", *Human Resource Development Quarterly*, 2010, Vol. 21, No.2, pp. 147-168.

⑦ Slisane, A., Lama, G., & Rubene, Z., "Self-Assessment of the Entrepreneurial Competence of Teacher Education Students in the Remote Study Process", *Sustainability*, 2021, Vol. 13, No. 11.

⑧ Dees, J. G., "The Meaning of Social Entrepreneurship", Social Entrepreneurship Funders Working Group, 1998.

⑨ Garg, S., & Agarwal, P., "Problems and Prospects of Woman Entrepreneurship-A Review of Literature", *Journal of Business and Management*, 2017, Vol. 19, No. 1, pp. 55-60.

与创业活动高风险性、高不确定性等特征相适配,①而女性具有的保守、对失败的容忍度更低的特征与创业者特征背道而驰。在创业的过程中,女性往往遇到的障碍更多,②这些都导致了女性创业者总体比例较低。社会企业的数量也存在性别差异,虽然男性多于女性,但在社会创业环境中,女性创业者占总人数的比例远高于商业创业环境。③ 迪克尔(Dickel)和埃卡特(Eckardt)进行的一项涉及601名学生的研究证实了这一点:女性往往更希望创办社会企业而不是商业企业。④ 如前所述,社会创业往往与亲社会行为相联系而较少与大胆的行为和冒险相联系,女性更倾向于关心他人、更人性化和更加重视创造社会价值,从而表现出对社会问题的高积极性,也更有信心和能力处理社会问题。因此,本书提出以下假设:

假设5.1:性别影响社会创业能力。

(四) 数字政府建设和创业能力

随着5G、大数据、云计算、区块链、人工智能等数字技术的不断发展,使得公民、企业、政府等不同主体打破传统边界,在广泛互联的基础上不断共享创新,促成了主体之间前所未有的连接能力,形成了全新的生产和生活关系。数字化成为当前全球发展的最强驱动力之一。为顺应数字化潮流,各国政府都在寻求公共行政方式转型即推进数字政府建设以提高自身的经济竞争力。⑤ 此时,劳动者的创新、创造力、创业精神尤为重要。⑥ 有关葡萄牙城市的一个案例研究表明,政府需要通过提高技术化水平以及改善数字管理系统来参与到数字化时代中,同时采取一系列有效措施,例如建立多方

---

① Dickel, P., & Eckardt, G., "Who Wants to be a Social Entrepreneur? The Role of Gender and Sustainability Orientation", *Journal of Small Business Management*, 2021, Vol. 59, No. 1, pp. 196-218.

② Dickel, P., & Eckardt, G., "Who Wants to be a Social Entrepreneur? The Role of Gender and Sustainability Orientation", *Journal of Small Business Management*, 2021, Vol. 59, No. 1, pp. 196-218.

③ Hechavarria, D. M., Ingram, A., Justo, R., Terjesen, S., "Are Women more Likely to Pursue Social and Environmental Entrepreneurship?", *Global Women's Entrepreneurship Research*, Edward Elgar Publishing, 2012.

④ Dickel, P., & Eckardt, G., "Who Wants to be a Social Entrepreneur? The Role of Gender and Sustainability Orientation", *Journal of Small Business Management*, 2021, Vol. 59, No. 1, pp. 196-218.

⑤ Ivanova, V., Poltarykhin, A., Szromnik, A., & Anichkina, O., "Economic Policy for Country's Digitalization: A Case Study", *Entrepreneurship and Sustainability Issues*, 2019, Vol. 7, No. 1, pp. 649-661.

⑥ Holford, W. D., "The Future of Human Creative Knowledge Work within the Digital Economy", *Futures*, 2019, Vol. 105, pp. 143-154.

合作的社会网络以及识别有利的创业机会等,鼓励当地的创业精神。① 政府提供的支持可以营造一种环境来提高创业者的创业能力。② 具体而言,数字化催生了许多创业机会,数字平台为大学生的创业就业提供了更多路径,人们可以通过这些平台了解创业相关政策、信息,从而感知到创业机会。另外,数字政府建设能极大地简化审批流程,提高办事效率,优化营商环境。同时,这些平台通过对典型企业家的宣传,在一定程度上会激发人们的创业意识,培养创业能力。基于以上分析,本书提出以下假设:

假设5.2:数字政府建设正向影响大学生社会创业能力。

（五）创新创业教育和创业能力

创新创业教育作为一个研究主题,起源于1947年美国哈佛大学开设的创新创业教育课程。1968年,百森商学院在本科教育阶段率先创立了创业学专业并开设主修课程。之后随着知识的更新迭代以及技术的不断发展,为了缓解全球经济压力,解决日益严重的社会和环境问题,越来越多的国家、高等教育机构意识到创新创业教育的重要性,并对其进行大量投资,③创新创业教育的范围也从商学院不断走向了所有性质的学校当中。④ 由于社会创业活动的不断兴起,社会各界纷纷重视起社会创业人才,至此各大高校把目光转移到社会创业中来,逐渐开展起社会创业教育以及相关的对社会创业人才的培训计划。社会创业者是社会创业启动和组织最核心的行动者,其素质与知识能力结构对创业项目的成败、创业组织相关机构的运作及发展起着至关重要的作用。每个人生来就是创业者,能够通过终身学习掌握和提升相应的创业特征以开发特殊的创业特性。⑤ 社会创业教育能够强化这一理念,它除了要求学生掌握企业创办所需的知识和技能之外,还需要着重培养学生的社会责任感,引导学生关注社会现实问题,从而使创业行为兼具获利性与公益性。因此,社会创业教育在培养目标、师资要求、课程建

---

① Rodrigues, M., & Franco, M., "Digital Entrepreneurship in Local Government: Case Study in Municipality of Fundão, Portugal", *Sustainable Cities and Society*, 2021, Vol. 73.

② Malebana, M. J., "Knowledge of Entrepreneurial Support and Entrepreneurial Intention in the Rural Provinces of South Africa", *Development Southern Africa*, 2017, Vol. 34, No. 1, pp. 74-89.

③ Brush, C. G., Duhaime, I. M., Gartner, W. B., Stewart, A., Katz, J. A., Hitt, M. A., Alvarez, S. A., Meyer, G. D., & Venkataraman, S., "Doctoral Education in the Field of Entrepreneurship", *Journal of Management*, 2003, Vol. 29, No. 3, pp. 309-331.

④ Kuratko, D. F., "The Emergence of Entrepreneurship Education: Development, Trends, and Challenge", *Entrepreneurship Theory and Practice*, 2005, Vol. 29, No. 5, pp. 577-597.

⑤ Dees, J., Emerson, J, & Economy, P., *Enterprising Nonprofits: A Toolkit for Social Entrepreneurs*, New York: John Wiley & Sons, 2001.

设等方面有别于一般的商业创业教育。①

1997年,被誉为"美国社会创业教育之父"的格雷格·迪斯(Greg Dees)在哈佛大学开设了第一门社会创业课程。此后,短短的几十年间,社会创业教育呈现出快速发展,例如斯坦福大学、加州大学伯克利分校、纽约大学、杜克大学等一大批高校相继开设社会创业类项目(如表5-1所示)。

表5-1　社会创业类项目②

竞赛	地点	奖励	起始时间
赫尔特赛	美国(全球)	100万美元	2010年春季
社会创业创新赛	杨百翰大学		2010年
社会企业赛	卡尔加里大学	肯尼亚实习机会	2014年
凯洛格生物技术和医疗保健赛	西北大学(全球)	5000美元	2007年
源于戴尔社会创新赛(2007—2013)的VERB	美国(全球)	25000美元	2014年
学生改变游戏挑战赛(发展数字游戏)	欧洲(全球)	被邀请参加一系列展示活动	2013年
中国香港社会企业挑战赛	中国香港	奖金最高达6万港币的两个奖项	2007年
校长挑战赛	哈佛大学(面向哈佛大学的学生和博士后)	指导ilab项目中的10支顶尖队伍。7万美元的大奖(亚军可获得3万美元)	2012年
斯科尔基金会社会企业挑战赛	面向学生和普通大众	10支队伍通过捐款人匹配的方法分享筹集到的160万美元	2014年
《金融时报》MBA挑战赛	全球	咨询慈善伙伴的机会	2012年

特别是哈佛大学在课程设置上,试图将社会创业课程渗透于学科与专业学习,以培养学生的社会责任意识和创业性思维为重点,体现出创业与专业融合的特征。近年来,哈佛大学商学院、教育研究生院、肯尼迪学院、哈佛学院、法学院等纷纷从各自学科出发,将专业课程与社会创业课程紧密融

---

① 黄兆信、黄扬杰:《社会创业教育:内涵、历史与发展》,《高等教育研究》2016年第8期。

② Basaiawmoit, R. V. & Wagner, K., "An Auto-Ethnographic Perspective of Social Entrepreneurship Focused Student Case-Competitions and its Impact on Entrepreneurship Education and Learning", *E-Learning Papers*, 2015, Vol. 5.

合,开设多种类型的社会创业类课程,①见表5-2。

表5-2　哈佛大学开设的部分社会创业类课程

开课学院	课程名称	开课学院	课程名称
商学院	金字塔底端的商业	教育研究生院	教育革新与社会创业
	教育中的创业与技术创新	公共卫生学院	卫生与环境中的社会创业
	全球卫生管理: 运用行为经济学来创造影响	肯尼迪政府 管理学院	私立与社会部门的创业
	社会创新实验室: 田野课程		公共问题处理与慈善
	社会企业管理		私人资本的公共目的
	可持续城市: 金融、设计与创新	法学院	社会创业导论
	商业、能源和 环境中的创新	哈佛学院	社会创业与创新

哈佛大学在法学院开设"社会创业导论"课程,使学生学习社会创业的理论知识,并且建立以社会企业方式运营的贝克曼网络法律公益诊所为学生提供实践的平台;肯尼迪政府管理学院为学生开设"私立与社会部门的创业""公共问题处理与慈善""私人资本的公共目的"等课程,并为学生提供与创业领导力相关的项目培训;在教育研究生院开设"教育革新与社会创业"课程,并举办"桥"(Bridge)活动,为来自哈佛大学内外的专家、学生提供一个培训教育创新的合作空间,并组织开展创新创业比赛,培养学生的跨学科发展能力,提高其解决社会问题的能力;商学院也同样开设"社会企业管理""社会创新实验室:田野课程"等相关课程,并且举办商业创业和社会创业等两种创新创业类大赛,为大学生提供社会创业类竞赛的机会。②社会创业教育覆盖了从理论到实践、从商学院辐射到其他学院,逐渐形成了一个较为完备的体系,这对于大学生进行社会创业项目提供了一个良好的学习、孵化环境。

---

① 徐小洲、倪好:《社会创业教育:哈佛大学的经验与启示》,《教育研究》2016年第1期。
② 徐小洲、倪好:《社会创业教育:哈佛大学的经验与启示》,《教育研究》2016年第1期。

伊利(Ely)提出大学的新角色是教育学生认识到可持续发展的重要性。① 高校承担着人才培养、科学研究、社会服务等重要的使命。为此,各高校积极开展创新创业教育,培养学生的创业能力,不断为社会输送创业人才,从而促进社会的发展。② 创新创业教育能够从根本上注重培养已经准备好采取实际行动且有能力的企业家,③其所体现出的多样性有助于激发学生对于学习创业知识和技能的兴趣。④ 课程是学校教育目标、教育价值体现、教学大纲实施的主要载体,是学校教育的核心要素。⑤ 而创新创业课程作为创业人才培养的重要载体,在创业知识传授和创业能力培养方面发挥着不可替代的作用。沙赫韦尔迪(Shahverdi)认为尽管社会创业课程比较新,但高校已经开始更加关注社会创业课程,并将其作为培养学生创业技能和向学生灌输社会责任的一种手段。⑥ 汤姆森(Thomsen)则提出通过社会创业课程让学生有机会参与解决社会问题。⑦

创新创业教育师资队伍是制约创业教育质量的关键。如果创新创业教育缺乏高水平师资队伍,则质量便缺乏根本保障。⑧ 奥贡利(Ogunleye)指

① Ely, A.V., "Experiential Learning in 'Innovation for Sustainability': An Evaluation of Teaching and Learning Activities (TLAs) in an International Masters Course", *International Journal of Sustainability in Higher Education*, 2018, Vol. 19, No. 7, pp. 1204-1219.

② Barba-Sánchez, V., & Atienza-Sahuquillo, C., "Entrepreneurial Intention among Engineering Students: The Role of Entrepreneurship Education", *European Research on Management and Business Economics*, 2018, Vol. 24, No. 1, pp. 53-61.

③ Akhmetshin, E. M., Romanov, P. Y., Zakieva, R. R., Zhminko, A. E., Aleshko, R. A., & Makarov, A. L., "Modern Approaches to Innovative Project Management in Entrepreneurship Education: A Review of Methods and Applications in Education", *Journal of Entrepreneurship Education*, 2019, Vol. 22, pp. 1-15.

④ Iwu, C. G., Opute, P. A., Nchu, R., Eresia-Eke, C., Tengeh, R. K., Jaiyeoba, O., & Aliyu, O. A., "Entrepreneurship Education, Curriculum and Lecturer-Competency as Antecedents of Student Entrepreneurial Intention", *The International Journal of Management Education*, 2021, Vol. 19, No. 1.

⑤ Li, Y., Shen, W., & Lv, Y., "Quality Evaluation of Entrepreneurship Education in Chinese Medical Colleges-From the Perspective of Student Cognition", *Frontiers in Psychology*, 2020, Vol. 11.

⑥ Shahverdi, M., Ismail, K., & Qureshi, M. I., "The Effect of Perceived Barriers on Social Entrepreneurship Intention in Malaysian Universities: The Moderating Role of Education", *Management Science Letters*, 2018, Vol. 8, No. 5, pp. 341-352.

⑦ Thomsen, B., Muurlink, O., & Best, T., "Backpack Bootstrapping: Social Entrepreneurship Education through Experiential Learning", *Journal of Social Entrepreneurship*, 2021, Vol. 12, No. 2, pp. 238-264.

⑧ Ding, Y. Y., "The Constraints of Innovation and Entrepreneurship Education for University Students", *Journal of Interdisciplinary Mathematics*, 2017, Vol. 20, No. 6-7, pp. 1431-1434.

出,教师的创业技能可以帮助学生树立信心、激发创造力,甚至有助于解决创业过程中的各类挑战与困难。① 圣马丁(San-Martín)也通过实证比较发现,具备特定知识和技能的创新创业教师会被学生视作创业榜样,从而显著提高学生的创业意愿、认知和能力,最终提高大学生创业的成功率。②

创新创业竞赛与现实市场中的不确定性及风险相似,学生在竞赛中所获得的解决问题的能力是课堂上所不能想象的。③ 丰富多彩的创新创业竞赛更是能有效激发大学生投入社会创业的热情,④不断提升大学生社会创业者的创业能力。学者纳豆(Ndou)的研究指出,创新创业竞赛能够让大学生参与基于行动的学习环境,识别和评估机会,并通过创新研究、沟通合作等方式培养实践能力。⑤ 帕尔多·加西亚(Pardo-Garcia)也发现,创新创业竞赛促进了学生协作、职业道德和社会技能的发展,并为其提供了一个愉快的竞争环境。⑥

基于以上分析,本书提出以下假设:

假设5.3:创新创业课程正向影响大学生社会创业能力。

假设5.4:创新创业师资正向影响大学生社会创业能力。

假设5.5:创新创业竞赛正向影响大学生社会创业能力。

（六）创业认知的中介作用

创业是一种社会化的活动,其必然嵌入在社会环境之中,个体在与创业环境的互动过程中,形成了独特的创业认知及行为模式。⑦ 创业认知是人

---

① Ogunleye, B. O., "Science Teachers' Knowledge, Attitudes and Skills as Determinants of Classroom Practices in Entrepreneurship Education in Senior Secondary Schools in Lagos, Nigeria", *Annual Journal of Technical University of Varna*, *Bulgaria*, 2019, Vol. 3, No. 2, pp. 10-20.

② San-Martín, P., Fernandez-Laviada, A., Perez, A., & Palazuelos, E., "The Teacher of Entrepreneurship as a Role Model: Students' and Teachers' Perceptions", *The International Journal of Management Education*, 2021, Vol. 19, No. 1.

③ Wen, C. T., & Chen, Y. W., "The Innovation Process of Entrepreneurial Teams in Dynamic Business Plan Competition: From Sense-Making Perspective", *International Journal of Technology Management*, 2007, Vol. 39, No. 3-4, pp. 346-363.

④ Gupta, P., Chauhan, S., Paul, J., & Jaiswald, M.P., "Social Entrepreneurship Research: A Review and Future Research Agenda", *Journal of Business Research*, 2020, Vol. 113, pp. 209-229.

⑤ Ndou V., "Social Entrepreneurship Education: A Combination of Knowledge Exploitation and Exploration Processes", *Administrative Sciences*, 2021, Vol. 11, No.4.

⑥ Pardo-Garcia, C., & Barac, M., "Promoting Employability in Higher Education: A Case Study on Boosting Entrepreneurship Skills", *Sustainability*, 2020, Vol. 12, No. 10.

⑦ 刘新民、张亚男、范柳:《创业认知、创业教育对创业行为倾向的影响——基于CSM的实证研究》,《软科学》2020年第9期。

们用来评估、判断或决定机会评估、风险创造和成长的知识结构,①是创业者的心理过程。② 全球创业观察报告将自我效能感、社会网络、机会感知和对失败的恐惧合称为"认知与联系"。在此之后,众多的学者根据全球创业观察报告的界定,将自我效能感、社会网络、机会感知、对失败的恐惧整合成创业认知维度来研究创业。③ 本书根据前人的研究,以自我效能感、创业机会感知、社会网络三个指标来表示创业认知。在创业语境中,自我效能感指的是相信自己有能力创业,④是一种相信自己能成功担任创业者角色的信念。⑤ 创业机会感知是预测个人创业能力的重要指标。⑥ 同时,也有人认为机会与创业者的自身认知密不可分,并且来源于这种认知。⑦

现有研究大多集中于政府政策对创业的作用,很少研究数字政府建设与创业的关系。如政府政策能够提高创业者的认知能力,对于其识别与利用创业机会有积极影响,从而推动其作出更富有创造力的创业选择。⑧ 政

---

① Mitchell, R. K., Busenitz, L., Lant, T., McDougall, P. P., Morse, E. A., & Smith, J. B., "Toward a Theory of Entrepreneurial Cognition: Rethinking the People Side of Entrepreneurship Research", *Entrepreneurship Theory & Practice*, 2002, Vol. 27, No. 2, pp. 93-104.

② Baron, R. A., "The Cognitive Perspective: A Valuable Tool for Answering Entrepreneurship's Basic 'Why' Questions", *Journal of Business Venturing*, 2004, Vol. 19, No. 2, pp. 221-239.

③ Stenholm, P., Acs, Z. J., & Wuebker, R., "Exploring Country-Level Institutional Arrangements on the Rate and Type of Entrepreneurial Activity", *Journal of Business Venturing*, 2013, Vol. 28, No. 1, pp. 176-193. Wu, J., Li, Y., & Zhang, D., "Identifying Women's Entrepreneurial Barriers and Empowering Female Entrepreneurship Worldwide: A Fuzzy-set QCA Approach", *International Entrepreneurship and Management Journal*, 2019, Vol. 15, No. 3, pp. 905-928. Boudreaux, C. J., Nikolaev, B. N., & Klein, P., "Socio-Cognitive Traits and Entrepreneurship: The Moderating Role of Economic Institutions", *Journal of Business Venturing*, 2019, Vol. 34, No. 1, pp. 178-196.

④ Mcgee, J. E., Peterson, M., Mueller, S. L., & Sequeira, J. M., "Entrepreneurial Self-Efficacy: Refining the Measure", *Entrepreneurship Theory and Practice*, 2009, Vol. 33, No. 4, pp. 965-988.

⑤ Chen, C. C., Greene, P. G., & Crick, A., "Does Entrepreneurial Self-Efficacy Distinguish Entrepreneurs from Managers?", *Journal of Business Venturing*, 1998, Vol. 13, No. 4, pp. 295-316.

⑥ Stuetzer, M., Obschonka, M., Brixy, U., Sternberg, R., & Cantner, U., "Regional Characteristics, Opportunity Perception and Entrepreneurial Activities", *Small Business Economics*, 2014, Vol. 42, No. 2, pp. 221-244.

⑦ Sarason, Y., Dean, T., & Dillard, J. F., "Entrepreneurship as the Nexus of Individual and Opportunity: A Structuration View", *Journal of Business Venturing*, 2006, Vol. 21, No. 3, pp. 286-305.

⑧ Stenholm, P., Acs, Z. J., & Wuebker, R., "Exploring Country-Level Institutional Arrangements on the Rate and Type of Entrepreneurial Activity", *Journal of Business Venturing*, 2013, Vol. 28, No. 1, pp. 176-193.

府应提高创业者对政府支持方案的认识以及创业机会的有效利用。① 此外,与政府政策的功能相似,数字政府提供的支持可以营造良好的商业环境来提高创业者的创业能力。②

创业认知是创业能力的基础,个体在掌握一定的知识结构与认知能力之后,才能对创业的情境、资源和机会等进行加工处理并作出决策,从而实现目标。③ 创新创业教育被认为是增强创业意愿、提高创业能力的关键工具,对学生的创造力提升产生积极影响,④接受创新创业教育的学生在机会识别、自我效能、创造性解决问题等方面表现更佳。⑤ 高校开展的创新创业课程有助于学生塑造创业态度和行为,⑥提高学生的创业效能,⑦进而培养学生充分利用创业专业知识的能力。

创新创业教师同样对学生的创业认知和创业能力产生影响,以榜样形式和教学方法作用于学生。研究指出,以企业家榜样的身份存在的创新创业教师能有效提升学生的创业意愿。⑧ 该研究使用焦点小组访谈的方法对参与创新创业教育课程的师生进行调查。结果显示,多数学生认为创新创业教师能提高自我认知,消除创业的障碍和恐惧。同时,参加创新创业课程

---

① Malebana, M. J., "Knowledge of Entrepreneurial Support and Entrepreneurial Intention in the Rural Provinces of South Africa", *Development Southern Africa*, 2017, Vol. 34, No. 1, pp. 74-89.

② Malebana, M. J., "Knowledge of Entrepreneurial Support and Entrepreneurial Intention in the Rural Provinces of South Africa", *Development Southern Africa*, 2017, Vol. 34, No. 1, pp. 74-89.

③ 马永霞、王琳:《基于创业认知理论的数字创业教育模式探索——以卡内基梅隆大学为例》,《高等工程教育研究》2022年第2期。

④ Wang, C., Mundorf, N., & Salzarulo-McGuigan, A., "Entrepreneurship Education Enhances Entrepreneurial Creativity: The Mediating Role of Entrepreneurial Inspiration", *The International Journal of Management Education*, 2022, Vol.20, No. 2.

⑤ Okolie, U. C., Igwe, P. A., Ayoola, A. A., Nwosu, H. E., Kanu, C., & Mong, I. K., "Entrepreneurial Competencies of Undergraduate Students: The Case of Universities in Nigeria", *The International Journal of Management Education*, 2021, Vol. 19, No. 1.

⑥ Dou, X., Zhu, X., Zhang, J. Q., & Wang, J., "Outcomes of Entrepreneurship Education in China: A Customer Experience Management Perspective", *Journal of Business Research*, 2019, Vol. 103, pp. 338-347.

⑦ Wardana, L. W., Handayati, P., Narmaditya, B. S., Wibowo, A., Patma, T., S., & Suprajan, S. E., "Determinant Factors of Young People in Preparing for Entrepreneurship: Lesson from Indonesia", *The Journal of Asian Finance, Economics, and Business*, 2020, Vol. 7, No. 8, pp. 555-565.

⑧ San-Martín, P., Fernandez-Laviada, A., Perez, A., & Palazuelos, E., "The Teacher of Entrepreneurship as a Role Model: Students' and Teachers' Perceptions", *The International Journal of Management Education*, 2021, Vol. 19, No. 1.

的学生十分重视与教师的互动模式,希望教师成为他们的良好沟通者和鼓励者。创新创业教师为学生提供互动学习体验,磨炼学生创业所需的技能,培养学生的沟通技巧、团队协作能力。[1]

创新创业竞赛是创业支持系统的重要组成部分,是推动创业活动的强大力量。[2] 虽然上述研究表明创新创业课程、创新创业师资与创业认知相关,但有学者认为创新创业竞赛比创新创业教育课程更能提高学生的创业认知水平,通过创新创业竞赛,学生的风险思维和自我效能感得以提升。[3] 另外,创新创业竞赛对学生的风险评估能力和机会警觉程度的提高有更显著的作用。[4] 此外,学校组织竞赛有助于营造良好的创业文化氛围,从而潜移默化地增加学生对创业的认知,通过增强创业认知进而培养创业能力。[5]

综上所述,本书提出以下假设:

假设5.6:创业认知在性别与社会创业能力之间起中介作用。

假设5.7:创业认知在数字政府建设与社会创业能力之间起中介作用。

假设5.8:创业认知在创新创业课程与社会创业能力之间起中介作用。

假设5.9:创业认知在创新创业师资与社会创业能力之间起中介作用。

假设5.10:创业认知在创新创业竞赛与社会创业能力之间起中介作用。

根据以上假设,本书建立研究理论模型,如图5-1所示。

---

[1] Bauman, A., & Lucy, C., "Enhancing Entrepreneurial Education: Developing Competencies for Success", *The International Journal of Management Education*, 2021, Vol. 19, No. 1.

[2] Fichter, K., & Tiemann, I., "Impacts of Promoting Sustainable Entrepreneurship in Generic Business Plan Competitions", *Journal of Cleaner Production*, 2020, Vol. 267.

[3] Din, B. H., Anuar, A. R., & Usman, M., "The Effectiveness of the Entrepreneurship Education Program in Upgrading Entrepreneurial Skills among Public University Students", *Procedia-Social and Behavioral Sciences*, 2016, Vol. 224, pp. 117-123.

[4] Cui, J., Sun, J., & Bell, R., "The Impact of Entrepreneurship Education on the Entrepreneurial Mindset of College Students in China: The Mediating Role of Inspiration and the Role of Educational Attributes", *The International Journal of Management Education*, 2021, Vol. 19, No. 1.

[5] Cant, M. C., "Entrants and Winners of a Business Plan Competition: Does Marketing Media Play a Role in Success?", *Journal of Entrepreneurship Education*, 2016, Vol. 19, No. 2.

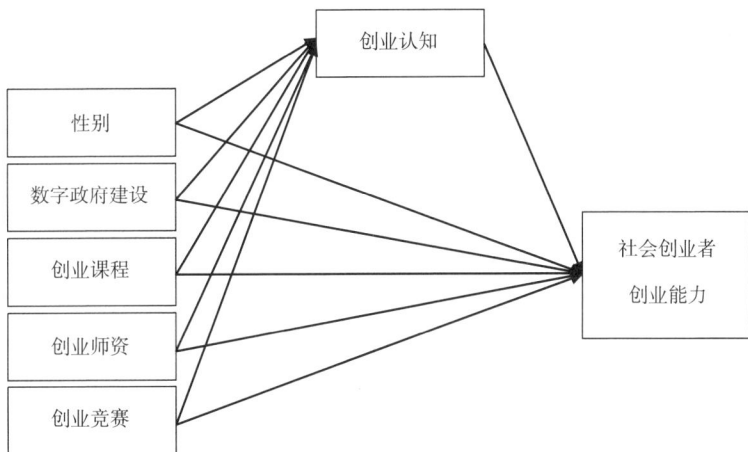

图 5-1　研究的理论模型

第二节　数字时代大学生社会创业者创业能力实证分析

一、研　究　设　计

(一)问卷设计及数据来源

本书依托课题组面向全国 31 个省(自治区、直辖市,未包括港澳台) 1231 所高校的接受过创新创业教育的在校本专科学生和毕业生展开的调研,针对"创办公益创业工作室"的学生,共得到 20134 份有效样本,样本描述性统计如表 5-3 所示。男生为 9003 名,占比 44.7%,女生为 11131 名,占比 55.3%。汉族学生 18756 名,占比 93.2%,少数民族学生 1378 名,占比 6.8%。按专业划分,哲学 191 名,占 0.9%;经济学 2571 名,占 12.8%;法学 391 名,占 1.9%;教育学 1548 名,占 7.7%;文学 1186 名,占 5.9%;历史学 204 名,占 1.0%;理学 2042 名,占 10.1%;工学 4391 名,占 21.8%;农学 484 名,占 2.4%;医学 2503 名,占 12.4%;军事学 41 名,占 0.2%;管理学 3094 名,占 15.4%;艺术学 1488 名,占 7.4%。按生源户籍分,城镇户口学生 7168 名,占 35.6%;农村户口学生 12966 名,占 64.4%。调研的学生来自于不同类型的高校,范围涵盖了"双一流"建设高校、普通本科院校、独立学院、高职高专院校和民办高校,其中普通本科院校 9608 名学生,占比最高 (47.7%);其次是高职高专院校,学生 5619 名,占比 27.9%;"双一流"建设高校 1720 名,占比 8.5%;独立学院 1356 名,占比 6.7%;民办高校 1831 名,占比 9.1%。

表 5-3　样本描述性统计（N=20134）

	变量	频率	百分比（%）
性别	男	9003	44.7
	女	11131	55.3
民族	汉族	18756	93.2
	少数民族	1378	6.8
专业	哲学	191	0.9
	经济学	2571	12.8
	法学	391	1.9
	教育学	1548	7.7
	文学	1186	5.9
	历史学	204	1.0
	理学	2042	10.1
	工学	4391	21.8
	农学	484	2.4
	医学	2503	12.4
	军事学	41	0.2
	管理学	3094	15.4
	艺术学	1488	7.4
生源户籍	城镇	7168	35.6
	农村	12966	64.4
高校类型	"双一流"建设高校	1720	8.5
	普通本科院校	9608	47.7
	独立学院	1356	6.7
	高职高专院校	5619	27.9
	民办高校	1831	9.1

（二）研究变量及指标体系构建

本书从丰富创业知识、培养创新精神、提升创业技能三个方面来测量大学生的社会创业能力。对于影响社会创业能力的因素主要从性别、数字政府建设、创新创业教育三个方面研究,其中将性别设置为虚拟变量,"1"代表男性,"0"代表女性;数字政府建设采用中国电子信息产业发展研究院(赛迪研究院)发布的《2019 年中国数字经济环境指数》的数据,由政务新媒体、政务网上服务、政务数据资源三个二级指标、八个三级指标构成;创新创业教育包含创新创业课程、创新创业师资、创新创业竞赛,均来自于问卷。其中,创新创业课程由"创新创业教育课程类型多样""创新创业课程内容与自己所学专业知识结合紧密""创新创业课程内容与时代前沿趋势结合紧密"三个题项测度;创新创业师资由"教师授课方式多样""教师具有创业经历""教师具有丰富的创新创业教育教学经验"三个题项测度;创新创业竞赛由"创新创业竞赛种类多样""参加的创新创业竞赛项目较容易落地""创新创业竞赛项目与专业结合度较高"三个题项测度。创业认知作为中介变量,也来自于问卷,由"自身拥有足够的知识、技能和经历去创业""认识的同学或朋友在过去一年内开始创业的""所在省创业机会总体良好"三个题项测度。

本书探究自变量(性别、数字政府建设、创新创业课程、创新创业师资、创新创业竞赛)——中介变量(创业认知)——因变量(社会创业者的创业能力,简称 ECSE)的关系。

(三) 信度和效度分析

研究所用的问卷量表需要进行信效度检验。对于信度,可以用 Cronbach's Alpha 值来反映,利用 SPSS25.0 软件得到结果见表 5-4,创新创业课程量表的 Cronbach's Alpha 值为 0.881,创新创业师资量表的 Cronbach's Alpha 值为 0.905,创新创业竞赛量表的 Cronbach's Alpha 值为 0.895,创业认知量表的 Cronbach's Alpha 值为 0.747,创业能力量表的 Cronbach's Alpha 值为 0.924,均大于 0.7。对于效度,利用探索性因子分析来进行,利用 SPSS25.0 软件得到结果见表 5-4,创新创业课程量表、创新创业师资量表、创新创业竞赛量表、创业认知量表、创业能力量表的 KMO 值分别为 0.732、0.753、0.750、0.689、0.764,说明变量的偏相关性较强;同时,计算得到 Bartlett 统计量的近似卡方值均显著,说明变量间相关系数矩阵不太可能是单位阵,彼此之间存在相关关系;各量表的题项与量表形成因子的对应关系跟研究预期一致,因子载荷值都在 0.5 以上,无跨因子现象。

表 5-4　Cronbach's Alpha 值和探索性因子分析(N=20134)

量表	题项	Cronbach's Alpha 值	KMO 值	Bartlett 球形检验	因子载荷值
创新创业课程	创新创业教育课程类型多样	0.881	0.732	33578.981 ***	0.870
	创新创业课程内容与自己所学专业知识结合紧密				0.913
	创新创业课程内容与时代前沿趋势结合紧密				0.915
创新创业师资	教师授课方式多样	0.905	0.753	39085.000 ***	0.907
	教师具有创业经历				0.917
	教师具有丰富的创新创业教育教学经验				0.925
创新创业竞赛	创新创业竞赛种类多样	0.895	0.750	36103.559 ***	0.909
	参加的创新创业竞赛项目较容易落地				0.916
	创新创业竞赛项目与专业结合度较高				0.903
创业认知	自身拥有足够的知识、技能和经历去创业	0.747	0.689	13989.828 ***	0.831
	认识的同学或朋友在过去一年内开始创业的				0.797
	所在省的创业机会总体良好				0.820
创业能力	丰富创业知识	0.924	0.764	46033.568 ***	0.934
	培养创新精神				0.934
	提升创业技能				0.927

注: * p<0.1; ** p<0.05; *** p<0.01。

进一步用验证性因子分析对信效度进行探讨,使用 AMOS24.0 软件得到分析模型,模型的整体适配度指标(Overall Model Fit)符合标准,模型效果较优,即绝对适配度指数: RMR = 0.020(<0.05), RMSEA = 0.055(<0.08), GFI = 0.968(>0.9), AGFI = 0.953(>0.9);增值适配度指数: CFI = 0.980(>0.9), NFI = 0.980(>0.9), TLI(NNFI) = 0.974(>0.9), IFI = 0.980(>0.9), RFI = 0.974(>0.9);简约适配度指数: PCFI = 0.747(>0.5), PGFI = 0.646(>0.5), PNFI = 0.747(>0.5)。验证性因子分析所得结果如表 5-5 所示,创新创业课程三个测量项的标准化因子载荷值分别为 0.816、

0.852、0.873,创新创业师资三个测量项的标准化因子载荷值分别为
0.866、0.865、0.885,创新创业竞赛三个测量项的标准化因子载荷值分别为
0.866、0.866、0.851,创业认知三个测量项的标准化因子载荷值分别为
0.729、0.645、0.743,创业能力三个测量项的标准化因子载荷值分别为
0.903、0.899、0.884。所谓的标准化因子载荷值是因子(潜变量)到测量项
(显变量)的标准化回归系数,因子载荷值越大,代表因子对测量项的解释
能力越强,因子载荷值介于 0.50 至 0.95 之间,且均显著(每个因子的第一
个题项不报告显著性),说明测量项与因子间有着较好的测量关系,研究效
度较好。利用标准化因子载荷值可以计算组合信度(Composite Reliability,
CR),创新创业课程的组合信度是 0.884,创新创业师资的组合信度是
0.905,创新创业竞赛的组合信度是 0.896,创业认知的组合信度是 0.749,
社会创业能力的组合信度是 0.924,均大于 0.7,信度较好。同样可以利用
标准化因子载荷值计算平均方差抽取量(Average Variance Extracted,AVE),
其是表示收敛效度的指标,创新创业课程的 AVE 是 0.718,创新创业师资的
AVE 是 0.761,创新创业竞赛的 AVE 是 0.741,创业认知的 AVE 是 0.500,创
业能力的 AVE 是 0.802,均大于等于 0.5,收敛效度较好。

表 5-5　验证性因子分析(N = 20134)

因子 (潜变量)	测量项 (显变量)	标准化因子载荷值	p	组合信度 CR 值	平均方差抽取量 AVE 值
创新创业课程	创新创业教育课程类型多样	0.816	—	0.884	0.718
	创新创业课程内容与自己所学专业知识结合紧密	0.852***	0.000		
	创新创业课程内容与时代前沿趋势结合紧密	0.873***	0.000		
创新创业师资	教师授课方式多样	0.866	—	0.905	0.761
	教师具有创业经历	0.865***	0.000		
	教师具有丰富的创新创业教育教学经验	0.885***	0.000		
创新创业竞赛	创业竞赛种类多样	0.866	—	0.896	0.741
	参加的创业竞赛项目较容易落地	0.866***	0.000		
	创业竞赛项目与专业结合度较高	0.851***	0.000		

续表

因子 (潜变量)	测量项 (显变量)	标准化因子载荷值	p	组合信度 CR 值	平均方差抽取量 AVE 值
创业认知	自身拥有足够的知识、技能和经历去创业	0.729	—	0.749	0.500
	认识的同学或朋友在过去一年内开始创业的	0.645***	0.000		
	所在省的创业机会总体良好	0.743***	0.000		
创业能力	丰富创业知识	0.903	—	0.924	0.802
	培养创新精神	0.899***	0.000		
	提升创业技能	0.884***	0.000		

注: * p<0.1; ** p<0.05; *** p<0.01。

综上所述,量表具有较好的信效度。

（四）共同方法偏差检验

共同方法变异(Common Method Variance,CMV)是指使用同种测量工具会导致特质间产生虚假的共同变异,由共同方法变异产生的偏差称为共同方法偏差(Common Method Bias,CMB)。[1] 若存在严重的共同方法偏差则会影响到研究结果的准确性,因此需要对其进行检验。采用控制非可测潜在方法因子的办法检验共同方法偏差,在验证性因子分析模型的基础上,将所有题项作为方法因子的指标,建立新的模型,输出相关整体适配度指标,绝对适配度指数:RMR = 0.030(<0.05),RMSEA = 0.050(<0.08),GFI = 0.975(>0.9),AGFI = 0.959(>0.9);增值适配度指数:CFI = 0.985(>0.9),NFI = 0.984(>0.9),TLI(NNFI) = 0.978(>0.9),IFI = 0.985(>0.9),RFI = 0.978(>0.9);简约适配度指数:PCFI = 0.703(>0.5),PGFI = 0.609(>0.5),PNFI = 0.703(>0.5),与原模型相比变化幅度并不大,因此,本数据不存在严重的共同方法偏差。

二、研　究　过　程

（一）研究模型

中介效应是研究自变量对因变量的影响时,是否会先通过中介变量,即

---

[1]　汤丹丹、温忠麟:《共同方法偏差检验:问题与建议》,《心理科学》2020 年第 1 期。

是否有自变量=>中介变量=>因变量这样的关系。以性别、数字政府建设、创新创业课程、创新创业师资、创新创业竞赛为自变量,创业能力为因变量,创业认知为中介变量构造中介效应分析模型。在进行中介效应分析时,采用因果逐步回归检验法,使用分层回归进行研究。通常构造三个方程,方程1:自变量(X)和因变量(Y)的回归分析 $Y=cX+e_1$,目的为得到总效应 c 值;方程2:自变量(X)和中介变量(M)的回归分析 $M=aX+e_2$,目的是得到中间效应过程值 a;方程3:自变量(X)、中介变量(M)和因变量(Y)的回归分析 $Y=c'X+bM+e_3$,目的是得到直接效应 c' 值,以及中间效应过程值 b。需要对系数进行检验,首先检验系数 c,如果 c 不显著,则 Y 与 X 相关不显著,停止中介效应分析,如果 c 显著则继续检验;然后依次检验 a、b,如果都显著,则为中介效应,再检验 c',如果 c' 显著,则为部分中介效应模型,c' 不显著,则为完全中介效应模型。[①] 系数 a 和 b 的乘积 ab 即等于中介效应,直接效应 c' 和中介效应 ab 之和等于总效应 c。在检验中介效应时,还可以采用乘积系数检验法,通常用 Bootstrap 抽样,检验 ab 的 95% 置信区间是否包括数字 0,如果说 95% 置信区间不包括数字 0,则说明具有中介作用;如果说 95% 置信区间包括数字 0,即说明没有中介作用。

利用 SPSS25.0 软件得到三个方程的回归结果,如表 5-6 所示。所得到的三个方程分别如下:

创业能力=0.024-0.054×性别+0.015×数字政府建设+0.161×创新创业课程+0.176×创新创业师资+0.417×创新创业竞赛

创业认知=-0.068+0.152×性别+0.060×数字政府建设+0.270×创新创业课程+0.085×创新创业师资+0.144×创新创业竞赛

创业能力=0.027-0.061×性别+0.013×数字政府建设+0.148×创新创业课程+0.172×创新创业师资+0.410×创新创业竞赛+0.049×创业认知

表 5-6　回归方程结果($N=20134$)

自变量\因变量	方程1:创业能力			方程2:创业认知			方程3:创业能力		
	系数	T	P	系数	T	P	系数	T	P
截距	0.024 ***	3.622	0.000	-0.068 ***	-8.216	0.000	0.027 ***	4.121	0.000
性别	-0.054 ***	-5.405	0.000	0.152 ***	12.26	0.000	-0.061 ***	-6.136	0.000
数字政府建设	0.015 ***	3.131	0.002	0.060 ***	9.809	0.000	0.013 **	2.535	0.011

① 温忠麟、叶宝娟:《中介效应分析:方法和模型发展》,《心理科学进展》2014 年第 5 期。

续表

自变量＼因变量	方程1:创业能力			方程2:创业认知			方程3:创业能力		
	系数	T	P	系数	T	P	系数	T	P
创新创业课程	0.161***	13.653	0.000	0.270***	18.368	0.000	0.148***	12.459	0.000
创新创业师资	0.176***	18.384	0.000	0.085***	7.128	0.000	0.172***	17.962	0.000
创新创业竞赛	0.417***	40.782	0.000	0.144***	11.311	0.000	0.410***	40.042	0.000
创业认知	—			—			0.049***	8.615	0.000
R^2	0.514			0.246			0.516		
F值	F (5,20128)=4264.942, p=0.000			F (5,20128)=1310.200, p=0.000			F (6,20127)=3579.417, p=0.000		

注:* $p<0.1$;** $p<0.05$;*** $p<0.01$。

（二）总效应检验

表5-6中的方程1是自变量(性别、数字政府建设、创新创业课程、创新创业师资、创新创业竞赛)对因变量(创业能力)的回归结果,R^2值为0.514,意味着性别、数字政府建设、创新创业课程、创新创业师资、创新创业竞赛可以解释社会创业能力的51.40%变化原因。对模型进行F检验时发现模型通过F检验(F=4264.942,p=0.000<0.01)。性别的回归系数值为-0.054,并且呈现出0.01水平显著性($t=-5.405,p=0.000<0.01$),意味着性别会对创业能力产生显著的影响,且女性的创业能力更强,假设5.1成立。数字政府建设的回归系数值为0.015,并且呈现出0.01水平显著性($t=3.131,p=0.002<0.01$),意味着数字政府建设会对创业能力产生显著的正向影响关系,假设5.2成立。创新创业课程的回归系数值为0.161,并且呈现出0.01水平显著性($t=13.653,p=0.000<0.01$),意味着创新创业课程会对创业能力产生显著的正向影响关系,假设5.3成立。创新创业师资的回归系数值为0.176,并且呈现出0.01水平显著性($t=18.384,p=0.000<0.01$),意味着创新创业师资会对创业能力产生显著的正向影响关系,假设5.4成立。创新创业竞赛的回归系数值为0.417,并且呈现出0.01水平显著性($t=40.782,p=0.000<0.01$),意味着创新创业竞赛会对创业能力产生显著的正向影响关系,假设5.5成立。

（三）中介效应检验

从上述方程1可以看出各自变量对因变量的总效应均显著。对于方程

2,性别的回归系数值为0.152,并且呈现出0.01水平显著性($t=12.26$,$p=0.000<0.01$),意味着性别会对创业认知产生显著的正向影响关系。数字政府建设的回归系数值为0.060,并且呈现出0.01水平显著性($t=9.809$,$p=0.000<0.01$),意味着数字政府建设会对创业认知产生显著的正向影响关系。创新创业课程的回归系数值为0.270,并且呈现出0.01水平显著性($t=18.368$,$p=0.000<0.01$),意味着创新创业课程会对创业认知产生显著的正向影响关系。创新创业师资的回归系数值为0.085,并且呈现出0.01水平显著性($t=7.128$,$p=0.000<0.01$),意味着创新创业师资会对创业认知产生显著的正向影响关系。创新创业竞赛的回归系数值为0.144,并且呈现出0.01水平显著性($t=11.311$,$p=0.000<0.01$),意味着创新创业竞赛会对创业认知产生显著的正向影响关系。

对于方程3,性别的回归系数值为-0.061,并且呈现出0.01水平显著性($t=-6.136$,$p=0.000<0.01$),意味着性别会对创业能力产生显著的影响。数字政府建设的回归系数值为0.013,并且呈现出0.05水平显著性($t=2.535$,$p=0.011<0.05$),意味着数字政府建设会对创业能力产生显著的正向影响关系。创新创业课程的回归系数值为0.148,并且呈现出0.01水平显著性($t=12.459$,$p=0.000<0.01$),意味着创新创业课程会对创业能力产生显著的正向影响关系。创新创业师资的回归系数值为0.172,并且呈现出0.01水平显著性($t=17.962$,$p=0.000<0.01$),意味着创新创业师资会对创业能力产生显著的正向影响关系。创新创业竞赛的回归系数值为0.410,并且呈现出0.01水平显著性($t=40.042$,$p=0.000<0.01$),意味着创新创业竞赛会对创业能力产生显著的正向影响关系。创业认知的回归系数值为0.049,并且呈现出0.01水平显著性($t=8.615$,$p=0.000<0.01$),意味着创业认知会对创业能力产生显著的正向影响关系。

综合三个方程,可以得到中介效应的检验结果,如表5-7所示。从表5-7的结果可以看出,除了性别外,其他的四条路径的c、a和b均显著,并且Bootstrap抽样计算得到的95%置信区间均不包括数字0,这说明具有中介效应,而且c'显著,为部分中介效应,即创业认知在数字政府建设与创业能力之间起到部分中介作用,假设5.7成立;创业认知在创新创业课程与创业能力之间起到部分中介作用,假设5.8成立;创业认知在创新创业师资与创业能力之间起到部分中介作用,假设5.9成立;创业认知在创新创业竞赛与创业能力之间起到部分中介作用,假设5.10成立。

表 5-7　中介效应检验结果（N=20134）

项	总效应 c	a	b	ab 中介效应	ab（95% BootCI）	c' 直接效应	检验结论
性别 => 创业认知 => 创业能力	-0.054***	0.152***	0.049***	0.007	0.003—0.005	-0.061***	遮掩效应
数字政府建设 => 创业认知 => 创业能力	0.015***	0.060***	0.049***	0.003	0.002—0.004	0.013***	部分中介
创新创业课程 => 创业认知 => 创业能力	0.161***	0.270***	0.049***	0.013	0.010—0.017	0.148***	部分中介
创新创业师资 => 创业认知 => 创业能力	0.176***	0.085***	0.049***	0.004	0.002—0.005	0.172***	部分中介
创新创业竞赛 => 创业认知 => 创业能力	0.417***	0.144***	0.049***	0.007	0.004—0.009	0.410***	部分中介

注：*，$p<0.1$；**，$p<0.05$；***，$p<0.01$。95% BootCI 表示 Bootstrap 抽样计算得到的 95% 置信区间。效应占比计算公式为 | ab/c |。

（四）性别的遮掩效应

从表 5-7 中可以看出，性别 => 创业认知 => 创业能力这条路径呈现出了遮掩效应，因而，假设 5.6 并不成立。创业认知遮掩了女性社会创业者在创业能力方面的优势，即女性社会创业者具有更高的创业能力。性别差异化而来的性别角色和刻板印象使女性更倾向于将创造社会和环境价值目标置于经济价值目标之上。研究分析男性在考虑创业时更倾向于强调经济因素的作用，如经济状况、获得信贷。相比之下，女性会更加注重社会因素。[1]因此，相对于男性而言，女性更适合社会创业，她们更可能成为社会企业家。[2] 性别带来心理和行为上的差异，相对于男性，女性一般更富有同情

[1] Ribes-Giner, G., Moya-Clemente, I., Cervello-Royo, R., & Perello-Marin, M., R., "Domestic Economic and Social Conditions Empowering Female Entrepreneurship", *Journal of Business Research*, 2018, Vol. 89, pp. 182-189.

[2] Hechavarría, D. M., & Brieger, S. A., "Practice rather than Preach: Cultural Practices and Female Social Entrepreneurship", *Small Business Economics*, 2022, Vol. 58, No. 2, pp. 1131-1151.

心、同理心，①更倾向于关心他人②，从而敏锐地感知到其他人的困境。所以在社会创业过程中，女性可能更容易在创业过程中发现社会问题，③并希望通过自己的能力去解决④。然而，受到传统的性别刻板印象的影响，女性风险承受能力往往较差，对于以高风险、高不确定性为特征的创业活动，一般由更富有冒险精神、更强势的男性主导。⑤ 另外，在本书的研究中，构成创业认知的三个题项是参考全球创业观察报告，由于目前的创业活动主要还是由男性来主导的，相对于女性而言，其认识的创业者往往没有男性认识的多，从而获得关键资本的途径也就有限。⑥

　　性别化进程限制了女性创办高增长企业的动机和机会，在创业和投资的不同阶段都造成了女性和男性之间的巨大差距。⑦ 再者，对于女性创业者在其进行创业过程中，往往面临更多的障碍与挑战，⑧如天生

① Muntean, S. C., & Ozkazanc-Pan, B., "Feminist Perspectives on Social Entrepreneurship: Critique and New Directions", *International Journal of Gender and Entrepreneurship*, 2016, Vol. 8 No. 3, pp. 221-241.

② Hechavarría, D. M., & Brieger, S. A., "Practice rather than Preach: Cultural Practices and Female Social Entrepreneurship", *Small Business Economics*, 2022, Vol. 58, No. 2, pp. 1131-1151. Hechavarría, D. M., Terjesen, S. A., Ingram, A. E., Renko, M., Justo, R., & Elam, A., "Taking Care of Business: The Impact of Culture and Gender on Entrepreneurs' Blended Value Creation Goals", *Small Business Economics*, 2017, Vol. 48, No. 1, pp. 225-257.

③ Hechavarria, D. M., Ingram, A., Justo, R., & Terjesen, S., "Are Women More Likely to Pursue Social and Environmental Entrepreneurship?", *Global Women's Entrepreneurship Research*, Edward Elgar Publishing, 2012.

④ Rosca, E., Agarwal, N., & Brem, A., "Women Entrepreneurs as Agents of Change: A Comparative Analysis of Social Entrepreneurship Processes in Emerging Markets", *Technological Forecasting and Social Change*, 2020, Vol. 157.

⑤ Dickel, P., & Eckardt, G., "Who Wants to be A Social Entrepreneur? The Role of Gender and Sustainability Orientation", *Journal of Small Business Management*, 2021, Vol. 59, No. 1, pp. 196-218.

⑥ Sara, C., & Peter, R., "The Financing of Male- and Female-Owned Businesses", *Entrepreneurship &Regional Development: An International Journal*, 1998, Vol. 10, No.3, pp. 225-242.

⑦ Hmieleski, K. M., &Sheppard, L. D., "The Yin and Yang of Entrepreneurship: Gender Differences in the Importance of Communal and Agentic Characteristics for Entrepreneurs' Subjective Well-Being and Performance", *Journal of Business Venturing*, 2019, Vol. 34, No. 4, pp. 709-730.

⑧ Chen, C. C., Greene, P. G., & Crick, A., "Does Entrepreneurial Self-Efficacy Distinguish Entrepreneurs from Managers?", *Journal of Business Venturing*, 1998, Vol. 13, No. 4, pp. 295-316.

母职①、性别刻板印象②、技能障碍③、传统文化④等,使女性的创业行为受到质疑与排斥。因此,创业认知方面就成了遮掩。

三、研究结论与建议

（一）结论

本书支持假设5.1、假设5.2、假设5.3、假设5.4、假设5.5、假设5.7、假设5.8、假设5.9和假设5.10,拒绝假设5.6,研究假设验证结果见表5-8。

表5-8　研究假设检验结果汇总

	研究假设	验证结果
假设5.1	性别影响大学生社会创业者创业能力	成立
假设5.2	数字政府建设正向影响大学生社会创业者创业能力	成立
假设5.3	创新创业课程正向影响大学生社会创业者创业能力	成立
假设5.4	创新创业师资正向影响大学生社会创业者创业能力	成立
假设5.5	创新创业竞赛正向影响大学生社会创业者创业能力	成立
假设5.6	创业认知在性别与大学生社会创业者创业能力之间起中介作用	遮掩
假设5.7	创业认知在数字政府建设与大学生社会创业者创业能力之间起中介作用	成立
假设5.8	创业认知在创新创业课程与大学生社会创业者创业能力之间起中介作用	成立

---

① Brush, C. G., de Bruin, A., & Welter, F., "A Gender-Aware Framework for Women's Entrepreneurship", *International Journal of Gender & Entrepreneurship*, 2009, Vol. 1 No. 1, pp. 8-24.

② Wu, J., Li, Y., & Zhang, D., "Identifying Women's Entrepreneurial Barriers and Empowering Female Entrepreneurship Worldwide: A Fuzzy-Set QCA Approach", *International Entrepreneurship and Management Journal*, 2019, Vol. 15, No. 3, pp. 905-928.

③ Zizile, T., & Tendai, C., "The Importance of Entrepreneurial Competencies on the Performance of Women Entrepreneurs in South Africa", *Journal of Applied Business Research*, 2018, Vol. 34, No. 2, pp. 223-236.Botha, M., Nieman, G., & Van Vuuren, J., "Enhancing Female Entrepreneurship by Enabling Access to Skills", *The International Entrepreneurship and Management Journal*, 2006, Vol. 2, pp. 479-493.

④ Ghouse, S., McElwee, G., Meaton, J., & Durrah, O., "Barriers to Rural Women Entrepreneurs in Oman", *International Journal of Entrepreneurial Behavior & Research*, 2017, Vol. 23, No. 6, pp. 998-1016. Milkie, M. A., & Peltola, P., "Playing all the Roles: Gender and the Work-Family Balancing Act", *Journal of Marriage and Family*, 1999, Vol. 61, No. 2, pp. 476-490.

续表

	研究假设	验证结果
假设 5.9	创业认知在创新创业师资与大学生社会创业者创业能力之间起中介作用	成立
假设 5.10	创业认知在创新创业竞赛与大学生社会创业者创业能力之间起中介作用	成立

（二）理论意义

本书基于社会认知理论,通过对 20134 名创办社会创业工作室的中国大学生社会创业者进行实证调查研究,在政府数字化改革的背景下探究了创新创业教育对创业能力的影响机制,构建了一个将性别、数字政府建设、创新创业教育(创新创业课程、创新创业师资、创新创业竞赛)、创业认知和创业能力联系起来的研究模型。总的来说,我们的研究对现有的研究有四个重要的理论贡献。

第一,本书实证研究了创新创业教育(创新创业课程、创新创业师资、创新创业竞赛)与大学生社会创业者创业能力之间的正向关系。正如我们在引言中所提到的,先前的研究更多聚焦于创业教育对大学生商业创业能力的作用。[1] 然而,本书通过展示创新创业教育如何影响大学生社会创业者的创业能力,针对性更强,进一步推动了社会创业理论的发展及其在高等教育背景下的研究。

第二,基于社会认知理论,通过探究创业认知的中介作用,解释了创新创业教育(创新创业课程、创新创业师资、创新创业竞赛)、政府数字化建设与大学生社会创业者创业能力之间的作用机制。将社会认知理论应用于社会创业研究,并通过创业认知的差异提供了一个更完整的景观,拓展了社会认知理论在创业领域中的研究边界。

第三,本书在创业活动中切入数字视角,在政府数字化改革背景下探究数字政府建设对大学生社会创业者创业能力的影响,有助于弥补数字创业生态系统研究中仍然稀缺的定量研究。[2]

第四,本书扩展了性别理论的研究。研究显示了性别从创业认知到创

---

[1] Hahn, D., Minola, T., Bosio, G., & Cassia, L., "The Impact of Entrepreneurship Education on University Students' Entrepreneurial Skills: A Family Embeddedness Perspective", *Small Business Economics*, 2020, Vol. 55, No. 1, pp. 257−282.

[2] Sussan, F., & Acs, Z. J., "The Digital Entrepreneurial Ecosystem", *Small Business Economics*, 2017, Vol. 49, No. 1, pp. 55−73.

业能力这条路径存在遮掩效应,女性社会创业者具有更高的创业能力,但创业认知遮掩其优势。女性创业者对社会问题有很高的积极性,她们往往更能受到对她们有直接影响的社会问题的启发,更有可能成为社会企业家,更擅长社会创业①。然而,相对于男性而言,女性在创业过程中面临着更多的障碍和挑战,导致整个环境对女性创业不太友好,创业认知方面就成了遮掩。

（三）实践意义

本书对大学生、高校以及与大学生社会创业活动相关的政府机构也有重要的实践意义。

第一,就高校而言,需要加大创新创业教育体系改革力度,推动创新创业教育课程建设、创新创业师资建设、创新创业竞赛建设。当前创新创业教育存在创业教育课程内容与时代前沿结合不够、创新创业教育师资不专业、创新创业竞赛落地率低等问题,因此,高校应该根据不同专业学生的特点,开设内容丰富、符合时代前沿的创新创业课程,在创新创业教育中注重培养学生们的人文主义、社会责任感;高校也要加强与政府、社会之间的联系,签订合作协议,使优秀的创业项目产生经济效益、社会效益,推动社会的可持续发展。总之,高校必须重视学生的社会创业教育,将社会创业教育贯穿于高校人才培养全过程。

第二,对于大学生,要接受学校所开展的社会创业教育,主动学习创业理论,也要积极参加创业竞赛。将创业理论应用于创新创业竞赛中,并在创新创业竞赛中总结经验,学习到更多的技能,不断提高创业能力。另外,大学生在日常生活中要利用数字平台多关注社会问题,提高社会责任感;也要关注与创业相关的信息,如经典创业案例、典型创业人物,从他们身上学习成功创业者的特质。

第三,对于政府,一方面,要加大对大学生社会创业者的扶持力度;另一方面,要加强数字化服务建设,简化审批流程,提高办事效率,优化营商环境,使创业环境更加开放、包容。而且,政府可以利用其数字平台宣传与大学生相关的社会创业政策信息,提高大学生的社会创业意识。若有可能的话,在政府数字平台上专门设置大学生社会创业信息平台,依托政府数字化平台实现对社会创业教育资源的整合与共享。

---

① Hechavarría, D. M., & Brieger, S. A., "Practice rather than Preach: Cultural Practices and Female Social Entrepreneurship", *Small Business Economics*, 2022, Vol. 58, No. 2, pp. 1131-1151.

第六章　中国"双一流"大学的社会创业教育实践

　　我国的大学生社会创业于 2008 年开始受到社会关注,最初称为公益创业,但在国内学者关于社会创业的译文中,往往将二者等同。经过 10 年的发展,我国"双一流"大学社会创业的教育与实践正在逐步推开,从全国而言,北京、湖南、广东等地的大学生社会创业教育起步最早,有探索有实践,但没有形成系统的大学生社会创业教育体系。

第一节　中国"双一流"大学的社会创业教育保障

一、国家层面的政策保障

　　当前我国市场经济体系并不完善,需要依靠政府的力量,以颁布政策的方式推动事物进程。而政策文本是政策执行的重要依据,有效的创业活动必须有相应政策文件的支持才能有序开展。从 1991 年 1 月公布的《面向21 世纪教育振兴行动计划》,提出"要加强对教师和学生的创业教育,鼓励他们自主创办高新技术企业"到 2012 年教育部出台《关于全面提高高等教育质量的若干意见》(教高〔2012〕4 号),明确指出"加强创新创业教育和就业指导服务,支持学生开展创新创业训练,完善国家、地方、高校三级项目资助体系等等",我国出台了一系列引导性政策以支持创业、创业教育。国务院总理李克强 2014 年 9 月在夏季达沃斯论坛上公开发出"大众创业,万众创新"的号召,几个月后,又将其前所未有地写入了 2015 年政府工作报告予以推动。而后,各大院校积极响应号召,开展了一系列创新创业活动。2017首届中国高校创新创业教育联盟年会发布了 2016《中国高校创新创业教育蓝皮书》及学情报告。报告指出,目前国内高校的创新创业教育受到政府的重视、引导与推进,并且高校自身也在不断自主探索变革。调查结果显示,近七成高校年投入用于创新创业教育建设的资金在百万以上,其中85.5%的高校建有创客空间,超过 70%的高校建有创业孵化器和实验室,41.1%的高校建有校内创新创业教育研究中心。国内高校在创新创业教育改革与发展上取得了一定成就,有四成左右院校获得创新创业教育相关教学成果奖,76.2%的高校获创新创业教育相关荣誉;校内培育创新创业团队上万,融资总金额超过 14 亿元。① 除国家层面的政策支持外,地方也出台了一系列政策推动高校社会创业,如上海出台的《关于鼓励本市社会组织吸纳大学生就业的指导意见》,对获准成立的大学生社会创业组织优先给予公益创投项目评估,并可优先进入登记管理部门的公益性社会组织孵化基地,接受指导服务和享受减免租金等优惠扶持。

二、产业层面的协同保障

近年来我国大学生公益创业的发展很大程度上得益于零点集团、谷歌(Google)、联想等一些社会企业或慈善组织的支持与推广,包括资金和技术支持、信息服务、人员培训、公益实习岗位提供、项目规划和引导等。② 自从《国务院办公厅关于发展众创空间推进大众创新创业的指导意见》(国办发〔2015〕9 号)要求提出加快构建众创空间,为广大创新创业者提供良好的工作空间、网络空间、社交空间和资源共享空间以后,全国大部分"双一流"大学已有众创空间。此外,政府的非营利孵化器也给社会创业提供了资金和服务上的支持。比如上海浦东政府建立的浦东公益服务园,所有入驻的社会组织都能够享受政府提供的办公、运营补贴,并获得资源共享、整合服务的平台,在这样的非营利孵化器的帮扶下,许多社会创业组织才有了发育土壤的样本。服务园里有资金,有孵化器,还有交流空间,形成了一套完整的要素支持系统。③

三、高校层面的课程保障

从 2005 年起,共青团中央、全国青联引进 KAB 创业教育课程。截至2009 年 11 月,该项目已培训了来自 27 个省份、560 所高校的 1731 名师资,在清华大学、浙江大学等 320 所大学开设创业课程,上课学生超过 8 万人。其中,公益创业项目的辅导占到一定的比例。④ 从 2006 年开始,湖南大学开始探索"公益助学+就业+创业"的产学研一体化的高校公益创业教育模

---

① 中国青年网:《〈中国高校创新创业教育蓝皮书〉发布创新创业教育塑造未来》,2017 年 6 月 25 日,见 http://news.youth.cn/gn/201706/t20170625_10163075.htm。

② 潘加军、刘焕明:《基于公益创业实践基础上的大学生就业推进模式探讨——对 15 省 80 个高校学生社团和部分社会组织的实证分析》,《湖南科技大学学报(社会科学版)》2012 年第 2 期。

③ 谈燕:《本市首个公益服务园在浦东开园》,《解放日报》2009 年 12 月 16 日。

④ 罗娟:《公益创业教育能否独辟就业新途径》,《工人日报》2009 年 12 月 24 日。

式。在公益创业活动开展、课程设置、与专业教育融合、师资队伍建设等方面进行了很有价值的探索和实践。

第二节　中国"双一流"大学的社会创业教育案例分析

2015 年,"中国高校创新创业教育联盟"成立,联盟首批由 137 所国内高校和 50 家企事业单位、社会团体共同组成。2017 年,教育部办公厅印发通知,公布首批深化创新创业教育改革示范高校名单,北京大学、清华大学、南京大学等 99 所高校被认定为"全国首批深化创新创业教育改革示范高校"。在此,笔者以清华大学为例,探究中国"双一流"大学的社会创业教育实践。

一、社会创业课程与项目

清华大学以经济管理学院为依托,面向清华全校本科生(见表 6-1)、研究生(见表 6-2)分别开设了一系列创新创业类课程。2017 年春季学期,清华 x-lab(清华 x-空间,清华大学创意创新创业教育平台)与来自美国的全球性科技巨头 Facebook 公司在清华大学经济管理学院联合推出一门 2 学分的全校性选修课——《创新与创业:硅谷洞察》,来自 Facebook 的多位演讲嘉宾以及多位来自各相关领域的本土嘉宾、创新创业导师协调合作,实现学生团队协作能力、创新能力、沟通能力、执行能力、管理能力等思维与技能的快速提升。

表 6-1　清华大学本科生创新创业课程表

课程号码	课程名称	教学目标
00510232	技术创新管理	掌握技术创新管理的基础知识;掌握研发管理的过程和战略;了解技术创新的能力和组织;应用技术创新管理的理论分析技术创新政策
00510392-91	创业管理	通过讲课和实际案例分析,帮助学生初步掌握创业管理的基本原理和技能,提高同学的创业分析能力;邀请创业企业家讲座交流,开阔同学的视野;成为清华大学学生创业计划大赛重要的支持课程
00510392-92	创业管理	树立创业精神,能从创业角度来观察和思考问题;掌握创业机会识别和商业模式设计;掌握商业计划书的编写;熟悉创业企业运行的基本知识

续表

课程号码	课程名称	教学目标
00510602	创业训练营	创业训练营课程将提供观察实际创业实践的机会,进而研讨这些创业的利弊得失,从而使学生感知创业的艰难、过程和关键问题等。在此基础上,提供给学生们自己实践的机会:组成团队,完成一个实际的创业项目的准备和计划工作。通过本课程训练,希望学生能够:取得实战经验;深刻理解商业模式、团队建设、市场进入策略等创业关键问题
40511171	优秀创业人才培养计划	本计划的培养目的是帮助有创业想法和创业潜力的学生,认识创业过程、建立创业网络、开展创业的实践活动,提高创业能力。通过学习创办新企业的知识和技能,掌握管理整个创业过程的关键技能;通过参与新企业的创业活动,初步具备处理创业难题的经验;通过参与创业网络,熟悉创业的利益相关者,构建创业的良好人缘环境;通过制定商业计划,实施创业构想

表 6-2　清华大学研究生创新创业课程表

课程号码	课程名称	教学目标
60510052	创业机会识别与商业计划	充分理解创业过程的复杂性、不确定性和创造性;熟悉创业过程;掌握创业机会的分析方法;熟悉商业计划的基本组成;掌握商业计划书编写所需的调查研究方法;掌握基本的融资计算和技能;有能力编写好的商业计划;懂得创办新企业的基本知识和技能
60510102	创办新企业	培养未来的企业家,为有创业机会和能力的同学提供孵化机会,让同学们在创业导师和"创业行"课程基金的支持下,创办和发展新企业,追逐创业梦想
60510111	创业创新领导力 I	通过邀请企业家、创新家等来清华分享,在近距离的沟通中提升同学们的领导力;帮助同学和业内人士接触,了解行业信息、明确职业方向,通过课堂和网上社区的接触,提供搭建人脉的机会,促进同学们的职业发展
60510121	创业创新领导力 II	本课程是"创新创业领导力 I"的延伸课程。通过组织各种创业创新相关活动,达到提升同学的领导力,促进同学职业发展的目标

续表

课程号码	课程名称	教学目标
60510151	创新方法	培养研究生的创新意识,培养创新思维,掌握创新的主要方法
60510162	设计思维	学会用"系统方式"来解决问题。学会在观察、分析、归纳、联想、创造和评价这个解决问题的全过程中积累实践经验,总结设计的规律
80513682	创业实验室	使学生通过创业计划制订工作取得实战经验;在实际的创业项目工作中将学术成果用于创业实际;在实际的工作中掌握适用于创业企业的目标市场选择、市场进入时机等分析工具;体验真实的商业工作
90510292	创新研究	通过讲课、文献阅读和研讨,帮助同学们了解创新管理领域的前沿理论、研究方向和研究方法;通过指导同学对所感兴趣的创新管理领域中某个研究问题进行研究计划的设计,提高同学的选题和研究设计能力
90510302	创业研究	从内容和方法论上熟悉创业研究领域最重要的文献;对中国在该领域的研究有充分的了解;培养提出问题、分析问题和表达的能力;学习研究方法和学会提出好的研究问题;锻炼从事本专业课题研究、写作和表达的能力

除上述课程外,为了提升全校研究生的创新能力,探索一条新的教育之路,清华大学研究生院委托经济管理学院和美术学院教师联合开发了研究生创新力提升辅修证书课程。清华大学研究生学完《设计思维》(2 学分,秋季学期)《创新方法》(1 学分,秋季学期)和《从创造力到商业化》(2 学分,春季学期)三门课程并且考核合格,将获得《研究生创新能力提升辅修证书》。此外,创新创业方向课程也是清华 MBA 的方向课程系列之一,创业中的和今后打算创业的清华 MBA 学生可选修,其创新创业课程如下(见表 6-3)。

表 6-3　清华大学 MBA 创新创业方向课程

课程号码	课程名称	开课院系
80510742-1	创业管理	外聘
80510742-3	创业管理	创新创业与战略系

续表

课程号码	课程名称	开课院系
80510742-4	创业管理	创新创业与战略系
80510752	创业投资管理（中）	创新创业与战略系
80514021	知识产权、创新与公司战略（英）	领导力与组织管理系
80514672	企业战略创新	创新创业与战略系
80515122	全球互联时代的商业创新（英）	市场营销系

2009 年，清华大学以与伯克利工学院技术创业教育项目合作为契机，启动清华—伯克利全球技术创业教育项目，该项目包括核心必修课程、专题选修课程和实践必修项目 3 个模块、11 个学分（见表 6-4）。课程采取著名教授讲解、课堂讨论、案例分析和综合实践相结合的授课方式，从理论和实践两个层面剖析创业教育，旨在培育学生的创业精神和创业领导力、普及创业知识、提高学生创业创新技能。

表 6-4　清华—伯克利全球技术创业教育项目

课程模块	课程设置	学分
必修课程	技术创业课程（英文）	2 学分
	全球技术领袖讲座（部分英文）	1 学分
选修课程	特定产业创新与创业（部分英文）	2 学分
	技术管理（中文）	2 学分
	知识产权管理（部分英文）	2 学分
实践必修项目	商业计划书（英文）	2 学分

二、社会创业组织中心

（一）清华 x—空间

清华 x—空间（Tsinghua x-lab）是清华大学新型创意创新创业人才发现和培养的教育平台，简称"三创空间"，致力于围绕三创（创意、创新、创业），探索新型的人才教育模式，帮助学生学习创意创新创业的知识、技能和理念，培养学生的创造力，包括创造性精神、创造性思维、创造性能力和执行能力，造就新一代的创新型人才。清华 x—空间之所以命名为此，就是要倡导交叉，协同创新。协同创新很重要的条件是学科、理念、文化的交叉，知识、经验、能力的互补,它由 14 个院系共建,并且开放性地与社会对接,包括投资机构、企业、专业服务机构等等,这就为协同创新搭建了有利的环境。

清华 x—空间在培的创意创新创业项目团队数量不断增长,迅速增加,截至 2015 年 8 月底,已经有 670 多个项目团队加入。作为一个公益性的开放平台,清华 x—空间持续接收来自清华大学的学生、校友和老师的创意创新创业不同阶段的项目,并为他们提供学习机会、活动机会、培育指导、资源和服务。清华 x—空间为清华学子提供了一系列项目学习机会,如清华大学学生创新力提升证书项目、管理学工商管理专业第二学位创新创业领导力方向、清华—伯克利全球技术创业项目 GTE(研究生)。

此外,清华 x—空间还发起了清华大学"校长杯"创新挑战赛,面向清华大学全校学生、校友、教师,开展真实创新创业项目的年度评选活动。赛事期间,清华 x—空间举办了一系列包括高峰讲坛、训练营、专业讲座、驻校企业家、天使投资人一对一交流培训等赛事同期活动,为参赛团队提供全赛程的支持、学习、培训和辅导。清华 x—lab 还将为进入后期的项目持续提供培育,如提供免费创新创业场地、帮助公司注册、寻找创业伙伴、为项目提供资源和外部联系等。

(二) 清华大学公益创业俱乐部

公益创业俱乐部是立足于清华校园社区的一家公益支持型组织,启动于 2011 年 12 月。公益创业俱乐部力图凝聚有公益理想和创业热情的个人、团体,通过进行组织培训、理论探讨、寻找外部支持、成立公益创业孵化基地等,为初创期的公益创业组织提供注册协助、场地设备、能力建设、商业模式咨询、资金协助等一条龙关键性支持以努力构建对清华大学学生公益创业行为的全面社会支持体系。

三、竞 赛 活 动

除课程学习外,清华大学还通过讲座、培训等形式,实现创业基本概念和知识的普及,对同学进行了创业兴趣培养及创业灵感启发。创业赛事是开展学生创业教育的重要途径,目前,清华大学已形成了小规模的电梯间演讲比赛与大规模的创业计划大赛、公益创业实践赛相结合的创业赛事体系。自 2010 年起,清华大学和北极光创投公司合力创办了"北极光—清华"全国大学生公益创业实践赛。该竞赛是首次以高校作为主办方的公益创业实践类赛事。与以往创业类赛事不同的是,该竞赛将"培育公益意识与创业实践相结合"作为育人理念,强调创办企业的公益性和成果的落实度,支持团队成员运用前期少量有限创业资源获取社会大量资源,以少积多,并扎根现实需求,进行社会调研、设计等工作,以解决社会问题为目的完成一项兼具创新性、可操作性、可持续性和可推广性的公益项目,从而创办出具有典型代表性和较大社会影响力的社会企业。清华大学经济管理学院MBA教育中心主办的"宜信杯清华MBA—公益创业创新拉力赛"将清华MBA的"智力资源"给小微企业面临的"疑难杂症"对症下药,用创新的解决方案助力小微企业发展之路。为进一步培养学生的公益创业精神与实践素养,清华大学在创业计划大赛的基础上,于2009年推出了公益创业实践赛。与传统的创业类大赛相比,这一赛事更强调创业项目的公益性和实践性,要求参赛学生以服务社会、开展公益事业为主要内容,借鉴商业运作的模式,运用初期赛事拨付的相对少量资源、撬动社会各界的相对大量资源,来落实完成一项可持续发展的具备一定水准的公益项目。

总而言之,清华大学通过社会创业启蒙教育、创业启蒙教育、创业课程体系、创业赛事平台和创业实践四部分构成的社会创业体系,为学生发展社会创业意识、获得社会创业知识、开展社会创业实践提供了基础和平台,培养了学生的社会责任感与社会使命感。

第七章 高校社会创业教育的发展趋势及其启示

高校社会创业教育对国内高校而言,是一种新生事物,它脱胎于创业教育和社会公益事业两大母体,既与创业教育和社会公益一样具备内在的连续性,但同时又因为两者融合了其他事物之后而生发出新的可能。通过本书前面的探讨,社会创业教育出现的原因或是"社会+创业"的特殊化学反应,或是"创业教育+X"的搭配所发生的新反应。从高校社会创业教育的商业盈利特性和社会创业教育公益特性,到高校推动社会创业教育的具体组织模式,本书力图对这一创业教育领域的新事物进行全面的解析,前几章已经对社会创业教育的内涵、实践模式和他国实践等进行了论述,本章旨在提炼前面各章节的基础上,分析高校社会创业教育的时代使命与未来趋势,并就其所具备的参考价值进行总结。

第一节 高校社会创业教育的内涵演变与发展轨迹

笔者长期关注创业教育领域的发展,曾经在《众创时代高校创业教育新探索》一书中提出,社会创业本身仍是一种创业形式,和传统商业的创业之间具有紧密的联系。而在本书的全面探讨和分析之后,此处首先对高校社会创业教育的内涵演变与发展轨迹做一次总结。

一、新形态还是新类型:一个关乎长远的问题

高校社会创业教育是一种新形态还是新类型?这是一个需要思考的问题。尽管在目前的研究中,对于创业教育的内涵所指及其外延还存在诸多争议,甚至可以说是"各执一词,争执不下",但是仍有必要思考创业教育所指内容与所含存在。

本书第一章对社会创业教育的内涵进行了剖析,尤其对其目标与行动指向、核心理念及内外部动力等进行分析,而第二章则从本体论、实践论和生态论视角对社会创业教育进行了系统的多角度分析,从不同的视角窥探了社会创业教育的秘密。从目标与行动指向来看,社会创业与商业创业具有明显的区别(第一章的讨论有一些避免"厚此薄彼"的倾向,即不想因为

对社会创业的重视而忽视了商业创业的社会公益特性,此处力图作出适当弥补,将视线拉回到社会创业及社会创业教育的内涵上来),社会创业具备突出的公益特性,与商业创业不同,不以营利创收为主要目的。在审视两者区别的时候应避免简单的二分思维,社会创业和商业创业之间的区别是单纯的社会导向到单纯的经济导向区间内的连续统一体,不可简单地分割。①社会创业的目标是对社会问题的关注和解决这些问题的强烈愿望。这些问题可能是小范围的,仅仅在一个市县的社区之内,关注的可能是环境污染问题,可能是落后社区的复兴问题,也可能是贫困地区孩子的教育问题,也可能是全球性的,比如说对男女公平的发扬。出于对这些问题的关注,社会创业将过去在创业教育课堂上被广泛使用和普遍接受的东西吸纳进自己的体系中,并将生态学、社会学和心理学等其他诸多学科也加入进来,在多学科交叉嫁接中衍生出社会创业的特殊形态。社会创业的目标和行动指向具备较强的问题导向和公益特性,而对应的社会创业教育则突出创业教育对于创业精神、冒险精神、风险承担精神和批判精神等精神的培养。

这样一些特点在社会创业及社会创业教育的核心理念及内外部驱动力中都有明显的体现。"创业"在英文中的相关词汇有"Entrepreneurship"和"Enterprise"及相关的变形,从词源词义的角度来看,创业鼓励的就是以创新的形式(这种创新常常是新的组合搭配,而非狭义理解的"无中生有")解决问题,满足需求和创立事业。而社会创业的核心理念正是在于其不同于一般创业的"社会性",具体来说,可以理解为对社会问题的关切和投入。当然,这样一种关切和投入的动力并非都只是来源于创业者或创业活动本身,其中可能有内部因素,但也存在外部因素。内外部因素的相互作用形成了牵引或推动社会创业发展的推动力。反映在社会创业教育上,社会创业者突出的社会责任感成为一道突破口和一种可以铸就特色的原材料。从各国社会创业教育的发展模式中也可以发现,社会创业教育强调以多种形式培养社会创业者的社会责任感,这种责任感并非单独来源于一两门课程,因此在设计的过程中注重围绕社会创业开设系统化的课程,同时强调实践性平台的构建和相关支持政策的制定。

除此之外,多视角之下的社会创业教育也异彩纷呈。从本体论的视角来看,社会创业教育隶属于创业教育,是创业教育下的真子集。社会创业教育与生俱来的使命便是解决社会问题。然而,尽管已有文献中已经有了诸

---

① Austin, J. & Stevenson, H. & Wei-Skillern, J., "Social and Commercial Entrepreneurship: Same, Different, or Both?", *Entrepreneurship Theory and Practice*, 2006, Vol. 30(1).

多讨论,但是很多分析还是不够具体,到底如何解决,其突出特点是什么,这些都需要深入思考。而笔者认为,可以从"创新"的视角去思考社会创业教育的本体为何。首先,社会创业教育的创新在于寻找和思考问题的方式方法具备创新性。换句话说,这种创新,首先在于搜寻和思考问题的方式与以往不同,这便从源头上将社会创业教育引向了另外一条路,一条不同于一般性创业教育的路。其次,社会创业教育的创新还在于将原本已具备一定交叉学科特性的创业教育与具体的社会问题结合起来,有了第二次创新。这种交叉结合,客观上为社会创业教育带来了理论方法论和具体操作层面的创新。最后,社会创业教育的创新还在于广域流动所产生的协同效应。原本一些问题仅仅局限于小范围内,但是在互联网技术的帮助下,伴随着全球交通技术的发展,某些棘手的问题可以通过互联网而在短时间内寻找到方法,众筹(Crowed-funding)等形式的活动也是很好的证明。除本体论以外,实践论和生态论视角下的社会创业教育内涵分析同样带来了诸多启发,都分别突出了社会创业教育的实践特性和生态联系。

　　然而,在结束了上述探讨之后,笔者不禁要问:在社会创业教育具备诸多新特性的前提下,它与创业教育有什么区别? 它是一种创业教育的新形态? 还是一种新的类型?

　　当笔者在这里使用"新形态"时,意思是社会创业教育与创业教育的差别并不算大,只是因为社会创业教育具备一些新特点,被置于新的背景之下,因而呈现出不同的形态,就如一定体积的水被装入了不同形状的容器之中,自然呈现不同的形状,但是他们的内涵并无根本差别。而当笔者在用"新类型"时,则是试图强调社会创业教育具备不同于创业教育的明显特点,从核心理念、目标与行动指向,再到发展的模式等等,都具有自身的特点。社会创业教育仍处在关键的发展阶段,距离成熟的学科仍有一段距离,但是发出这样的疑问是一项极有意义和必要性的行动。从学科发展角度来看,社会创业教育长久以来不受认可,与其不甚成熟的学科地位有关,而当笔者将社会创业教育作为上位概念"创业教育"的下属构成来进行探讨时,究竟是如何分析这一问题的? 社会创业教育与商业创业教育和其余创业教育的差别在什么地方? 使之可以称之为一种新类型的条件是什么? 或许笔者暂时未能找到这些问题的答案,但是对这些问题的思考关乎社会创业教育乃至整个创业教育领域的未来发展,不可忽视。

二、高校社会创业教育内涵演变的深层逻辑

　　前面分析了社会创业教育与创业教育的异同,阐释了分析社会创业教

育的几种视角,其中也对社会创业教育的内涵作出了解释。然而,从社会创业教育内涵的多样性抑或不确定性来看,有必要分析其变化背后所依赖的逻辑,为理解社会创业教育内容提供一个抓手。

　　对社会创业教育内涵的分析自然离不开对社会创业内涵的分析,甚至可以说,社会创业内涵的演变逻辑对社会创业教育内涵的演变逻辑有着较大的影响。已有文献对于社会创业教育内涵的分析不可谓少,但是真正做到深刻分析或者说称得上见解独到的并不多。本书第一章已经分析对已有研究中社会创业的定义进行了梳理,其中的多个观点都具有相当的代表意义。例如,杨(Young)提出,社会创业者的活动目的是非营利的,他们通过创新的方法,以新的形式去解决某些社会问题,并通过新技术和创新性的途径,组织和扩大服务范围,并对新创业的社会创业企业和组织产生影响。① 迪斯则强调社会创业者所扮演的"变革者"角色,主张其价值的实现要依靠完成一项社会使命或者对一个社会问题提出创新性的解决方案,从而为特定的社会群体提供产品或服务,并最终实现社会价值;除此之外,社会创业者还将在此过程中形成服务社会的良性循环,创业者自身也在循环的过程中进行创新、变革、调整和学习。② 马丁和斯伯格(Martin & Osberg)的观点重视对于非均衡状态的破解,他们将社会问题视为由于缺乏有效的经济调节手段和政策保障所导致的非均衡状态,而社会创业者能够灵活利用资源,从中找寻到破解非均衡状态的方法,缓和困境,进而建立新的动态平衡并在达成动态平衡的过程中实现社会目标和价值。③ 由此笔者可以看到,以上述研究成果为代表的观点,分别从行动目标、行动者角色和行动特性等方面突出强调自身对于社会创业的理解。然而,伴随着社会创业活动本身发展的深入和研究工作的不断深化,笔者提出,还应注意一些非主流的声音。

　　具体来说,有研究者在比较了欧洲和美国社会创业的差异后提出,对社会创业的研究可以分为两个流派:一个主张社会创业,即非营利组织运用商业活动支持其实现社会使命;另一个则是社会革新学派。第一个学派也可以称为"收入回报学派",他们强调通过收入回报的方式来界定社会创业,即非营利性组织通过商业手段来支持社会创业。而

① Young, D. R., *Entrepreneurship and the Behivor of Nonprofit Oragnizations: Elements of a Theory*, The Economics of Nonprofit Institutions: Studies in Structure and Policy, 1986, 1.

② Dees, J. G., "The Challenges of Combining Social and Commercial Enterprise", *Business Ethics Quarterly*, 1998, Vol.8(1).

③ Martin, R. & Osberg, S., "Social Entrepreneurship: The Case for Definition", *Stanford Social Innovation Review*, 2007, Vol.Spring.

社会革新学派则持有明显不同的观点,尽管许多关于社会创业者的倡议引发了非营利组织的创建,该学派的研究倾向于强调私人营利领域和公共领域的模糊边界以及其中由创业形式社会革新带来的机遇。[①]可以发现,尽管这样的分类具有二元划分过于简单的弊病,但是这一分类将社会创业纷繁复杂的定义做了一个分类,指出了已有研究中两类主流观点的内涵和差异。实际上,笔者由此出发,便可以更好地去理解很多衍生的或相关的概念。

除了上述具有典型意义的分类以外,现有研究中的批判观点同样值得注意。有研究者提出,尽管社会创业研究中同源性较高的观点不尽正确,但是当下社会创业主流观点的集中趋势存在问题——这种趋势包括终极取向和保守主义,它们抵消了社会创业概念发生根本变革的可能。也就是说,由于人们越来越频繁地采用即时的"使用价值"进行评估(实用主义的角度),社会中任何变革性的法令只能让步于表面上的"现实生活"压力而被流产。[②] 换句话说,已有研究还没有全面认识到社会创业的功能作用。而对于怎样开展批判性研究,上述作者给了具体的参考(见表7-1)。从表中可以看出,批判的观点被分为五种类型,研究者分别对批判的主要观点、核心学者、重要文献、方法、局限性作了阐释。从中可以看出,对于权力、规范和干预等批判类型的研究,都借鉴和参考了后现代主义中经典的批判学者的思想,例如福柯和哈贝马斯。

表7-1 社会创业批判观点概览

批判类型	主要观点	核心学者	重要文献	方法的解释	局限和不足
"神话毁灭"	对大众观点提出挑战,检验假设和错误的假说	Aristotle, Descartes	Cook et al., 2003; Kelin and Pollak, 2010	实证性检验(探索性或假设推断)	客观主义研究取向;忽视事实与现行权力制度之间的联系

---

① Jacques Defourny & Marthe Nyssens, "Conceptions of Social Enterprise and Social Entrepreneurship in Europe and the United States: Convergences and Divergences", *Journal of Social Entrepreneurship*, 2010, Vol. 1(1).

② Pascal Dey & Chris Steyaert, "Social Entrepreneurship: Critique and the Radical Enactment of the Social", *Social Enterprise Journal*, 2012, Vol. 8(2).

续表

批判类型	主要观点	核心学者	重要文献	方法的解释	局限和不足
权力效应的批判	探究意识形态、符号表征和论述的同化现象	Foucault, Bourdleu, Žižek, Boltanski and Chiapello	Dempsey and Sanders, 2010	通过文献分析、叙述分析进行材料的、历史的、经济的、分散的研究结构和研究实践的微观分析	可能偏离探究对象,造成先验性判断
规范性批判	探究规范的边界,建立适当的规范	Rawis, Habermas	Parkinson and Howorth, 2008	对道德内在批判与合理性全面的彻底检验	意识形态被另一种主流观点所替代;社会科学家特权主义观点
越轨性批判	探究依附性和反对性的边缘观点	Foucauit, Latour, Boltanski and Thevenot	Parkinson and Howorth, 2008	探寻实践者实践以及主流意识形态是如何形成的	可能低估了反对性边缘观点的批判动力;本身的观点可能被同化
干预性评判	为探索性研究和实验研究提供空间	Law and Urry, Debord	Steyaert and Dey, 2010; Friedman and Desivilya, 2010	行为参与式研究,少数群体研究,哲学干预	

资料来源:Dey P., Steyaert C., "*Social Entrepreneurship: Critique and the Radical Enactment of the Social*", *Social Enterprise Journal*, 2012, Vol. 8(2), pp. 90-107。

    "有序的混乱"(Organized Chaos)或许是用来形容社会创业定义的最佳选择。通过知识图谱可视化分析,有研究结果显示,现有研究在对社会创业进行定义时有一种放弃可持续(Sustainability)、变革(Change)、社会问题(Social Problems)和公众意识(Public Awareness)的倾向,取而代之的是加入了社会目标和经济成效,为了社区的利益而创造的产品和服务,为创造社会价值而进行的创新和机会探索活动。[①] 这一观点与上述所讲的主张营利和社会目标的流派相似,但是却增加了对公众意识等问题的关注。那么上述有关的观点对于社会创业教育的内涵演变又具备何种借鉴意义呢?

[①] Alegre Inés & Susanna Kislenko & Jasmina Berbegal-Mirabent, "Organized Chaos: Mapping the Definitions of Social Entrepreneurship", *Journal of Social Entrepreneurship*, 2017, Vol. 8(2).

　　社会创业教育与社会创业在内涵上既有联系又有区别。社会创业教育是社会转型时期对创业人才培养的新要求,①而社会创业即是对社会转型时期问题的思考和应对。从概念的内涵和实践的目标来看,社会创业与社会创业教育保持高度一致性,即社会创业教育力图通过创业人才的培养和具体的创业活动来解决社会发展中迫切需要解决的问题,重视教育活动的公益性。从具体演变的路径来看,在社会创业教育发展之初,更多的只是社会问题的应对,但随着创业教育在高校的全校范围的扩散,创业教育逐渐融入到高校发展的学科架构之中,趋于成熟。而在这一过程中,社会创业教育的内涵也不断丰富起来。

　　无论是从比尔·德雷顿开始的"社会创业",还是后来由迪斯等人所做的贡献,都分别从理念、目标、行动导向、参与主体等多个方面进行了不同程度的补充和完善。近年来,无论是从实践还是理论研究上,对社会创业教育制度发展的研究值得关注,这些成果也反映出社会创业教育内涵演变的一些新动向。在对社会创业教育进行全面考察和回顾之后,特雷西等人总结了培养社会创业者的策略:第一,将社会创业教育的主题、案例和阅读嵌入到传统课程中;第二,开发社会创业系列演讲活动;第三,带领学生运用真实的案例来开发社会创业教育的教学材料;第四,引入社会企业的商业计划;第五,引入社会企业的咨询项目;第六,提供在社会企业实习的机会。② 这一研究可称为已有研究中对社会创业教育进行较为系统全面思考其专业化发展的代表成果。

　　此外,另有研究者从制度逻辑的视角出发,构建了一个新的分析框架。其中,制度逻辑包括社会福利逻辑(Social-welfare Logic)、商业逻辑(Commercial Logic)、公共部门逻辑(Public Sector),在培养社会创业者时应从社会创业的表层("about"Social Entrepreneurship)转入深层("for"Social Entrepreneurship),而作为未来社会创业者的学生应当在学习的过程中学会如何连接和融合上述三种逻辑,进而开发出创新性的问题解决策略。③ 在其他代表性研究中,笔者也发现了对社会创业及社会创业教育领域的一些问题

① 徐小洲、倪好:《社会创业教育:哈佛大学的经验与启示》,《教育研究》2016 年第 1 期。
② Tracey,P. & Phillips,N.,"The Distinctive Challenge of Educating Social Entrepreneurs:A Postscript and Rejoinder to the Special Issue on Entrepreneurship Education",*Academy of Management Learning & Education*,2007,Vol. 6(2).
③ Pache,A.C. & Chowdhury,I.,"Social Entrepreneurs as institutionally Embedded Entrepreneurs:Toward a New Model of Social Entrepreneurship Education",*Academy of Management Learning & Education*,2012,Vol. 11(3).

仍缺乏关注。例如,提娜·达辛(Tina Dacin)等人就提出,社会创业是一个边界存议的领域,其未来的研究中可以关注组织与制度、网络、文化、形象以及定位等领域。① 综上可知,社会创业教育的内涵演变已经具备明显的多元化特征,对社会创业教育问题的思考从单一走向了多元;社会创业教育在高校中获得的认可也有了明显的提升,从合法性地位的角度来看,这是有利于社会创业教育的发展和创业教育作为一个学科的成长的。

三、高校社会创业教育发展的轨迹及其意义

本书第一章曾对高校社会创业教育研究的发展进行可视化分析,并得出以下结论:国外高校社会创业教育研究的发展从公益创业走向社会创业,内涵与外延更为丰富;而国外社会创业教育研究者则分别从社会创业的目的、中介、时间和立场四个维度对其理论和实践展开研究。可以说在可视化工具协助下的知识图谱分析有助于笔者了解社会创业教育这一领域的发展状况,但站在更高的角度,笔者有必要对社会创业教育在高校的发展做一次总结分析。

首先,高校社会创业教育的发生发展是创业教育从局部到更大范围的扩展。如果说创业教育的诞生和发展算是过去以商学院或管理学院为主的创业教育向学校不同部门开放的过程,那社会创业教育无疑是一次新的延伸和拓展。社会创业教育是创业教育的下位概念,可以看作创业教育与社会问题的结合,而这种结合要求将创新型问题解决办法应用于解决新的社会问题上。在这样一个延伸与拓展的过程中,创业教育需要进入别的学科领域,例如社会学,在形式上产生交叉和结合。在此过程中,社会创业教育还将与解决相应社会问题的思想和问题解决方式产生深度融合,拓展社会创业教育本身的概念。此外,这种拓展和融合还为社会创业教育提供了新的前进方向。因此,高校社会创业教育是创业教育从高校局部(通常是商学院或管理学院)向其他学院或有关机构扩展的过程。

其次,高校社会创业教育的理念从单一走向多元,具备更为成熟的机构和体系。比尔·德雷顿在提出"社会创业"(Social Entrepreneurship)一词时,更多还是关注社会变革的实现,概念显得较为宏大,内部的体系较为缺乏。② 但随着社会创业教育理论与实证的不断深入,很多学者都在不断尝

---

① Dacin, M.T., Dacin, P.A., Tracey, P., "Social Entrepreneurship: A Critique and Future Directions", *Organization Science*, 2011, 22(5).

② Ashoka, About Ashoka, https://www.ashoka.org/en/about-ashoka, 2018-09-09.

试如何去丰富社会创业教育概念的内涵。其中,萨莉卡娅(Sarıkaya)和科斯库恩(Coşkun)分析了将社会创业教育延展至学前教育阶段的重要性和可能,指出社会创业教育为学生练习在学校所学的内容提供了机会,并且这使得不同领域学生的终身教育成为可能。[①]

霍沃斯等人则运用社会学习理论(Social Theories of Learning)去分析如何培养社会创业者,其分析结果显示,社会创业教育项目的目标在于培养反思性思维和共同体行为规范,在培养共同体行为规范过程中的成就与挑战揭示出学习者身份和心理安全的重要性;此外,霍沃斯等人还总结了社会创业教育中的几条原则:(1)关注社会创业者作为学习者的身份,帮助学生走出身份定位的舒适区,进行有效的社会创业学习;(2)通过瓦格纳(Wenger)等人提出的设计原则,例如在公共和私人空间开展学习和建立活动的主旋律;[②](3)在社会创业者和商业创业者共同学习的地方,注意他们彼此之间的差异及潜在冲突,但更强调他们之间的共性;(4)社会创业教育项目学员的筛选应注意社会创业者与项目目标相匹配;(5)通过活动和干预来建立心理安全感;(6)在社会创业教育项目的主旋律中注入反思性思维的文化。阿卡尔(Akar)和多根(Dogan)则研究了职前教师个人价值观与教师社会创业特征之间的关系,结果表明,教师的社会技能、忠诚度、自我控制的观点和社会创业之间有着积极的相关关系,而知识与社会创业之间的关系却不如前面几项紧密。[③] 詹森的研究则另辟蹊径,从全人的视角出发,分析了社会创业评价的问题。[④] 这一研究弥补了已有研究中对项目或课程数量等评价在维度上的缺陷。

最后,社会创业教育在高校与社会之间的互动更为多样。在诞生之初,

① Sarıkaya, Muammer & Eda Coşkun, "A New Approach in Preschool Education: Social Entrepreneurship Education", *Procedia-Social and Behavioral Sciences*, 2015, Vol. 195.

② Wenger Etienne, Richard Arnold McDermott & William Snyder, *Cultivating Communities of Practice: A Guide to Managing Knowledge*, Harvard Business Press, 2002. Howorth Carole & Susan, M. Smith Caroline Parkinson, "Social Learning and Social Entrepreneurship Education", *Academy of Management Learning & Education*, 2012, Vol. 11(3).

③ Akar Hüseyin & Yildiz Burcu Dogan, "The Role of Personal Values in Social Entrepreneurship", *Universal Journal of Educational Research*, 2018, Vol. 6(1). Jensen Tine Lynfort, "A Holistic Person Perspective in Measuring Entrepreneurship Education Impact Social Entrepreneurship Education at the Humanities", *The International Journal of Management Education*, 2014, Vol. 12(3).

④ Jensen Tine Lynfort, "A Holistic Person Perspective in Measuring Entrepreneurship Education Impact Social Entrepreneurship Education at the Humanities", *The International Journal of Management Education*, 2014, Vol. 12(3).

社会创业更多还是"社会性"和"公益性"浓厚的存在,而随着社会创业教育的发展,具体的人才培养和社会创业实践不再只是停留在狭义的社会或高校内的活动,取而代之的,迎来了高校与社会之间通过社会创业教育而发生的大量互动。这一点在社会创业教育的资源与制度建设上已经得到了很好的体现。高校社会创业教育的课程数量逐渐增多,种类趋于丰富。

那高校社会创业教育的演变具有什么意义呢?笔者不妨从几个层面和维度去思考这一问题。从国家社会发展的宏观层面,高校社会创业教育的发展意味着社会创业教育作为社会问题解决办法的能力得到不断强化,可以应对更多的社会问题。伴随着全球治理形势的深刻变化,在解决社会问题过程中需要社会力量的国家在不断增多,社会组织的话语权得到提升。从这一点来看,社会创业教育的贡献或许将在治理体系的完善上取得新突破,进而转变以往的治理结构。具体来说,实现这一可能需要高校发挥社会创业教育作用从而对已有的治理格局产生影响。而社会创业教育对社会问题所提供的选择,以及高校和有关组织进而获得的影响力,将助力实现完善治理体系这一目标。

从中观层面,高校社会创业教育的成熟有助于社区与高校的互动,推动建设良性互动的社区。在创新创业教育的实践中,如何拉近高校与所在社区之间的距离一直是一个难题,在很多国家都没有得到很好的解决。而社会创业教育则扮演着这样一个可能的角色。在欧美发达国家,高校与所在社区之间融合良好,形式上的围墙和实践中的区隔多数情况下可以忽略不计,高校成为社区复兴、发展和繁荣的重要动力供给站。借由社会创业教育在解决社区发展中所面临问题而造成的融合效应,高校与社区之间的距离将得以缩减,而社会创业教育作为一种创新形式,可以在探索新方法解决新问题的过程中,在高校与社区之间构筑起新的合作渠道。这对于创业教育的可持续发展来说具有不可替代的作用。

从微观层面来看,社会创业教育本身所开发出的一套问题确定、方法搜寻和问题解决的策略,不仅能够丰富创业教育的内涵与多样性,还可以在不断发展之中助力创业教育作为一个学科的成长。长久以来,笔者在议论和分析一个学科的地位时,常常用专门的研究对象、特定的逻辑起点、专有的研究方法等来进行判别,而在创业教育发生发展的过程中,很长一段时间内都因为依附于商学院等部门而显得"低人一等",并且在研究方法、专业期刊等方面也有较大空缺。如何破解这些困境便成为一大难题。社会创业教育的成熟,意味着在创业教育之下,有了一个特点鲜明的分支领域,这对于创业教育争取学科地位来说意义重大。

第二节　高校社会创业教育的时代使命与发展趋势

一、深化教育改革时代高校社会创业教育的使命

创业教育的全面推广与优化升级是我国现阶段的重要任务,事关教育改革与国家经济发展问题。国务院办公厅《关于深化高等学校创新创业教育改革的实施意见》中第一句便提出,深化高等学校创新创业教育改革,是国家实施创新驱动发展战略、促进经济提质增效升级的迫切需要,是推进高等教育综合改革、促进高校毕业生更高质量创业就业的重要举措。可见创业教育改革在整个教育改革及国家发展中的重要性,然而,伴随着近年来的供给侧结构性改革等经济发展方式的调整,同时受限于国内高校长期缺乏对创业教育关注和投入等客观原因,短期之内创业教育改革浪潮尽管取得明显成就,但仍面临着诸多问题。而笔者认为,其中最为核心的问题是高校创业教育如何发挥实效,推动人才培养和服务社会发展模式转变。

在之前的创业教育研究中实际上已经对社会创业教育的一些问题进行了关注,从现在看来,它们和社会创业教育的时代使命有着深层次的关联。例如,在对新生代农民工创业影响因素的实证研究中,笔者得出影响新生代农民工创业能力的三大因素是个人特征因素、个人资本因素和创业环境因素。[①] 从大学生创业教育的发展来看培养岗位创业者是一个具有创新意义的发展战略选择,为实现创业教育目标,应从满足不同类别学生需求的多样性设计等四个方面开展组织实施。[②] 而当从社会学的角度分析高校创业教育与社会融合之间的关系时,可以发现高校创业教育要转变以单纯培养大学生"经济融合"为主要目的的教育理念,建构经济融合、社会资本融合、文化融合、身份融合的四位一体的社会融合教育模式。[③] 基于上述研究成果,我们逐渐将关注点分布到社会创业教育之上,也正是因为这样,高校社会创业教育的时代使命与作为便成为一个重点研究课题。

从深化教育改革的视角出发,笔者认为社会创业教育肩负着以下使命。

[①] 黄兆信、曾纪瑞:《新生代农民工创业活动影响因素实证研究》,《华中师范大学学报(人文社会科学版)》2012年第5期。

[②] 黄兆信、曾尔雷、施永川、王志强、钟卫东:《以岗位创业为导向:高校创业教育转型发展的战略选择》,《教育研究》2012年第12期。

[③] 李远煦、黄兆信:《从"融入"到"融合":高校创业教育的社会融合模式研究》,《高等工程教育研究》2014年第1期。

第一,社会创业教育的理论与实践有助于深化创业教育改革行动方式的升级转型,服务于建设"健全创新创业教育体系"这一目标。创业教育在我国的发展有着曲折的历史,近20多年的进程发展发端于教育部在9所高校的试点工作,更具体来说,得益于清华大学所开展的开创性工作。在随后的发展,浙江省高校因为有利的政策环境和文化氛围等条件而展现厚积薄发之势。然而,我国创业教育的发展仍旧面临着诸多问题。从面向全体学生建立分层施教的创新创业教育体系来看,已有的创业教育实践面临着落后理念与推广需求相背离、匮乏师资与深入发展相矛盾、缺乏支持环境与持续增长相冲突、创业教育理论与实践相脱节等多方面的挑战和难题。① 除此以外,还可以从组织制度建设、文化环境构建及评价体系构建等多个方面进行分析,而反过来看,这些都是社会创业教育可以有所作为的地方。

深化教育改革一直是我国社会发展中的重要议题,2019年是改革开放政策实施的40周年,各界都在普遍反思教育改革的成绩、特色以及中国逻辑。而在中国教育改革的整体行动中,方式是一个核心概念,即教育改革怎么进行? 具体到创业教育领域,自从"大众创业,万众创新"政策实施以来,对创业教育实践的探索在全国高校遍地开花,然而受到资源依赖与追求合法性的强制性同形、目标模糊和技术不确定性下的模仿性同形、规范性与专业性不足导致低水平同形三个机制的影响,我国高校的创业教育组织行为模式趋同现象明显。② 换句话说,在大规模推进创业教育发展的情况下,资源匮乏、学科基础薄弱、发展规范弱势等问题成为制约创业教育产生实质影响的因素。而社会创业教育作为创业教育中的新生力量,具备创新性、公益性和社会互动性等突出特点,是深化教育改革中冉冉升起的希望。

具体来说,社会创业教育有助于弥补创业教育实施过程中的资源不足问题。实践资源匮乏时常掣肘创业教育在高校的深化发展,而在社会创业教育的实践中常常不乏对社会问题十分关切的爱心人士,他们所拥有的资源有助于解决创业教育中的资源紧缺问题。此外,社会创业教育强调实践,是创业教育中实践特性突出的一支,因此,社会创业教育可以弥补一般创业教育在实践机会上的不足而提供机会和平台。最后,社会创业教育强调以创新形式解决社会问题,其开展具体实践的行动方式便是创业教育改革的直接参照。

---

① 杨体荣:《高校深化创业教育改革的问题与路径探索——基于全校性创业教育视角的分析》,《教育发展研究》2018年第11期。

② 梅伟惠:《我国高校创业教育组织模式:趋同成因与现实消解》,《教育发展研究》2016年合刊第1期。

　　第二,社会创业教育可为深化教育改革的实践顺序提供新思考。传统的创业教育以商学院或管理学院等关联性较强的学院为主要依托,在实践顺序上通常分为以商学院或管理学院为中心的磁石模式,以其他学院为中心的辐射模式,以及兼具两者特色的混合模式。① 而社会创业教育为改变这种实践顺序注入了新的模式——以社会问题为核心的模式。以往的创业教育也不乏以社会问题为主要研究导向的,但是在具体的实践工作中,因为学院和学科限制等,商学院的创业教育具备明显的营利特性。② 社会创业教育以社会发展中急切关注的问题为导向,其中不乏饮水问题、儿童健康问题、女性权利问题等。

　　第三,社会创业教育对于深化教育改革外部条件的企求上,具备实现从"等待社会变化"到积极主动"推动社会变革"转变的潜力。③ 尽管在诸多场合(包括理论研究和实践探索)中,都在呼吁要在创业教育这里撕开深化教育改革的突破口,然而,因为组织制度约束、社会文化束缚和教育改革延迟特点等诸多因素,创业教育并未能够或积极地推动社会变革,而有大量的实践是在被动地等待社会变化。从教育改革本身的逻辑和发展需求来看,这一由被动向主动的转变是不可或缺的,而社会创业教育可能正是所寻找的改革良方。社会创业教育从理念内涵、目标与行动导向、组织设计与发展动因等多个方面,都在积极地推动社会的改革,而非一种被动等待的态度和行为表现。因此,高校应注意发挥社会创业教育的优势,在深化教育改革尤其是发挥创业教育改革引领和示范作用的过程中,将社会创业教育的作用发挥出来,推动外部条件企求方面的改革。

　　深化教育改革的目标是为了实现教育现代化,建设具有中国特色的现代教育体系,进而实现建设"教育强国"的目标。中国教育的现代化之路存在"双优先"的模式,即国家优先发展教育、教育优先满足国家发展需要。④ 创业教育作为新时代中国发展图景中的重要构成,其作用是不可取代的,而社会创业教育作为其中的新兴浪潮,能够在激流之中永立潮头,首先便是从深化教育改革的视角出发,依据我国特殊的国情和发展目标,去思考社会创

---

① Katz & Jerome A., "The Chronology and Intellectual Trajectory of American Entrepreneurship Education:1876 – 1999", *Journal of Business Venturing*, 2003, Vol. 18(2).

② 注:就如本书前面在有关"双重底线"部分所提的,强调营利性并不代表抹去非营利性,这两者并不是互相矛盾不可共存的。

③ 吴康宁:《深化教育改革需实现的三个重要转变》,《南京师大学报(社会科学版)》2013年第3期。

④ 袁振国:《双优先:教育现代化的中国模式——为改革开放四十周年而作》,《华东师范大学学报(教育科学版)》2018年第4期。

业教育的时代使命。

二、经济增长变革时代高校社会创业教育的责任

作为最大的新兴经济体,中国情境下的社会创业活动由于受到独特的制度、市场和文化环境的多重影响,其与其他情境下的社会创业活动可能存在较大的差异。当前,中国社会创业正在快速成长,总体呈现出三个典型特征:一是社会企业家以高学历中青年为主,商业背景者居多;二是社会创业发展多数处于初创和成长阶段,总体规模偏小;三是社会企业行业分布较广,聚焦于社会民生领域。[1] 这些社会创业特征在一定程度上决定着高校社会创业教育开展的方向。而就在这样的背景之下,社会创业教育肩负着怎样的时代使命呢?根据李克强总理的指示,要实现"大众创业,万众创新",学界和业界对这一顶层设计的理解是通过创新创业教育来解决就业创业问题,此种论断自然无可厚非,但是却在有意无意中忽视了创新创业人才的全面发展。创业教育的作用不仅在于教会学生创办企业的技术和知识,更在于培养学生的创新意识、批判思维和公民责任意识。[2] 回到高校社会创业教育在促进经济发展方面所肩负的责任上,我们认为主要在于以下几个方面。

第一,以社会创业教育培养全人,做好人才供给端的工作。以往研究指出,社会创业教育的作用不仅在于所开设的课程上,更在于对全面发展的学生的培养上,它是一种"全人"发展思维。[3] 任何经济的健康发展,都不是以工具性的人为支撑力量而实现的。全面发展的人才培养才能在经济增长和社会发展中注入和传承积极的价值观,才能服务于经济增长中一些不为常人所喜爱的行业。第二,社会创业教育的使命在于培养能够以创新性方式解决社会问题的人才。变动不居的社会环境衍生了新的问题,而新问题很多时候需要新方法,为此,社会创业教育能够培养具备这一问题解决能力的创新创业人才。第三,新时代经济增长的一个显著特色是绿色增长,可持续发展,而社会创业教育因其突出的特点,能够培养具备较强可持续发展意识

[1] 刘志阳、李斌、陈和午:《企业家精神视角下的社会创业研究》,《管理世界》2018 年第 11 期。

[2] 卓泽林、赵中建:《高校全校性创业教育:美国经验与启示》,《教育发展研究》2017 年第 17 期。

[3] Jensen Tine Lynfort, "A Holistic Person Perspective in Measuring Entrepreneurship Education Impact - Social Entrepreneurship Education at the Humanities", *The International Journal of Management Education*, 2014, Vol. 12(3).

的创新创业人才。但需要注意的是,高校社会创业教育与经济增长之间的互动关系是十分微妙的,切记不可对社会创业教育施加过多压力,希望社会创业教育引发大范围经济变革的"多米诺骨牌效应"。

三、新时代高校社会创业教育的中国担当

社会创业的优势在于它对资源交换的依赖,对受益者个人尊严和自我实现的促进以及对于市场信号与消费者支付能力的挖掘。[①] 因此,从中笔者可以看到社会创业注重对受益者能力的挖掘和赋予。"新时代"是对我国社会发展的新论断,其主要的观点是我国社会发展的主要矛盾转变为人民日益增长的美好生活需要与不平衡不充分的发展之间的矛盾。对于社会创业教育乃至创业教育,这一论断的意义和价值都是重大的。我国高等教育体量巨大,其中蕴含的社会创业能量也不可小觑,应当在新时代的建设中发挥重大作用。

我国是人口大国,普通人口数量国家的任何一个小问题都可能会成为大问题,其中就包括医疗保险、公共卫生、公共安全和教育等。在新时代,过去的社会主要问题可能将退而成为次要矛盾,曾经的次要矛盾则可能转化为主要矛盾,在这种新旧转换之中,不仅过去的问题解决办法可能会失效,甚至一些价值观也面临着新兴或非主流价值观的冲击。在此背景之下,社会创业教育在于以新方法和新手段解决问题,推动社会发展。具体而言,高校社会创业教育在新的时代将肩负以下责任。

第一,以新形式攻克社会发展中的艰难问题,尤其是脱贫和环保问题。社会发展主要矛盾的变化对教育发展的方式同样提出要求,只有坚定不移地推进教育领域的综合改革,才能走出过去教育追赶和服从于经济发展的困境,走向独立和自主,同时又能够与经济等社会发展的子领域互为表里,相互促进。社会创业教育在培养理念、行动目标和具体实践模式等方面都具有区别于创业教育的地方,而这在人才培养和社会服务方面的有机统一有助于解决社会发展中常规方法难以解决的问题。笔者曾对农民工创业开展过研究,在"大众创业,万众创新"战略实施取得良好成效之后,不断有在外务工或求学人员回到家乡创业,社会创业教育可以为他们开展具体的创业实践提供培训和指导。例如,有大学生在毕业后选择回到家乡,致力于将黑龙江森林中优质的产品走出大山、推向省外;另有南京邮电大学的学生回

---

① Roundy,P. & Bonnal Michaël,"The Singularity of Social Entrepreneurship: Untangling its U-niqueness and Market Function",*The Journal of Entrepreneurship*,2017,26(2).

到家乡湖北,希望将家乡的优质生态农产品卖到全国各地。对于选择回乡创业的大学生而言,对家乡发展的关切是他们投入到创业活动中的主要动力,而他们多数是初次创业者,仍旧缺乏经验和创业支持。

依据党的十九大精神,脱贫攻坚工作将继续毫不动摇地推进,与此同时,在发展经济的过程中不能忽视环境的重要性,"绿水青山就是金山银山"。社会创业教育的作用,在于将创业教育所传授的理念、知识与思维方式和社会发展中的难题结合起来。在新时代,我国社会发展所面临的不平衡不充分问题是突出的,社会创业教育的作用正是在于转变已有格局,将高校毕业的大学生引向社会发展所需的地方。

第二,转变人才培养模式,以新姿态引领高等教育内涵式发展。深化教育改革可以说一直是我国国家发展战略中的重头戏,进入21世纪以来更是因为一系列新的顶层设计的颁布而备受关注,同时加上新社会问题所引发的关注,深化教育改革一直处在行进之中。在深化教育改革的规划中,高等教育强国的建设是无法避开的话题。"985"和"211"已然成为历史,"双一流"计划的实施如火如荼,对改革目标、方法和困难的探讨层出不穷。正是在这层层迷雾之中,创业教育闯出了一条路子。创业教育因为带动了人才培养模式的根本转变,关乎长远。而社会创业教育作为创业教育中的一股力量,相比一般性的创业教育,它引导学生关注和立足于社会民生,识别有效的创业机会;引导学生增强创新意识和能力,获取丰富的创业资源;帮助学生强化商业化运作能力,实现经济与社会价值的双赢。[1] 换句话说,笔者相信,社会创业教育具备推动高等教育内涵式发展的潜力。

对于具体实践来说,社会创业教育不仅可以为高等教育的改革发展注入新的理念,而且还可以通过各种实践活动扩展高校与社会之间的联系,构筑更多的推广和实训平台。此外,伴随着学生生理和心理特点的变化,形成于过去并受到传统制约的高等教育发展模式具备一定的惰性和同质性,不能很好地满足学生日益变化的需求。例如,在改革开放40年之际,"00后"新生代已经踏入校园,他们个性鲜明、活泼跳动,与过去10年甚至是5年的大学生相比,都具有明显的差异。本书所关注的高校社会创业教育,它的理论不仅来源于丰富多样的社会问题,而且在具体实践中因背景环境等方面的差异而衍生出多种差异性模式,这对于高等教育的生态多样性来说,其作用是直接和多发的。

第三,探索新时代中国创业教育发展新模式。相比之下,我国的创业教

---

[1] 李远煦:《社会创业:大学生创业教育的新范式》,《高等教育研究》2015年第3期。

育历史并不如欧美国家长,但从发展模式的角度来看,已经初具特点。例如,我国高校在"大众创业,万众创新"的号召之下,几乎在每一所高等院校中都建立了专职负责创新创业教育的创业(教育)学院,又或者国家层面通过不断完善的政策设计和相关支持来鼓励大学生进行创新创业。然而,鉴于我国高校的同质性发展现状与未来内涵式发展之路所提出的客观要求间的矛盾和冲突,急需构造具备中国特色的创业教育,这样的创业教育或是在行动目标与发展理念上特色鲜明,或是在实践模式与支持体系上独具特色。

四、高校社会创业教育的发展趋势

从哈佛大学首开《社会部门中的创业》课程算起,社会创业教育已有近20年的历史。进入21世纪以来,社会创业教育在美国、英国、日本、印度等国家获得了较快发展。2011年,美国已有148所院校提供形式多样的社会创业教育;英国北安普顿大学首创性地将其发展目标定位为英国顶尖的社会创业型大学;日本除了高等教育机构外,政府、社会和市场同样在社会创业教育领域扮演重要角色;印度塔塔社会科学院的社会创业项目蜚声海外。在我国,自党的十八大以来,党中央和政府高度关心当代大学生的成长成才问题,着重强调大学生的社会责任感培养。中国的社会创业教育起始于2008年,以湖南大学为试点,尽管比西方高校晚了几年,但是党的十八大以来我们在政策导向和社会氛围上已经逐步形成了鼓励开展社会创业教育的浓厚氛围,如党的十八大报告中明确指出"全面实施素质教育、深化教育领域综合改革,着力提高教育质量,培养学生社会责任感、创新精神、实践能力"。如果把党中央和政府对大学生责任感的培养具体到当下的创新创业教育领域,就意味着我高校创新创业人才的培养必须赋予学生在社会责任意识上的培养。由此可见,无论从国际范围还是我国自身的情境,社会创业受到了多个国家和政府的关注,成为改善社会问题的关键手段,而开展社会创业人才培养的高校自然肩负着无比艰巨的使命。[1]　那么,社会创业教育作为一种崭新的教育形态,凭借着公益性抑或社会担当为主的道德理念,能够实现对传统创业教育的继承之外,还能在未来发展趋势上表现出哪些超越?

第一,课程资源不断丰富,人才培养体系逐步完善。社会创业教育在创设之初,只是零星存在于高校里的少数学院,对于创业教育乃至高校整体的

---

[1]　Akhmetshin,E. M. et al.,"Approaches to Social Entrepreneurship in Russia and Foreign Countries",*Journal of Entrepreneurship Education*,2018,21.

发展来说,都显得有些微不足道。然而伴随着社会创业教育地位的增长,人们逐渐认识到这一特殊事物在推动社会发展中的作用,于是逐渐在高校中开设了更为丰富的课程,同时也配备了相关的资源。据统计,2008年,全球共有35所高校开设社会创业专业(比2004年增长75%),其中美国高校30所。[1] 不少高校为专门化地推动社会创业教育建立了社会创新创业中心,以商学院为主开设主修和辅修专业、证书项目和研究生学位项目。例如,美国贝尔蒙特大学商学院开设的社会创业本科专业,要求学生修读通识课程、专业课程和专业选修课程,共计128学分,"创业部分"全专业统一课程,而"社会部分"可以在经济发展、全球社会创业、当代社会问题、信仰、文化与道德,或者环境科学几个主题中自由选择其一,毕业时可以申请文学学士或理学学士学位。南加州大学在研究生阶段开设社会创业专业,共需修读9门必修课和两门选修课,学生毕业时可以获得理学硕士学位。

课程体系固然是教育教学中的根基,但是完善的人才培养体系需要建立其相应的体制机制,尤其是学生的筛选和进校后的培养。从未来发展的趋势来看,社会创业教育的发展在高校将迎来更多的机遇和空间。认识到社会创业教育重要性的高校的数量只会增加,相应地,这些高校将开设更多的课程,学校的招生计划也将分拨更多的指标,配套政策也将逐步确立起来,社会创业教育在高等教育生态系统中的生态位将逐步扩大,其竞争力和影响力也将走向强化。

第二,社会创业教育的影响范围将从局部走向全校和校外更广范围。社会创业教育诞生于商学院,从一开始就面临着姓"社"还是姓"创"的身份模糊问题。不过,从商学院逐渐向外拓展是目前社会创业学科发展的共识,其方式主要由社会创业课程或竞赛走向全校开放,建立跨学科的社会创业教育机构,尝试社会创业与其他专业学科的融合。根据布洛克(Brock)对159个社会创业项目进行研究发现,2014年38%的社会创业教育项目在社会科学、工程、医学等学科建立,而在2009年这一比例还只是25%。[2]

社会创业教育呈现出多元、开放、融合的趋向。大多数高校的社会创业课程是面向全校开放的,例如,哈佛大学除了商学院开设《金字塔底端的商业》等课程外,法学院开设《社会创业导论》,教育研究院开设《教育革新与

①　OECD,"Panel Discussion on Social Entrepreneurship:New Avneues for Job Creation and Social Inclusion"(2015-03-01),http://oecd.org/cfe/leed/46432695.pdf.

②　Brock D.,"Social Entrepreneurship Education across the Disciplines:A loosely Coupled Ecosystem",United States Association for Small Business and Entrepreneurship(USASBE)Conference Proceedings,2014,p.1.

社会创业》,肯尼迪政府学院开设《私立与社会部门的创业》等课程。大学生社会创业竞赛面向全校,甚至全球的大学生,例如,加州大学伯克利分校哈斯商学院承办的全球社会创业大赛(Global Social Venture Competition)、纽约大学斯特恩商学院的社会创业大赛等。有些大学通过建立跨学科中心推动社会创业教育,如布朗大学成立 TRI 社会问题试验室,旨在让学生跨学科合作研究复杂社会问题,开发并测试相应的创新解决方案。有的大学致力于推动社会创业教育的学科融合,例如,宾夕法尼亚州立大学工程学院面向全校学生开设"人道主义工程与社会创业"的辅修和证书项目;纽约大学法学院与商学院合作开设"法律与创业"专业,鼓励学生毕业后创办与法律相关的非营利组织等。

实际上,创业教育从高校的少数学院到全校性发展,也正是创业教育从萌芽生长到成熟过程的侧写。对社会创业教育来说,还有一个不可忽视的特点是,它具备不同于商业创业教育的商业特性,社会创业教育从局部拓展至高校,还将带动一些新的变化。比如说,社会创业教育的拓展将带动全校不同学科的合作,而跨学科的合作现已被证明是为高校攻克科研难题和培养综合性人才所依赖的一条重要渠道。此外,社会创业教育向全校的拓展也是一个相互促进的过程,将有利于提高创业教育在高校的学科地位,反过来也将推动高校的全面发展。

第三,社会非营利组织积极参与高校社会创业教育。创业教育原本就不是一门只停留在象牙塔内的学问,其实践特性较强。而社会创业教育作为其中更为强调实践的一门学科,其重要性和意义不言而喻。通过前面的研究,笔者可以说,社会创业教育的萌芽与社会非营利组织的参与和贡献密不可分。具体来说,社会创业教育关注的是社会问题,而社会问题的解决自然离不开来源于和穿行于社会问题之中的非营利组织。在问题确立、方法搜寻和问题解决的过程中,社会非营利组织都起到了重要的桥梁作用。近年来,通过社会创业教育这一渠道(当然这一发展也离不开创业教育整体的繁荣),社会非营利组织更多地参与高校的社会创业教育实践。社会非营利组织的参与对于高校社会创业教育的实践来说,直接表现为打通了高校与社会之间的隔阂,为高校带来社会实践的机会,同时为社会注入高校的智力。

从长远来看,社会非营利组织的参与前景良好,但是其中也存在一些需要注意的问题。这些问题大致包括社会创业教育的定义和身份问题、社会创业教育的发展模式问题等。社会非营利组织的参与将影响社会创业教育的定义和内涵,尤其是在社会创业教育内涵演变的分析中已经有了基本呈现,但是伴随着这样不断变化的过程,社会创业教育的内涵及其外延都将发生变化,不确定性随之而来。社会创业教育定义的不确定性,从某种程度来说,影响了其作为一个领域和学科专业(在未来的发展中)的身份定位问题。此外,社会创业教育应该以什么模式来发展的问题。社会创业教育的模式不应该是千篇一律的,但应该是有共性的。社会非营利组织的过度参与孰优孰劣,这对于社会创业教育本身来说,是极其重要的。

第四,数字时代助力社会创业教育更加有效地解决复杂社会问题。有限的政府力量无法有效解决复杂的社会问题,必须发挥市场的作用共同解决如全球贫困、环境污染、性别冲突、教育分配不公等包容性发展的社会问题。社会创业便是这股市场力量的有力倡导者和实践者。相比传统慈善,社会创业更具市场效率和可持续。但社会创业也因其混合驱动,存在社会问题向机会转化的高壁垒、资源获取的高成本、跨部门合作利益的难协调以及社会影响力的难测度等一系列难题,导致社会问题解决方案无法大规模复制。社会创业在当前时代遇到的种种挑战也足以说明未来高校在社会创业教育开展时所即将面临的难题,如何克服这些难题,尤其是依托数字时代所流行信息技术手段来促使高校更好地开展社会创业教育是突破社会创业挑战的出路。

数字时代助力高校社会创业教育发展是指高校在开展社会创业教育过程中充分利用了数字化的可供性、生成性、自组性和跨边界性,实现了学生在社会创业教育学习过程中对社会机会的快速识别、社会资源的充分利用,以实现为传统社会创业教育开展过程中的固有难题提供解决方案。例如,米公益合作平台、碳足迹平台以及老爸测评等平台,都以数字信息为载体,有效利用大数据技术进行公益机构分工、碳排放信息管理以及产品专业化检测等工作。数字经济时代,以低成本、快速度的方式打造低门槛,为社会企业带来更多发展机会,并基于数字社会创业模式解决资金分配、环境保护、卫生健康等社会问题和现实需求。因此,在学习社会创业教育过程中学生本身的信息素养和数字素养是决定他们能够充分利用信息技术助力社会创业的重要因素。所以,加强高校在开展社会创业教育过程中学生信息素养和数字素养的养成,促使学生成为数字社会创业者,即致力于推动社会创业的数字化转型以提高解决社会问题的效率,具备社会问题机会转化能力与亲社会动机。[1]

---

[1] 刘志阳、赵陈芳、李斌:《数字社会创业:理论框架与研究展望》,《外国经济与管理》2020年第4期。

第三节　高校社会创业教育对我国创业
教育改革发展的启示

社会创业的出现意味着创业不再限于它的经济功能,而是昭示着以创业推动社会变革时代的来临。[①]　创业,曾作为学界和业界的一颗新星,划破天际。自从 1947 年创业教育在哈佛大学滥觞以来,有关的实践和相应的研究可以说是迎来了爆发式增长。1994 年,还是在哈佛大学,创业教育的土壤之中生发出一种新的生物:社会创业教育。自此以来,社会创业教育在高校的发展不敢称之为势不可挡,但仍然引起了越来越多的关注。也正是出于对社会创业教育这一新趋势的关注,笔者才对高校中社会创业教育的理论与实践展开研究,本书才得以呈现。社会创业教育作为脱胎于创业教育母体的产物,可以说既具有创业教育的特点和优势,同时又具备自身的特性。在本书末尾,笔者将对社会创业教育所带来的启示做总结。

一、高校社会创业教育理念与实践的借鉴

欧美发达国家作为社会创业教育的发源地和领航者,总体来看,其理念和实践上的多元、开放特点都值得笔者深入学习。具体来说,可以总结为以下几点借鉴经验。

第一,注重高校社会创业教育文化和环境的构建,突出强调环境的熏陶和培育作用。正如创业教育的研究中所提到的,笔者在开展创业教育时常常有一个误区:即认为创业就是教授创办企业,而创办企业并不是多数人可以做到的。实际上,在社会创业教育中同样存在这一问题,即大家有意无意地将"社会创业"限定在一个狭小的范围内,忽视了社会创业教育中对学生(未来的社会创业者)批判精神、创新意识等方面的培养。通过观察所选择的几个案例,可以发现这些一流大学无一不重视社会创业精神的培养。而这种培养并非是上一两节课所能完成的,长久的熏陶、潜移默化的影响是必不可少的。从文化的角度讲,大学对于人才的培养往往都带上了深刻的文化烙印,例如硅谷斯坦福大学培养出来的众多创业者就成为硅谷发展的中流砥柱。

---

① Luke Belinda & Vien Chu., "Social Enterprise Versus Social Entrepreneurship: An Examination of the 'Why' and 'How' in Pursuing Social Change", *International Small Business Journal*, 2013, Vol. 31(7).

具体来看,国外高校构建社会创业教育文化和环境的策略和措施有多处可学习和借鉴的地方。首先,社会创业教育理念与办学使命紧密结合,学校领导层高度重视,有助于提升社会创业教育的合法性。根据享誉全球的创业学者杰里米·卡茨(Jerome Katz)的研究,创业教育的合法性可以划分为认知合法性(Cognitive Legitimacy)、道德合法性(Moral Legitimacy)和管理合法性(Regulatory Legitimacy)。① 其中,认知合法性可以理解为对创业教育的接受和认可程度,道德合法性则可以理解为创业教育与所在社会的文化准则和价值观的相符程度,管理合法性则是创业教育对权威管理制度的遵守程度。相应地,社会创业教育的合法性审视同样可以从这三个角度去进行。包括哈佛大学在内的高校,通过成立专门的机构、颁发机构建设的制度和行为准则以及领导的支持等,构建有利于社会创业教育发展的文化氛围和环境。此外,还需要注意的是,世界一流高校在校园环境的建设和开发中同样有值得学习的地方。其中,大到对于整体环境的规划,小到对于某个校园草地标语的设置,都具有比较意义上可供参考的地方。当然,文化作为一个具有较强身份标签的范畴,在学习借鉴中自然是不能因为单纯借鉴甚至照抄照搬而忽略了自身的特点。

其次,配备丰富的社会创业教育资源,贯彻落实以学生为本的发展理念,做到学生发展和学校服务社会的有机统一。社会创业教育的实施离不开经典教育活动中的必要资源,譬如课程和教师,同时也需要创业教育本身所呼吁的强实践特性的资源,例如孵化平台和实践项目。从学校的预算规划来看,我国的高校短期之内可能无法同国外的一流大学相匹敌,但是从现阶段的增长和未来的发展趋势来看,国内高校的预算已经不断增加。而另一方面,从长远发展来看,"双一流"建设项目将实行滚动制度,进而可以照顾到不同高校的需求。

再次,开拓社会创业资金渠道,助力学生社会创业实践。学生开展创业实践需要大量的资金支持,这在创业计划启动的初期和项目(或组织)建立后的早期,都具备举足轻重的作用。从所选案例中笔者可以发现,对世界一流高校而言,社会创业教育项目之所以得以成形,首要的原因多是校友对学校的捐赠。得益于校友的慷慨解囊,很多学校建立起自身的社会创业教育项目。

最后,逐步建立社会创业教育生态系统,落实系统性发展思维。社会创

---

① Katz Jerome A., "fully Mature but not fully Legitimate: A Different Perspective on the State of Entrepreneurship Education", *Journal of Small Business Management*, 2008, Vol. 46(4).

业教育想要实现长远的发展,就必须要走可持续发展的道路,必须要融入学校的整体体系中。而创业教育生态系统的构建正是实现可持续发展的重要选择乃至必由之路,创业教育生态系统的构建就是要实现"创业性"与"教育性"的相互融合。① 尽管从目前来看,社会创业教育的发展还难以称得上体系,但是在梳理其发展轨迹的过程中可以发现,其总体的发展思维是生态系统式的。从发展的设计,到资源的配置等,都体现出系统式集群式发展的重要性。

　　然而,需要注意的是,高校社会创业教育生态系统的构建中需要注意各组分之间的互动关系。从资源配置的角度来看,多数资源想要实现从无到有的变化是相对容易的,但是如若想要实现资源从零散到整合,则需要各个组分之间相互融合。从国际比较中可以看到,这种融合以高校的整体发展理念和社会创业教育理念为指导,以高校自身的资源配置状况和行为模式作为参照,强调内部各个组分间和组分与外部环境构成之间的互动。

二、内涵式发展视野下高校社会创业教育所提供的新方案

　　党的十九大之后,陈宝生部长提出,我国教育体制"四梁八柱"的改革方案基本建立,教育改革进入"全面施工内部装修"阶段。② "内部装修"是一个重要的判断,对于社会创业教育的发展具有重要的指导意义。相比于过去过于强调提升入学人数和扩大规模的高等教育"大众化"发展阶段,现阶段的任务是内涵式发展,看重的是发展质量和形成中国特色。从发展思维的角度来看,内涵式发展强调的是高校社会创业教育的身份定位、独特贡献以及与其他成分之间的关系。从发展道路的角度来看,内涵式发展呼吁高校社会创业教育以更为全面系统的方式融入到高校发展的整体版图之中,成为其中的有机组成。

　　从现实发展的困境和需求上看,内涵式发展在宏观层面需要解决高等教育发展重心偏低、高等教育同质同构以及优质高等教育发展不充分等问题;在微观层面应当直接针对教育教学和人才培养的一些深层次问题,如高校人才培养专业化刚性过强、课程教学浅表化、优质教学资源不足以及教育教学文化薄弱等。③ 反过来看,笔者可以从这些问题之中寻找到社会创业教育的潜在贡献。

---

① 黄兆信、王志强:《高校创业教育生态系统构建路径研究》,《教育研究》2017年第4期。
② 陈宝生:《教育改革进入"全面施工内部装修"阶段》,《中国教育报》2017年10月20日。
③ 别敦荣:《论高等教育内涵式发展》,《中国高教研究》2018年第6期。

在宏观层面,社会创业教育的出现和发展增强了高校创业教育的"社会性",直接拉近了高校与社会尤其是所在社区之间的距离。通过社会创业教育实践,高校的师生能够更好地融入到学校所在社区、国家和全球的生活中,发挥应有的作用。从破解高等教育同质同构的角度出发,社会创业教育的贡献更是值得大书特书。对于我国高校的发展而言,"同质化"长期以来就是一个老大难问题,这自然与我国高等教育发展的历史沉淀和现实特点相关,但同时更为重要的是,"千校一面"的窘境是不利于高等教育体系的有机生长的,更遑论中国特色高等教育体系的构建。而社会创业教育作为兼具社会性和创业性特点的教育形态,对攻克这一问题的作用首先体现为丰富了创业教育及高等教育的发展生态,提供了一条新的选择。值得强调的是,我国高校目前"一窝蜂"开设创新创业学院的局面是不利于长远发展的,实际上,在笔者的研究和调查之中,也发现很多高校创新创业学院的发展仅仅是请了几个挂职的人员和开设了几门通识课程而已,机制和体系尚不健全,何谈特色?社会创业教育的问题特性和情景特性,客观上决定了社会创业教育可作为高校内涵式发展的上乘之选。在开展社会创业教育的过程中,高校可以和社区形成紧密的互动,而我国高校所在省份发展情况各异,情况和背景各有优劣,这样的结合是催生特色和促进内涵建设的可行选择。此外,以高校的社会创业教育作为渠道,在社会问题上寻找到最大公约数,可以帮助不同的高校之间相互沟通和合作,进而缩小不同高校之间的距离,促进东西部省份或大小城市高校的联动式发展。

在微观层面,高校社会创业教育作为一把尖刀,将直插横亘在高等教育内涵式发展道路上的挑战和困难。比如说,高校作为社会组织的适应性和变革速度是一对矛盾,即小型高校和新兴高校能够对社会发展作出更为快速的反应,例如新近成立的西湖大学,其设置的硕博士研究生课程就凸显出新颖特点和社会需要;但是对于大型的和历史较长的高校而言,因为组织惰性等因素的影响,高校自然无法快速地作出调整。然而,社会变革的速度日新月异,对人才的要求更是一日高过一日。在此背景之下,高校已有的人才培养模式被暴露在显微镜之下,一览无余。社会创业教育可为解决人才培养的问题作出无可取代的贡献。从创业教育本质和特点的角度出发,其实践性、灵活性和应用性等都强于一般的教育类型,而且其高程度的跨学科合作为培养综合型人才和促进跨学科合作提供了新的思路和方法。此处仅以课程为例进行说明,社会创业教育强调的是集群式发展,所开设的创业教育课程多为高度综合性的课程,注重将不同学科的资源围绕社会问题的解决进行整合和配置,从而实现协同增效。

除上述两个层面以外,笔者还想提出中观层面的思考,供读者批评指正。自从雄安新区和粤港澳大湾区提出以来,高等教育的区域发展再次成为热议的话题。已有研究尽管丰富,但对于中观层面即高校社会创业与区域层面的互动关注不够,为此,笔者认为应当在这一方面进行强化。区域发展强调的是突破过去的单线发展思维,实施集群式发展,将区域内(以及区域外,但以区域为中心)的力量整合进来,构建完善的生态系统。社会创业教育所提供的启发仍在于对社会问题的关注和问题解决的途径。在中观层面,笔者不妨借鉴社会创业教育的问题式思维,将高等教育区域发展按照问题或需要进行组合,通过跨区域的资源整合来形成合力,从中观层面引领高等教育发展模式的转变。

三、回到事情本身:高校社会创业教育起源与发展的时代意义

最后,笔者将借助现象学的思想,将视线再次拉回到社会创业教育本身,思考其时代意义。现象学的理念告诉笔者,所见即所得,所读即所得。社会创业教育的历史地位和时代意义到底是什么呢? 在经历了多种视角的解读和分析之后,笔者将视线回归到创业教育本身上,希望引发更多的思考。

社会创业教育的诞生,可以说是对社会发展需求的直接回应,有其自身的历史特点和必然性,但这一必然性中也隐藏着长期的积累所激发的可能性。社会创业教育,本身是创业教育下的一个分支,是社会创业教育的下位概念,其诞生指正社会发展中的问题。这些问题或是全球性的问题,例如环境问题、女性权利问题、弱势群体受教育权问题;或是小范围内的特定问题,例如本书案例中"饥饿午餐"和临近过期食物处理 APP,以及美国纽约州雪城大学"学术在行动"(Scholarship in Action)理念下的社区复兴活动,则展现出局部范围内的社会发展需求。从起源上来讲,社会创业教育无论来源于什么范围的问题,都是对直接社会需求的应答,因此其具备突出的社会性。这种社会性反映出高校(师生)在面对社会问题时的社会责任感和具体应对策略。而笔者认为,这一变化还反映出高校与社会互动关系的变化。在很长一段时间内,高校如何发展,是及时对社会需求作出反应,还是保持学术机构的独立性,不在惊慌之中作出仓促的应对。然而从社会创业教育的起源和发展来看,高校与社会的互动越发紧密,而且这种新式的互动可以催生新的研究领域及学科。因此,当大家将这样的结论引向高校的内涵式发展时,或许可以发现通过对社会问题的关注,一些新的研究领域将应运而生,高校的生态也将发生相应的变化。然而对于这种变化的利弊,观点自然

不一,有积极乐观派,同时也不乏消极悲观派。笔者认为,或许正如《世界是平的》一书作者弗里德曼所言,未来的界限将会逐渐消弭,高校与社会之间的互动将会趋于深入、多样和系统,其影响力也将胜过从前。

而上述社会性的概念,笔者还可以引申出公益性的概念。国内研究中在某些范围内将社会创业等同于公益创业,换句话说,社会性是否等同于公益性呢?笔者认为在这里并非如此,社会性更强调高校与社会的互动,注重将高校作为社会子系统中的一员来看待。而公益性则强调的是其活动的目的是出于公益而非营利,是对于社会公共问题的关切和投入。在公益性的范畴内,笔者同样有很多问题值得探讨,比如说社会创业教育的可持续发展问题。社会创业教育作为一种高度自给自足的教育,在发展的早期急需大量外部支持,尤其是学校、社会组织和政府等的资金支持,随着时间的进行,社会创业的目标将是走向可持续发展,实现由"输血"向"造血"的转变。

高校社会创业教育的发展同样揭示了一系列的问题,这些问题对于社会创业教育本身和高等教育发展来说,都具有较强的启发意义。创业教育的学科化发展道阻且长,社会创业教育的发展同样如此。从迪斯在哈佛大学创设第一门社会创业教育课程以来,时间不过短短 20 余年,社会创业教育的发展还只是处在生长阶段,远未达到成熟。社会创业教育的未来发展,从目前的形势来看,或许将走上创业教育的一般化的道路,在高校取得合法的成熟地位,成为高等教育版图中的一部分,在人才培养、科学研究和服务社会三大方面发挥着应有的作用,但是鉴于对社会创业教育实践性、综合性和变化性的考虑,或许在很长一段时间内,社会创业教育将以研究和实践领域的身份发挥作用,影响着社会的变革发展。

纵观这个时代的特点,笔者可以发现一些共性,比如共享、实时、去边界化等,这些特性对于高校社会创业教育未来的发展都具有一定的影响。而在这个时代,高校社会创业教育的意义和地位是突出的,甚至可以说是不可取代的。社会创业教育从制度上为创业教育的发展带来了思考和补充,让过去的商业创业教育有了新的维度;从发展理念与行动目标上,高校社会创业教育做到了创业性和社会性的良性融合,是创业教育新的突破口;从发展的模式上看,社会创业教育强调跨学科合作、实践问题导向和可持续发展等,都对现行的创业教育乃至于高等教育的发展带来了启示和借鉴。综上所述,社会创业教育作为高等教育阶段的一种新形态,其未来发展将对创业教育整体地位的提升和作用的发挥产生重要影响,对高等教育内涵式发展和教育改革的深化来说,社会创业教育至少可以在理念与目标、行动与发展模式等方面提供参考。

四、"教育性"与"创新性"相统一:社会创业教育未来走向

培养创新创业人才,提高高等教育的贡献度,为国家和社会发展提供强大的人才智力支撑是高校社会创业教育的重要使命。这一使命可分解成三个任务:一是如何推进人的可持续发展;二是如何推进知识的应用创新;三是如何发挥人与知识在社会过程中的相互关系。社会创业教育是基于"教育性"和"创新性"产生的有机整体,要围绕"教育性"和"创新性"的和谐发展去解决现存的一些突出矛盾。

社会创业教育的人才培养过程是围绕社会发展展开的一个闭合循环的教育过程,社会创业教育的最终目标是要通过培养众多的创新创业人才,通过自主创业或岗位创业等方式为社会服务,对国家的政治、经济和文化产生重大影响。这个培养人的过程就蕴含着完整的"教育性"。构建社会创业教育发展观,具体而言要着力以下三个方面:一是促进大学生的生存就业向社会创业转化。大学生与农民工、退伍军人、下岗工人等其他需就业的群体相比,生存、就业是最基本的,但却不是最终目标,提升就业创业发展质量才是最终目标。开展社会创业教育要面向全体大学生,培养他们在生存基础上获取进一步发展所需的素质。二是促进大学生从"适应社会"向"创造价值"转化。大学阶段是大学生社会化的重要时期,大学生需要通过不断自我更新适应社会发展,但社会创业教育则需要在此基础上,进一步培养创新意识、创业精神、创新创业素养等,创造社会价值的同时提升自我价值。三是推动大学生成为影响社会发展的重要力量。开展创新创业教育的根本目标是将大学生个人生存发展、社会经济结构调整和知识经济时代的需求合为一体,大学生不仅要谋划好自身的发展问题,更重要的是要承担其历史的使命和社会责任,成为"大众创业,万众创新"的生力军。因此,把握好"教育性",深入研究具有创新精神、创业能力的人才培养规律,是进一步深化创新创业教育的基本出发点。

全球经济进入知识经济时代,知识要更好地为社会服务。因此,社会创业教育的发展应着重研究人的创新精神和创业能力培养、通过人的发展推动社会创新这两方面规律。"创新性"是社会创业教育发展的原动力。

一方面,从高校内部而言,社会创业教育实现"模式创新",以问题为导向推动多学科交叉融合。社会创业项目是以国家创新驱动战略、社会转型、社会稳定等问题为背景,以人的全面发展、价值与价值实现、价值观等问题为核心,不仅涉及经济学、管理学领域的创新、创业和创业型经济等各种知识,还涉及创新、创业教育和创新人才培养等多种知识。在推行社会创业教

育项目时,要在全校或跨校范围内各学科的教学教育过程中,嵌入社会创新创业教育,促使二元或多元融合,将社会创业教育主动与哲学、经济学、法学、理学、工学、农学、医学、管理学科等各类知识的融合渗透。另一方面,从高校外部而言,社会创业通常要解决的是具有复杂性、深层性、公益性的社会问题,需要克服各种困难,整合各类人力、物力、财力资源,以最终实现社会价值和商业价值双赢的目标,这离不开政府、高校、社会、众创空间等各种创业要素的紧密合作和高效运行。社会创业教育不仅是高校一家之事,而是社会各界协同合作的结果。因而,构建完善的社会创业教育支持系统至关重要。牛津大学赛义德商学院的斯科尔社会创业中心在运行模式上创新,集合了商业、政策、学术和社会领袖之间的合作,培育创新的社会转型,推进社会创业。相对于商业创业,社会创业更依赖于广泛的社会关注、政府的政策支持。只有教育的发展才能实现知识的进步,也只有教育的发展,才能从根本上提高劳动者的知识水平和获取知识的能力,从而使知识经济的特征成为现实的经济优势和发展能力。[①]

社会创业教育更是如此。社会创业教育不是"空中楼阁",也不是"无水之源",是为了解决社会问题而生,带有强烈的使命感和责任感而来。因而,就本质而言,社会创业教育本身就是一个创新创业的过程。哈佛大学有一个著名的项目"来自校长的挑战",每年的主题包含教育创新、可持续就业、个人健康、环境保护、政府有效治理等各类重大社会问题,吸引了全校学生参加。这些来源于现实的社会创业教育的课题可以直接推动知识的转化,包括师生科研成果的转化、教学成果的转化等等。同时,社会问题的解决之道一定要在实践之中检验。高校作为创新性资源、人才的提供者,更成为经济社会创新性发展的轴动力。因此,社会创业教育的成果不仅是创新创业人才的培养,更要通过"知识创新—价值转化",提升高校自身在创新型国家建设中的贡献度。

---

① 粟珍:《论教育与知识经济的关系》,《广西社会科学》2002 年第 3 期。

附　　录

附录1:学生问卷

亲爱的同学:

您好! 非常感谢您参与此次问卷调查。调查采取匿名方式,所有数据仅作为学术研究之用,并将严格保密。请您按照自己的真实情况作答。衷心感谢您的支持!

1. 您的性别:①男_____②女_____

2. 您的民族:①汉族_____②少数民族_____

3. 您是否是独生子女:①是_____②否_____

4. 您的年级:

在校本科生:①二年级_____②三年级_____③四年级_____④五年级_____

在校专科生:①二年级_____②三年级_____

已毕业:①1年及以内②2—3年③4—5年④6年及以上_____

5.您所学专业属于什么学科门类:_____

A 哲学　B 经济学　C 法学　D 教育学　E 文学　F 历史学　G 理学
H 工学　I 农学　J 医学　K 军事学　L 管理学　M 艺术学

6. 您在校期间有无过创业实践:①有_____②没有_____

7. 您毕业后最想要的打算是:

①就业　②升学　③自主创业　④其他_____

8. 您的父母(或其他直系亲属)是否有创办企业的经历?

①有_____②没有_____

9. 您高考前的户口为:①城镇户口_____②农村户口_____

10. 您高考时的家庭所在地为:

①省会城市或直辖市_____②地级市_____③县级市或县城_____④乡镇_____⑤农村_____

11. 您所就读的学校所在省份:_____

您所就读的学校全称（如是独立学院，请写明学校及学院名称）：＿＿＿＿＿＿＿

您所就读的学校类型：

①"双一流"建设高校＿＿＿＿②普通本科院校＿＿＿＿③民办高校或独立学院＿＿＿＿④高职高专院校＿＿＿＿

12.您在校期间的学习成绩在班级属于：＿＿＿＿＿＿

①前 25%　②中上 25%　③中下 25%　④后 25%

13. 以下描述是否符合您的个人情况，请按照符合程度选择您认为合适的表述

	非常同意	比较同意	一般	比较不同意	非常不同意
您家庭具有广泛的创业的社会资源	5	4	3	2	1
您认识的同学或朋友在过去一年内开始创业的	5	4	3	2	1
您省的创业机会总体良好	5	4	3	2	1
您认为自身拥有足够的知识、技能和经历去创业	5	4	3	2	1

14. 请对贵校的创新创业教育进行评价，并选择您认为合适的表述

	非常同意	比较同意	一般	比较不同意	非常不同意
创新创业教育课程类型多样	5	4	3	2	1
教师授课方式多样	5	4	3	2	1
教师具有创业经历	5	4	3	2	1
教师具有丰富的创新创业教育教学经验	5	4	3	2	1
创新创业课程内容与自身专业知识结合紧密	5	4	3	2	1
创新创业课程内容与时代前沿趋势结合紧密	5	4	3	2	1
创新创业竞赛种类多样	5	4	3	2	1
参加的创新创业竞赛项目较容易落地	5	4	3	2	1

	非常同意	比较同意	一般	比较不同意	非常不同意
创新创业竞赛项目与专业结合度较高	5	4	3	2	1
创新创业竞赛提升了创业能力	5	4	3	2	1
创新创业竞赛提升了创业自信心	5	4	3	2	1
创新创业竞赛拓展了人际关系网络	5	4	3	2	1
创新创业竞赛提升了团队合作能力	5	4	3	2	1
创新创业竞赛对于真实创业有较大帮助	5	4	3	2	1
创业实践有校内外指导教师	5	4	3	2	1
创业实践有专项创业基金支持	5	4	3	2	1
学校提供一体化的创业实践服务	5	4	3	2	1
创业实践有独立的大学生创业园	5	4	3	2	1
创业实践有专门的校外实践基地	5	4	3	2	1
创业实践项目与专业学习结合度高	5	4	3	2	1
国家减免大学生自主创业企业税	5	4	3	2	1
地方政府简化大学生企业注册申请流程	5	4	3	2	1
学校提供创业的启动基金（无息贷款）	5	4	3	2	1
社会提供指导创业的免费培训	5	4	3	2	1
创业政策有助于提升个人创业意愿	5	4	3	2	1
创业政策对开展创业有切实的帮助	5	4	3	2	1
创新创业教育有助于丰富创业知识	5	4	3	2	1
创新创业教育有助于培养创新精神	5	4	3	2	1
创新创业教育有助于提升创业技能	5	4	3	2	1
创新创业教育有助于激发创业意愿	5	4	3	2	1
对学校创新创业教育质量总体满意	5	4	3	2	1

15. 您如何评价与教师共同开展创新创业项目对学生的帮助：

	非常同意	比较同意	一般	比较不同意	非常不同意
有助于提升专业知识和应用能力	5	4	3	2	1

续表

	非常同意	比较同意	一般	比较不同意	非常不同意
有助于了解学科知识的前沿动态	5	4	3	2	1
有助于提升科学研究能力	5	4	3	2	1
有助于提升创新创业能力	5	4	3	2	1
有助于创业项目落地	5	4	3	2	1

16. 您所读学校是否开设创新创业课程：_____

A 是　B 否　C 不知道

17. 您上过几门创新创业课程：_____

A 0 门　B 1—2 门　C 3 门及以上

18. 您是否上过《创业基础》课程：_____

A 否　B 是，必修课　C 是，选修课

19. 您所读学校是否设立大学生创业园(科技园)：_____

A 是　B 否　C 不知道

20. 您认为对您创新创业能力提升帮助最大的是：_____

A 创新创业课程　B 创新创业教师(指导教师)　C 创业实践　D 创新创业竞赛　E 其他_____(请填写)

21. 您认为对您创新创业能力提升帮助最大的指导师是：_____

A 辅导员等学生工作教师　B 本专业教师

C 创新创业课程教师　D 企业家等校外创业教师

E 创业成功的学长　F 其他_____(请填写)

22. 您从大学几年级开始加入到老师的科研团队(课题组)：_____

A 没有　B 一年级　C 二年级　D 三年级　E 四年级及以上

23. 您认为与教师共同完成创新创业项目的过程中,老师扮演的角色是：_____

A 主导者　B 参与者　C 协助者　D 其他_____(请填写)

24. 您认为有效的创新创业课程授课方式是：_____【选择 1—3 项,并按重要性排序】

A 课堂讲授　B 案例教学　C 小组讨论

D 模拟实践　E 网络课程　F 专题讲座　G 其他_____(请填写)

25. 您认为有效的创新创业课程考核办法是：_____【选择 1—3 项,并

按重要性排序】

　　A 理论考试　B 创新创业计划书撰写　C 创业项目展示

　　D 创业模拟实战　E 创新创业竞赛获奖　F 创办公司

　　G 其他_____（请填写）

　　26.您认为哪些途径对学生创业项目落地最有帮助：_____【选择 1—3 项,并按重要性排序】

　　A 创新创业课堂教学　B 各类创新创业竞赛　C 大学生创业园实践

D 教师/学生科研项目　E 资本对接会　F 其他_____（请填写）

　　27.您在校期间参与过的创业实践活动中,哪些对您的帮助较大：_____【选择 1—3 项,并按重要性排序】

　　A 创新创业竞赛　B 校内创业园实践　C 校外创办公司　D 企业管理岗位实习　E 创业模拟训练营　F 没有

　　28.您在校期间参加过的公益（社会）创业有：_____【选择 1—3 项,并按重要性排序】

　　A 公益创业讲座　B 公益创业活动　C 公益创业竞赛　D 公益创业课程　E 创办公益创业工作室　F 未参加过

　　29.您认为学校扶持大学生创新创业的政策措施主要有：_____【选择 1—3 项,并按重要性排序】

　　A 无息贷款　B 创新创业奖学金　C 推免研究生　D 入驻创业园 E 学分互认　F 其他_____（请填写）

　　30.您所在的创业团队中师生合作方式是：_____【选择 1—3 项】

　　A 老师指导,学生创业　B 老师注资,学生创业　C 老师研发,学生运营　D 老师运营,学生参与　E 师生共同研发,学生运营　F 师生共同研发,共同运营　G 创业团队中没有师生合作　H 其他_____（请填写）

　　31.您与老师共同开展创新创业项目的主要障碍是：____【选择 1—3 项】

　　A 没参与　B 科研产出困难　C 无法获得教师创新创业项目的信息 D 学校没有相应的政策导向　E 课程太多,精力不足

　　F 利益分配不均　G 其他_____（请填写）

　　真诚感谢您为本次调研作出的贡献！

附录 2:教师问卷

尊敬的老师:

　　您好！非常感谢您在百忙之中参与问卷调查。本次调研采取匿名的方

式,所有数据仅作为学术研究之用,并将严格保密。请您按照自己的真实情况回答。衷心感谢您的支持!

国家社会科学基金项目课题组

一、基本情况

1. 您的性别(　　)

A 男　B 女

2. 您的年龄是(　　)

A 30 周岁及以下　B 31—35 周岁　C 36—40 周岁　D 41 周岁及以上

3. 您的最高学位(　　)

A 学士　B 硕士　C 博士(博士后)　D 其他

4. 您所学的专业属于什么学科门类:＿＿＿＿＿＿

A 哲学　B 经济学　C 法学　D 教育学　E 文学　F 历史学　G 理学 H 工学　I 农学　J 医学　　K 军事学　L 管理学　M 艺术学

5. 您的职称(　　)

A 正高级　B 副高级　C 中级　D 初级　E 未定级

6. 您从事创业教育相关工作的年限是(　　)

A 2 年及以内　B 3—5 年　C 6—9 年　D 10 年及以上

7. 您校所在省份是＿＿＿＿＿＿

您校全称是(如是独立学院,请写明学校及学院名称)＿＿＿＿＿＿

您校的类型是(　　)

A"双一流"建设高校＿＿＿＿　　B 普通本科院校＿＿＿＿　　C 民办高校或独立学院＿＿＿＿　　D 高职高专院校＿＿＿＿

8. 您现在属于创新创业课教师中的哪种类型(　　)(单选)

A 辅导员等学生工作的教师　B 创新创业领域的专业教师　C 非创新创业领域的专业教师　D 校外创业教师　E 未上过创新创业课　F 其他＿＿＿＿(请填写)

9. 您从事过哪些创新创业教育活动(　　)(可多选)

A 创新创业课专业教师　B 创新创业教育指导师　C 创新创业教育研究者 D 创新创业教育的组织管理者　E 自身创办过企业　F 其他＿＿＿＿(请填写)

10. 您从事创新创业教育的动机有哪些(　　)(可多选)

A 自身兴趣爱好　B 物质奖励　C 个人价值实现　D 学校政策导向的激励　E 学校行政行为的安排　F 自身所从事专业的要求

11. 您认为本专科学生几年级加入到您的科研创新创业团队最合适:

_____（可同时加到教师访谈卷里）

A 一年级　B 二年级　C 三年级　D 四年级

12. 您与学生共同开展科研创新创业项目的主要障碍是：_____（可多选）

A 学生科研水平有限　B 学生参与兴趣不高

C 学生课程太多,难以保证参与时间　D 学校没有相应的政策导向

E 师生利益难以分配　F 其他：_____（请填写）

13. 以下描述是否符合您的个人情况,请按照符合程度选择您认为合适的表述

	非常同意	比较同意	一般	比较不同意	非常不同意
您的家庭具有广泛的创业社会资源	5	4	3	2	1
您认识的同事或朋友在过去一年内开始创业的	5	4	3	2	1
您省创业政策和环境良好	5	4	3	2	1
您认为自身拥有足够的知识、技能和经历去创业	5	4	3	2	1

14. 结合您实际经历,对创新创业教育教师的能力构成量表作出评价

	非常同意	比较同意	一般	比较不同意	非常不同意
教师对创新创业教育总体上较为认同	5	4	3	2	1
教师个人坚韧的创新创业意志	5	4	3	2	1
教师具备较强的创新创业精神	5	4	3	2	1
教师具备丰富的教育学相关知识	5	4	3	2	1
教师具备丰富的创新创业相关知识	5	4	3	2	1
教师具备丰富的所学学科专业知识	5	4	3	2	1
教师具备丰富的风险投资知识	5	4	3	2	1
教师具备较强的教学组织技能	5	4	3	2	1
教师具备较强的创业实践指导技能	5	4	3	2	1

续表

	非常同意	比较同意	一般	比较不同意	非常不同意
教师具备较强的创业机会识别技能	5	4	3	2	1
教师具备较强的创业机会开发技能	5	4	3	2	1
教师具备较强的管理、运营和协调创业项目技能	5	4	3	2	1

15. 结合您实际经历,对创新创业教育教师能力提升因素量表作出评价

	非常重要	比较重要	一般	比较不重要	非常不重要
鼓励教师参与到各类创客空间,师生合作	5	4	3	2	1
鼓励教师参加创新创业师资培训	5	4	3	2	1
鼓励教师参加创业学专业的硕士和博士学习	5	4	3	2	1
鼓励教师把专业课程和创新创业教育深度融合	5	4	3	2	1
在职前教师教育中重视创新创业教育	5	4	3	2	1
鼓励教师到中小企业进行实践锻炼	5	4	3	2	1
注重采用主动学习和体验式学习的教学方法	5	4	3	2	1
学校完善创新创业教育教师评聘和绩效考核标准	5	4	3	2	1
学校完善科技成果创业收益分配机制	5	4	3	2	1
明确教师在创新创业教育中的角色	5	4	3	2	1
挖掘并树立教师成功创新创业典型	5	4	3	2	1
营造氛围浓厚的创新创业文化	5	4	3	2	1
教师原有的创业经验	5	4	3	2	1
创建全省或全国的创新创业教师关系网络交流群	5	4	3	2	1
为离岗创业教师重返岗位提供政策保障	5	4	3	2	1
为离岗创业教师的职称晋升提供政策支持	5	4	3	2	1

续表

	非常重要	比较重要	一般	比较不重要	非常不重要
为创业教师专业发展做科学的职业生涯规划	5	4	3	2	1
重视教师的创新创业教育理论与实践研究	5	4	3	2	1
设计政策为教师指导学生创新创业或实践提供时间保障	5	4	3	2	1

16. 您觉得贵校的创新创业教育质量目前在多大程度上具备以下情况

	非常同意	比较同意	一般	比较不同意	非常不同意
贵校的创新创业教育质量总体满意	5	4	3	2	1
贵校创新创业教育社会声誉较高	5	4	3	2	1
贵校创新创业教育氛围浓厚	5	4	3	2	1
贵校师生的创新创业意识强烈	5	4	3	2	1
贵校创新创业教育获得较多的省级以上荣誉和奖项	5	4	3	2	1
贵校创新创业教育产生了较多教学科研成果	5	4	3	2	1
贵校创新创业教育培养了较多创业人才	5	4	3	2	1
贵校创新创业教育衍生了较多初创企业	5	4	3	2	1

17. 您觉得贵校的创新创业教育在具体运转过程中,在多大程度上具备以下情况

	非常同意	比较同意	一般	比较不同意	非常不同意
贵校很重视创新创业教育,成立相关工作领导小组	5	4	3	2	1
有系统的创新创业教育发展专项规划	5	4	3	2	1

续表

	非常同意	比较同意	一般	比较不同意	非常不同意
成立专门的创新创业管理部门（如创业学院）	5	4	3	2	1
配备创新创业教育师资和专职管理人员	5	4	3	2	1
创业学院有专门办公、实践场地及软环境配备	5	4	3	2	1
二级学院的考核包含创新创业教育业绩指标	5	4	3	2	1
有政府部门推动高校创新创业教育的激励机制	5	4	3	2	1
有行业企业推动高校创新创业教育的激励机制	5	4	3	2	1
强调跨学院或跨学科的创新创业教育合作机制	5	4	3	2	1
鼓励基于创新的创业或高端技术的创业	5	4	3	2	1
学校积极落实各级政府出台的创业支持政策	5	4	3	2	1
设有充足的创新创业教育工作经费	5	4	3	2	1
大学生创业园或众创空间有良好运行机制	5	4	3	2	1
有专业教师参与创新创业教育教学的激励机制	5	4	3	2	1
有相对独立的针对创新创业教师的职称晋升机制	5	4	3	2	1
创新创业教育面向全体学生	5	4	3	2	1
建立校企协同的创新创业教育机制	5	4	3	2	1
结合学校的专业学科特色开展创新创业教育	5	4	3	2	1
鼓励师生合作开展创新实验、发表论文、获得专利和自主创业等活动	5	4	3	2	1
学校有鼓励师生共同开展科研创新创业项目的政策	5	4	3	2	1
学校有合理的师生共创的考核评价机制	5	4	3	2	1

	非常同意	比较同意	一般	比较不同意	非常不同意
有先进的支撑创新创业教育的实验室、实训中心等载体	5	4	3	2	1
有灵活的创新创业学分互认机制	5	4	3	2	1
建立了分层分类的创新创业教育课程体系	5	4	3	2	1
将创新创业教育与专业教育相融合	5	4	3	2	1
面向全体学生开设创新创业教育课程	5	4	3	2	1
建有结合专业的创新创业教育专门课程群	5	4	3	2	1
建有创新创业类慕课、案例库等在线开放课程	5	4	3	2	1
编有满足学生多样化学习需求的创新创业教材	5	4	3	2	1
创新创业教育师资的数量充足、专兼结合	5	4	3	2	1
有合理的校内外师资聘任管理办法	5	4	3	2	1
有相关教师到企业挂职锻炼制度	5	4	3	2	1
鼓励教师带领学生进行创新创业	5	4	3	2	1
组织教师参加校外各类创新创业导师培育工程	5	4	3	2	1
加强教师创新创业教育教学能力建设	5	4	3	2	1
将个人创新创业教育业绩纳入教师绩效考核标准	5	4	3	2	1
将个人创新创业教育业绩纳入教师职称评聘条件	5	4	3	2	1
设有创新创业教育教学研究项目	5	4	3	2	1

18. 您如何评价与学生共同开展科研创新创业项目

	非常同意	比较同意	一般	比较不同意	非常不同意
有助于更快地完成创新创业项目	5	4	3	2	1

续表

	非常同意	比较同意	一般	比较不同意	非常不同意
有助于专业课和创新创业教育相结合	5	4	3	2	1
有助于更好地产出科研成果	5	4	3	2	1
有助于提升学生的创新创业能力	5	4	3	2	1
有助于提升教师自身的创新创业教育能力	5	4	3	2	1

请问您对贵校或全国的创新创业教育有什么建议或想法(可选答)?

真诚感谢您为本次调研作出的贡献!

参 考 文 献

一、专 著

[1][美]安德森:《创客:新工业革命》,萧潇译,中信出版社 2013 年版。

[2][美]伯顿·克拉克:《大学的持续变革——创业型大学新案例和新概念》,王承绪译,人民教育出版社 2008 年版。

[3][美]伯顿·克拉克:《建立创业型大学:组织上转型的途径》,王承绪译,人民教育出版社 2000 年版。

[4][美]弗兰克·罗德斯:《创造未来:美国大学的作用》,王晓阳等译,清华大学出版社 2007 年版。

[5][美]卡尔·J.施拉姆:《创业力》,王莉、李英译,上海交通大学出版社 2007 年版。

[6][美]斯劳特、莱斯利:《学术资本主义:政治、政策和创业型大学》,梁骁、黎丽等译,北京大学出版社 2008 年版。

[7][美]亨利·埃兹科维茨:《麻省理工学院与创业科学的兴起》,王孙禺、袁本涛等译,清华大学出版社 2007 年版。

[8][美]赫里斯、彼得斯:《创业学》,王玉译,清华大学出版社 2014 年版。

[9]曹胜利、雷家骕:《中国大学创新创业教育发展报告》,万卷出版公司 2009 年版。

[10]国家教育部高教司:《创业教育在中国》,高等教育出版社 2006 年版。

[11]侯慧君、林光彬:《中国大学创业教育蓝皮书》,经济科学出版社 2011 年版。

[12]黄兆信、王志强:《地方高校创业教育转型发展研究》,浙江大学出版社 2013 年版。

[13]贾少华等:《成为淘宝创业的超级毕业生》,北京电子工业出版社 2010 年版。

[14]姜彦福、张筛:《创业管理学》,清华大学出版社 2005 年版。

[15]靳希斌:《教育经济学》,人民教育出版社 2008 年版。

[16]李光:《创业导论》,武汉大学出版社 2003 年版。

[17]李良智、查伟晨、钟运动:《创业管理学》,中国社会科学出版社 2007 年版。

[18]刘少杰:《国外社会学理论》,高等教育出版社 2006 年版。

[19]罗天虎:《创业学教程》,西北工业大学出版社 2004 年版。

[20]廉永杰:《创业教育及比较研究》,科学出版社 2006 年版。

[21]李志永:《日本高校创业教育》,浙江教育出版社 2010 年版。

［22］梅伟惠:《美国高校创业教育》,浙江教育出版社 2010 年版。

［23］梅伟惠:《高校创业教育的组织模式与运行机制创新研究》,浙江大学出版社 2020 年版。

［24］牛长松:《英国高校创业教育研究》,学林出版社 2009 年版。

［25］彭钢:《创业教育学》,江苏教育出版社 2000 年版。

［26］沈陆娟:《美国社区学院创业教育研究》,知识产权出版社 2014 年版。

［27］石丹林、湛虹:《大学生创业理论与实务》,清华大学出版社 2012 年版。

［28］唐亚阳:《公益创业学概论》,湖南大学出版社 2009 年版。

［29］吴吉义、柯丽敏:《中国大学生网络创业现状与趋势》,电子工业出版社 2010 年版。

［30］王占仁:《"广谱式"创新创业教育导论》,人民出版社 2012 年版。

［31］席升阳:《我国大学创业教育的观念、理念与实践》,科学出版社 2008 年版。

［32］徐小洲、梅伟惠:《高校创业教育体系建设战略研究》,浙江教育出版社 2015 年版。

［33］宣勇:《激活学术心脏地带——创业型大学学术系统的运行与管理》,高等教育出版社 2013 年版。

［34］杨安、夏伟、刘玉:《创业管理——大学生创新创业基础》,清华大学出版社 2012 年版。

［35］叶映华、徐小洲:《中国高校创业教育》,浙江教育出版社 2010 年版。

［36］严中华:《社会创业》,清华大学出版社 2008 年版。

［37］游振声:《美国高等学校创业教育研究》,四川大学出版社 2012 年版。

［38］张昊民、马君:《高校创业教育研究——全球视角与本土实践》,中国人民大学出版社 2012 年版。

［39］中华人民共和国教育部高等教育司:《高等学校创业教育经验汇编》,高等教育出版社 2011 年版。

［40］中华人民共和国教育部高等教育司:《世界主要国家创业教育情况》,高等教育出版社 2012 年版。

［41］张涛、熊晓云:《创业管理》,清华大学出版社 2007 年版。

［42］张玉利、李新春:《创业管理》,清华大学出版社 2007 年版。

二、中文期刊论文

［1］［法］J.-F.尚拉:《盎格鲁撒克逊国家组织社会学现状》,江小平译,《国外社会科学》1990 年第 3 期。

［2］［美］W. R. 斯科特:《对组织社会学 50 年来发展的反思》,李国武译,《国外社会科学》2006 年第 1 期。

［3］［印］阿莎·古达:《建立创业型大学,印度的回应》,《教育发展研究》2007 年第 11 期。

［4］别敦荣:《论高等教育内涵式发展》,《中国高教研究》2018 年第 6 期。

［5］鲍海君、方妍、岑盈盈:《失地农民社会创业初探》,《东疆学刊》2015 年第 4 期。

［6］陈逢文、张宗益:《论创业活动研究的三个层次及其作用机制》,《科技进步与对策》2009 年第 8 期。

［7］陈浩凯、徐平磊:《印度与美国创业教育模式对比与中国的创业教育对策》,《中国高教研究》2006 年第 9 期。

［8］陈劲、王皓白:《社会创业与社会创业者的概念界定与研究视角探讨》,《外国经济与管理》2007 年第 8 期。

［9］陈俐帆:《公益创业:公共服务提供的新思路》,《福建论坛(人文社会科学版)》2011 年第 8 期。

［10］曹文宏:《"双创"背景下当前青年创业问题探析》,《中国青年研究》2016 年第 4 期。

［11］陈霞玲、马陆亭:《MIT 与沃里克大学:创业型大学运行模式的比较与启示》,《高等工程教育研究》2012 年第 2 期。

［12］陈湘瑶、韦小双:《高职院校学生公益创业的心理动机、价值取向与目标选择》,《教育与职业》2014 年第 30 期。

［13］邓蕊、赵泽铭:《欧洲高校创业教育对中国高校的启迪》,《价值工程》2014 年第 10 期。

［14］丁三青:《中国需要真正的创业教育——基于"挑战杯"全国大学生创业计划竞赛的分析》,《高等教育研究》2007 年第 3 期。

［15］董世洪:《社会参与:构建开放性的大学创新创业教育模式》,《中国高教研究》2010 年第 2 期。

［16］戴维奇:《美国高校社会创业教育发展轨迹与经验》,《比较教育研究》2016 年第 7 期。

［17］戴维奇:《理解"公司社会创业":构念定位、研究梳理与研究议程》,《科学学与科学技术管理》2016 年第 4 期。

［18］冯承金:《高校公益创业教育研究》,《教育与职业》2015 年第 6 期。

［19］房国忠、刘宏妍:《美国创业大学生创业教育模式及其启示》,《外国教育研究》2006 年第 12 期。

［20］冯艳飞、童晓玲:《研究型大学创新创业教育质量评价模型与方法》,《华中农业大学学报(社会科学版)》2013 年第 1 期。

［21］傅颖、斯晓夫、陈卉:《基于中国情境的社会创业:前沿理论与问题思考》,《外国经济与管理》2017 年第 3 期。

［22］葛红军:《大学生创业教育评价指标体系建构研究》,《江苏高教》2015 年第 5 期。

［23］顾明远:《终身学习与人的全面发展》,《北京师范大学学报》2008 年第 6 期。

［24］郭如平、孔冬:《第二代浙商企业社会责任认知实证研究》,《社会科学战线》

2016 年第 4 期。

［25］高远、张德琴:《"大众创业,万众创新"视阈下大学生公益创业研究》,《现代教育管理》2017 年第 7 期。

［26］韩雪等:《浅析科技公益创业之影响因素——以福利科技公司为例》,《科技管理研究》2009 年第 8 期。

［27］胡馨:《什么是"Social Entrepreneurship"(公益创业)》,《经济社会体制比较》2006 年第 2 期。

［28］黄扬杰、邹晓东:《慕尼黑工大创业教育实践与启示》,《高等工程教育研究》2015 年第 5 期。

［29］黄扬杰、邹晓东:《新美国大学的自定义式跨学科组织述评》,《高等工程教育研究》2013 年第 5 期。

［30］黄扬杰、邹晓东:《新美国大学框架下的 ASU 创业实践》,《高等工程教育研究》2011 年第 6 期。

［31］黄兆信、黄扬杰:《社会创业教育:内涵、历史与发展》,《高等教育研究》2016 年第 8 期。

［32］黄兆信、刘丝雨、张中秋:《新加坡大学生创业教育的成功经验及启示》,《高等工程教育研究》2016 年第 4 期。

［33］黄兆信、刘燕楠:《众创时代高校如何革新创业教育》,《教育发展研究》2015 年第 23 期。

［34］黄兆信、李炎炎:《社会创业教育的理念与行动》,《教育研究》2018 年第 7 期。

［35］黄兆信、李炎炎、刘明阳:《中国创业教育研究 20 年:热点、趋势与演化路径——基于 37 种教育学 CSSCI 来源期刊的文献计量分析》,《教育研究》2018 年第 1 期。

［36］黄兆信、罗志敏:《多元理论视角下高校创业教育的发展策略研究》,《教育研究》2016 年第 11 期。

［37］黄兆信、施永川:《浙江省大学生创业教育现状研究》,《高等工程教育研究》2010 年第 3 期。

［38］黄兆信、宋兆辉:《高校创业教育面临三大转向》,《教育发展研究》2011 年第 9 期。

［39］黄兆信、王志强、刘婵娟:《地方高校创业教育转型发展之维》,《教育研究》2015 年第 2 期。

［40］黄兆信、王志强:《高校创业教育生态系统构建路径研究》,《教育研究》2017 年第 4 期。

［41］黄兆信、王志强:《论高校创业教育与专业教育的融合》,《教育研究》2013 年第 12 期。

［42］黄兆信、赵国靖:《中美高校创业教育课程体系比较研究》,《中国高教研究》2015 年第 1 期。

[43]黄兆信、赵国靖、洪玉管:《高校创客教育发展模式探析》,《高等工程教育研究》2015 年第 4 期。

[44]黄兆信、赵国靖、唐闻婕:《众创时代高校创业教育的转型发展》,《教育研究》2015 年第 7 期。

[45]黄兆信、曾尔雷、施永川:《地方高校融合创业教育的工程人才培养模式》,《高等工程教育研究》2012 年第 5 期。

[46]黄兆信、曾尔雷、施永川:《高校创业教育的重心转变》,《教育研究》2011 年第 10 期。

[47]黄兆信、曾尔雷、施永川:《美国创业教育中的合作:理念、模式及其启示》,《高等教育研究》2010 年第 4 期。

[48]黄兆信、曾尔雷:《以岗位创业为导向:高校创业教育转型发展的战略选择》,《教育研究》2012 年第 12 期。

[49]黄兆信、朱雪波、王志强:《欧盟创业教育的实施路径与变革趋势》,《全球教育展望》2015 年第 2 期。

[50]黄兆信、卓泽林:《美国明德学院的社会创业教育及其启示》,《高等教育研究》2019 年第 1 期。

[51]黄兆信、张中秋、谈丹:《创业教育:大学生岗位胜任力培养的有效路径》,《高等工程教育研究》2016 年第 1 期。

[52]黄兆信、张中秋、王志强、刘婵娟:《欧盟创业教育发展战略的演进、特征与关键领域》,《高等工程教育研究》2015 年第 1 期。

[53]黄兆信、张中秋、赵国靖、王志强:《英国高校创业教育的现状、特色及启示》,《华东师范大学学报(教育科学版)》2016 年第 2 期。

[54]黄兆信、王志强:《论高校创业教育与专业教育的融合》,《教育研究》2013 年第 12 期。

[55]黄兆信:《推动我国高校创新创业教育转型发展》,《中国高等教育》2017 年第 7 期。

[56]黄兆信:《地方高校创业教育的转型发展——基于两所院校的比较分析》,《高等工程教育研究》2014 年第 6 期。

[57]黄兆信:《论高校创业教育转型发展过程中的几个核心问题》,《兰州大学学报(社会科学版)》2014 年第 6 期。

[58]黄兆信:《以岗位创业为导向的人才培养体系研究与实践》,《教育研究》2013 年第 6 期。

[59]黄兆信等:《以岗位创业为导向的高校创业教育新模式》,《高等教育研究》2014 年第 8 期。

[60]黄兆信等:《内创业者及其特质对我国高校创业教育的启示》,《高等教育研究》2011 年第 9 期。

[61]焦豪、邬爱其:《国外经典社会创业过程模型评介与创新》,《外国经济与管理》

2008 年第 3 期。

[62]金津、赵文华:《美国研究型大学顶级创业大赛的比较与借鉴》,《清华大学教育研究》2011 年第 5 期。

[63]姜雪、严中华:《社会创业组织价值创造模式研究的意义与思路》,《技术经济与管理研究》2009 年第 6 期。

[64]季学军:《美国高校创业教育的动因及特点探析》,《外国教育研究》2007 年第 3 期。

[65]阚阅:《美国创业教育发展的主要特征及若干启示》,《华东师范大学学报(教育科学版)》2016 年第 2 期。

[66]林爱菊、唐华:《大学生公益创业的困境及对策探讨》,《大学教育科学》2016 年第 4 期。

[67]林爱菊、唐华:《公益创业教育:大学生创业教育的新拓展》,《大学教育科学》2017 年第 3 期。

[68]林爱菊、朱秀微、王占仁:《大学生公益创业的现状、影响因素及培养途径》,《高等工程教育研究》2016 年第 4 期。

[69]刘保存:《确立创新创业教育理念培养创新精神和实践能力》,《中国高等教育》2010 年第 12 期。

[70]刘峰:《论高校"社会创业教育"的内涵与实施模式》,《继续教育研究》2017 年第 10 期。

[71]李华晶、肖玮玮:《机会识别、开发与资源整合:基于壹基金的社会创业过程研究》,《科学经济社会》2010 年第 2 期。

[72]李华晶、张玉利:《创业研究绿色化趋势探析与可持续创业整合框架构建》,《外国经济与管理》2012 年第 9 期。

[73]林海、严中华、何巧云:《社会创业组织双重价值实现的博弈分析》,《技术经济与管理研究》2011 年第 9 期。

[74]林海等:《社会创业组织商业模式研究综述及展望》,《科技管理研究》2011 年第 20 期。

[75]林海等:《基于系统基模的我国社会创业发展分析》,《技术经济与管理研究》2009 年第 3 期。

[76]林海、张燕、严中华:《社会创业机会识别与开发框架模型研究》,《技术经济与管理研究》2009 年第 1 期。

[77]刘景宏:《大学生社会创业的风险及规避路径》,《中国成人教育》2017 年第 13 期。

[78]林娟娟、施永川:《地方大学创业型人才培养的困境与发展策略》,《中国高教研究》2010 年第 9 期。

[79]刘军仪:《创业型大学:美国研究型大学发展的新动向》,《全球教育展望》2008 年第 12 期。

[80]厉杰、吕辰、于晓宇:《社会创业合法性形成机制研究述评》,《研究与发展管理》2018 年第 2 期。

[81]吕静:《社会创业:大学生创业教育的新形式》,《继续教育研究》2017 年第 2 期。

[82]刘霖芳:《公益创业:高师院校创业教育的新视角》,《黑龙江高教研究》2012 年第 12 期。

[83]刘丽君:《美国一流大学理工创业教育与我国创业教育人才的培养》,《中国高教研究》2009 年第 5 期。

[84]刘林青、夏清华、周潞:《创业型大学的创业生态系统初探——以麻省理工学院为例》,《高等教育研究》2009 年第 3 期。

[85]卢立珏、林娟娟:《地方本科高校创业教育体系的构建——以大学生创业教育中的"温州模式"为案例》,《大学教育科学》2010 年第 2 期。

[86]刘蕾:《基于大学生公益创业能力提升的教育支持体系研究》,《江苏高教》2017 年第 11 期。

[87]罗珉、王雎:《中间组织理论:基于不确定性与缓冲视角》,《中国工业经济》2005 年第 10 期。

[88]李世超、苏俊:《大学变革的趋势——从研究型大学到创业型大学》,《科学研究》2006 年第 4 期。

[89]骆四铭:《学科制度与创新型人才培养》,《教育研究》2009 年第 9 期。

[90]林嵩:《创业生态系统:概念发展与运行机制》,《中央财经大学学报》2011 年第 4 期。

[91]罗贤甲、杨树明:《论高校创业教育的有效性》,《思想教育研究》2010 年第 9 期。

[92]刘原兵:《社会创业视域下日本大学社会服务的考察》,《比较教育研究》2015 年第 6 期。

[93]刘原兵:《美国高校社会创业教育——基于哈佛大学商学院的考察》,《高教探索》2016 年第 12 期。

[94]李运林:《协同教育是未来教育的主流》,《电化教育研究》2007 年第 9 期。

[95]李远煦、黄兆信:《从"融入"到"融合":高校创业教育的社会融合模式研究》,《高等工程教育研究》2014 年第 1 期。

[96]李远煦:《社会创业:大学生创业教育的新范式》,《高等教育研究》2015 年第 3 期。

[97]刘志军、郝杰:《美国创新创业教育体系的建设与实施》,《中国大学教学》2016 年第 10 期。

[98]刘志阳、李斌:《乡村振兴视野下的农民工返乡创业模式研究》,《福建论坛(人文社会科学版)》2017 年第 12 期。

[99]刘志阳、李斌、陈和平:《企业家精神视角下的社会创业研究》,《管理世界》

2018 年第 11 期。

　　[100]刘志阳、王陆峰:《中国社会企业的生成逻辑》,《学术月刊》2019 年第 10 期。

　　[101]刘志阳、赵陈芳、李斌:《数字社会创业:理论框架与研究展望》,《外国经济与管理》2020 年第 4 期。

　　[102]刘志阳、庄欣荷:《社会创业定量研究:文献述评与研究框架》,《研究与发展管理》2018 年第 2 期。

　　[103]刘振、李志刚、高艳:《社会创业的本质:基于创业过程的结构性创新》,《山东社会科学》2017 年第 9 期。

　　[104]刘振、杨俊、张玉利:《社会创业研究——现状述评与未来趋势》,《科学学与科学技术管理》2015 年第 6 期。

　　[105]冒澄:《创业型大学研究文献综述》,《理工高教研究》2008 年第 27 期。

　　[106]马陆亭:《高等教育支撑国家技术创新需有整体架构》,《高等工程教育研究》2016 年第 1 期。

　　[107]梅伟惠、徐小洲:《中国高校创业教育的发展难题与策略》,《教育研究》2009 年第 4 期。

　　[108]梅伟惠:《我国高校创业教育组织模式:趋同成因与现实消解》,《教育发展研究》2016 年第 1 期。

　　[109]梅伟惠:《美国高校创业教育模式研究》,《比较教育研究》2008 年第 5 期。

　　[110]马廷奇:《交叉学科建设与拔尖创新人才培养》,《高等教育研究》2011 年第 6 期。

　　[111]梅盈盈、夏斐:《构建大学生创新创业能力培养新模式——公益创业的视角》,《江苏高教》2016 年第 3 期。

　　[112]木志荣:《我国大学生创业教育模式探讨》,《高等教育研究》2006 年第 11 期。

　　[113]倪好、蔡娟:《近二十年国际创业教育研究的进展、热点与走向——基于 WoS 期刊论文的可视化分析》,《比较教育研究》2018 年第 2 期。

　　[114]倪好:《高校社会创业教育的基本内涵与实施模式》,《高等工程教育研究》2015 年第 1 期。

　　[115]潘加军、刘焕明:《基于公益创业实践基础上的大学生就业推进模式探讨——对 15 省 80 个高校学生社团和部分社会组织的实证分析》,《湖南科技大学学报（社会科学版）》2012 年第 2 期。

　　[116]潘加军:《基于公益创业实践基础上的高校社会工作人才培养探析》,《黑龙江高教研究》2013 年第 7 期。

　　[117]潘晶:《家族企业的社会创业——基于创业过程和创业要素的分析》,《科研管理》2008 年增刊第 2 期。

　　[118]瞿葆奎、喻立森:《教育学逻辑起点的历史考察》,《教育研究》1986 年第 11 期。

　　[119]荣军、李岩:《澳大利亚创业型大学的建立及对我国的启示》,《现代教育管

理》2011 年第 5 期。

[120]任玥:《创业文化体系视角下的大学社会服务创新——以 Mit 与 128 公路的兴衰 再崛起为例》,《比较教育研究》2008 年第 9 期。

[121]石变梅、陈劲:《可持续创新:美国史蒂文斯理工学院 Ae 模式》,《高等工程教育研究》2011 年第 1 期。

[122]宋斌、王磊:《高校创业教育的现状、问题及对策》,《教育发展研究》2011 年第 11 期。

[123]宋东林、付丙海等:《创业型大学的创业能力评价指标体系构建》,《科技进步与对策》2011 年第 9 期。

[124]商光美:《高等院校创业教育体系的构建策略》,《福州大学学报(哲学社会科学版)》2011 年第 6 期。

[125]施冠群、刘林青、陈晓霞:《创新创业教育与创业型大学的创业网络构建:以斯坦福大学为例》,《外国教育研究》2009 年第 6 期。

[126]孙绵涛:《教育现象的基本范畴研究》,《教育研究》2014 年第 9 期。

[127]孙珂:《21 世纪英国大学的创业教育》,《比较教育研究》2010 年第 10 期。

[128]施永川、黄兆信、李远煦:《大学生创业教育面临的困境与对策》,《教育发展研究》2010 年第 21 期。

[129]施永川:《创业教育促进大学生就业问题研究》,《江西社会科学》2015 年第 5 期。

[130]施永川:《我国高校创业教育十年发展历程研究》,《中国高教研究》2013 年第 4 期。

[131]施永川:《大学生创业教育应为与何为》,《高等工程教育研究》2013 年第 3 期。

[132]苏跃增、徐剑波:《高校科技创新平台建设的几个问题》,《教育发展研究》2006 年第 23 期。

[133]仝东峰:《高校公益创业与志愿服务价值观教育并重的教育范式》,《黑龙江高教研究》2017 年第 1 期。

[134]谭建光:《中国青年公益创业与社会创新》,《青年探索》2014 年第 3 期。

[135]屠霁霞:《大学生公益创业影响因素分析及建议》,《教育发展研究》2018 年第 1 期。

[136]谭立章、钱津津:《以创业实践为载体提高创业教育实效性研究》,《高等工程教育研究》2015 年第 1 期。

[137]唐靖、姜彦福:《创业能力概念的理论构建及实证检验》,《科学学与科学技术管理》2008 年第 8 期。

[138]唐若、杨平宇:《社会创业教育的内涵特征、发展趋势及行动策略》,《继续教育研究》2018 年第 3 期。

[139]田慧生:《深入学习贯彻党的十九大精神 为推进新时代教育改革发展提供智

力支持》,《教育研究》2018 年第 1 期。

[140]涂秀珍:《美国创业型大学的文化生态系统及其有益启示——Mit 和斯坦福大学案例研究》,《福州大学学报:哲学社会科学版》2011 年第 4 期。

[141]唐亚阳、邓英文、汪忠:《高校公益创业教育:概念、现实意义与体系构建》,《大学教育科学》2011 年第 5 期。

[142]唐作斌、付健、甘迎:《我国公益创业经济法律制度若干问题的探讨》,《广西社会科学》2011 年第 9 期。

[143]邬爱其、焦豪:《国外社会创业研究及其对构建和谐社会的启示》,《外国经济与管理》2008 年第 1 期。

[144]吴峰:《本科专业的创业教育——以环境科学与工程专业为例》,《高等理科教育》2007 年第 1 期。

[145]王迪:《大学生公益创业存在的问题与对策》,《教育与职业》2016 年第 15 期。

[146]王恒:《面向教师教育的院校合作机制:生成与运行——基于组织社会学视角的构建》,《现代远距离教育》2011 年第 1 期。

[147]王晶晶、王颖:《基于个体视角的社会创业领域选择差异研究》,《财贸研究》2015 年第 6 期。

[148]王晶晶、王颖:《国外社会创业研究文献回顾与展望》,《管理学报》2015 年第 1 期。

[149]文建龙:《试论对大学生进行创业教育》,《当代教育论坛》2003 年第 12 期。

[150]吴康宁:《深化教育改革需实现的三个重要转变》,《南京师大学报(社会科学版)》2013 年第 3 期。

[151]吴金秋:《创业教育的目标与功能》,《黑龙江高教研究》2004 年第 11 期。

[152]王漫天、任荣明:《公益创业及其在中国的发展》,《安徽师范大学学报(人文社会科学版)》2008 年第 2 期。

[153]王品芝、何林璘:《创业更像是美国年轻人的生活方式》,《中国青年报》2015 年第 4 期。

[154]吴伟、邹晓东:《德国研究型大学向创业型大学转型的改革——基于慕尼黑工业大学的分析》,《教育发展研究》2010 年第 13—14 期。

[155]王杏芬:《后金融危机时代的研究生创新创业教育研究》,《高等教育研究》2010 年第 12 期。

[156]王宇涵:《基于新媒体视角的大学生公益创业模式与路径探析》,《继续教育研究》2018 年第 3 期。

[157]王义明:《青年公益创业的困境与突破——以珠江三角洲为例》,《青年探索》2014 年第 3 期。

[158]王燕霞:《拓展公益创业形式的思想政治教育新途径》,《中国青年研究》2011 年第 5 期。

[159]王瑛:《高校创业教育改革的方式与路径研究》,《高等工程教育研究》2018

年第 4 期。

[160]王占仁：《"经由就业走向创业"教育体系建设研究》，《东北师大学报（哲学社会科学版）》2013 年第 5 期。

[161]王占仁：《英国高校职业生涯教育之启示——以英国里丁大学为个案》，《教育研究》2012 年第 7 期。

[162]谢志远：《构建大学生创业教育的"温州模式"》，《中国高教研究》2008 年第 5 期。

[163]汪忠、廖宇、吴琳：《社会创业生态系统的结构与运行机制研究》，《湖南大学学报（社会科学版）》2014 年第 5 期。

[164]汪忠、黄圆、肖敏：《公益创业实践促进湖南"两型"社会建设研究》，《湖南大学学报（社会科学版）》2011 年第 2 期。

[165]汪忠、袁丹、郑晓芳：《青年公益创业动机特征实证研究》，《青年探索》2015 年第 5 期。

[166]向春：《创业型大学的理论与实践》，《高等工程教育研究》2008 年第 4 期。

[167]向敏、马东影、卓泽林：《包容性创业教育：美国高校创业教育的新范式》，《教育发展研究》2019 年第 21 期。

[168]熊华军、岳芩：《斯坦福大学创业教育的内涵及启示》，《比较教育研究》2011 年第 11 期。

[169]徐菊芬：《创业教育——大学生社会实践新功能》，《高等理科教育》2002 年第 4 期。

[170]薛建宏、汪红梅：《中国需要怎样的社会创业》，《财经科学》2015 年第 2 期。

[171]许俊卿：《大学生网络商业行为调查及其成因和引导》，《青年探索》2010 年第 3 期。

[172]肖薇薇、陈文海：《大学生公益创新创业的发展困境与行动逻辑》，《教育与职业》2018 年第 3 期。

[173]徐小洲、李志永：《我国高校创业教育的制度与政策选择》，《教育发展研究》2010 年第 11 期。

[174]徐小洲、梅伟惠：《高校创业教育的战略选择：美国模式与欧盟模式》，《高等教育研究》2010 年第 6 期。

[175]徐小洲、倪好：《社会创业教育的发展趋势与策略》，《高等教育研究》2017 年第 2 期。

[176]徐小洲、倪好：《社会创业教育：哈佛大学的经验与启示》，《教育研究》2016 年第 1 期。

[177]徐小洲、叶映华：《大学生创业认知影响因素与调整策略》，《教育研究》2010 年第 6 期。

[178]徐小洲：《英国高校创业教育新政策述评》，《比较教育研究》2010 年第 7 期。

[179]薛杨、张玉利：《社会创业研究的理论模型构建及关键问题建议》，《天津大学

学报(社会科学版)》2016 年第 5 期。

[180]宣勇:《论创业型大学的价值取向》,《教育研究》2012 年第 4 期。

[181]严毛新:《从社会创业生态系统角度看高校创业教育的发展》,《教育研究》2015 年第 5 期。

[182]易高峰:《我国大学衍生企业发展的影响因素分析》,《清华大学教育研究》2010 年第 4 期。

[183]杨连生:《大学学术团队创新能力提升的 SWOT 分析及其策略选择》,《学位与研究生教育》2009 年第 5 期。

[184]叶南客、戴彬彬:《时势造英雄:现代化大业呼唤一代创业新人》,《南京社会科学》2004 年增刊第 2 期。

[185]颜士梅:《并购式内创业维度及其特征的实证分析》,《科学学研究》2007 年第 3 期。

[186]杨体荣:《高校深化创业教育改革的问题与路径探索——基于全校性创业教育视角的分析》,《教育发展研究》2018 年第 11 期。

[187]余新丽:《中国研究型大学创业能力研究——基于多元统计分析》,《复旦教育论坛》2011 年第 3 期。

[188]叶映华、徐小洲:《高校的新使命:以社会创业促进弱势群体能力发展》,《中国高教研究》2014 年第 10 期。

[189]杨轶清:《企业家能力来源及其生成机制》,《浙江社会科学》2009 年第 11 期。

[190]袁振国:《双优先:教育现代化的中国模式》,《华东师范大学学报(教育科学版)》2018 年第 4 期。

[191]杨志春、任泽中:《大学生创业动机的二元共生现象及其理念引导》,《高校教育管理》2016 年第 5 期。

[192]严中华、林海、王颖娜:《科技公益创业研究的现状与思考》,《技术经济与管理研究》2008 年第 5 期。

[193]殷朝晖、龚娅玲:《美国加州大学洛杉矶分校构建创业生态系统的探索》,《高教探索》2012 年第 8 期。

[194]卓高生、曾纪瑞:《创业大学生社会融合现状及社会支持体系的构建》,《广州大学学报(社会科学版)》2013 年第 2 期。

[195]赵红路:《对高校创新创业教育的若干思考》,《现代教育科学》2009 年第 7 期。

[196]张会亮:《牛津大学赛德商学院创业教育探析》,《外国教育研究》2008 年第 11 期。

[197]赵宏伟:《大学生公益创业的探索与思考》,《继续教育研究》2011 年第 10 期。

[198]赵丽缦、Brad Brown:《社会创业国际化:基于 Schwab Foundation 的实证研究》,《华东经济管理》2014 年第 7 期。

[199]赵丽缦、Shaker Zahra、顾庆良:《国际社会创业研究前沿探析:基于情境分析

视角》,《外国经济与管理》2014 年第 5 期。

[200]赵凌云:《高校公益创业教育新探索》,《上海青年管理干部学院学报》2013年第 1 期。

[201]曾建国:《大学生社会创业动机结构研究》,《技术经济与管理研究》2014年第 12 期。

[202]张爱兵等:《空间分子生态学——分子生态学与空间生态学相结合的新领域》,《生态学报》2002 年第 5 期。

[203]张金华:《地方高校全面推进大学生创业教育的思考》,《中国成人教育》2010年第 15 期。

[204]张健、姜彦福、林强:《创业理论研究与发展动态》,《经济学动态》2003 年第5 期。

[205]湛军:《全球公益创业现状分析及我国公益创业发展对策研究》,《上海大学学报(社会科学版)》2012 年第 4 期。

[206]张立昌:《创新·教育创新·创新教育》,《华东师范大学学报》1999 年第2 期。

[207]张力:《产学研协同创新的战略意义和政策走向》,《教育研究》2011 年第7 期。

[208]张平:《创业教育:高等教育改革的价值取向》,《中国高教研究》2002 年第12 期。

[209]曾尔雷、黄新敏:《创业教育融入专业教育的发展模式及其策略研究》,《中国高教研究》2010 年第 12 期。

[210]张睿、潘迪:《大学生公益创业的现状及发展对策》,《当代青年研究》2015 年第 6 期。

[211]曾淑文:《以公益创业为平台促进大学生成长成才研究》,《中国成人教育》2017 年第 2 期。

[212]张帏、高建:《斯坦福大学创业教育体系和特点的研究》,《科学学与科学技术管理》2006 年第 9 期。

[213]邹晓东:《创业型大学:概念内涵、组织特征与实践路径》,《高等工程教育研究》2011 年第 3 期。

[214]朱新秤:《论大学生就业能力培养》,《高教探索》2009 年第 4 期。

[215]张晓冬等:《基于共词分析和社会网络分析的我国计算机集成制造系统研究热点》,《科技管理研究》2016 年第 11 期。

[216]郑晓芳、汪忠、袁丹:《青年社会创业现状及影响因素研究》,《青年探索》2015年第 5 期。

[217]朱小峰:《高职院校学生公益创业教育体系的建构》,《教育与职业》2014 年第 8 期。

[218]张秀萍:《基于三螺旋理论的创业型大学管理模式创新》,《大学教育科学》

2010 年第 5 期。

［219］钟一彪：《青年公益创业：为何而生与如何更好》，《中国青年研究》2016 年第 4 期。

［220］张耀铭、张路曦：《互联网驱动的青年与社会变革》，《中国青年社会科学》2017 年第 1 期。

［221］卓泽林、赵中建：《高校全校性创业教育：美国经验与启示》，《教育发展研究》2017 年第 17 期。

［222］卓泽林、王志强：《构建全球化知识企业：新加坡国立大学创新创业策略研究及启示》，《比较教育研究》2016 年第 1 期。

［223］卓泽林：《美国高校社会创业教育刍议》，《深圳大学学报（人文社会科学版）》2018 年第 3 期。

［224］卓泽林：《美国雪城大学全校性创业教育：路径、影响及启示》，《大学教育科学》2019 年第 2 期。

［225］周兆农：《美国创业教育对我国高等教育的启示》，《科研管理》2008 年第 12 期。

三、学 位 论 文

［1］柴旭东：《基于隐性知识的大学创业教育研究》，博士学位论文，华东师范大学，2010 年。

［2］陈晨：《美国文理学院创业教育研究》，博士学位论文，华东师范大学，2018 年。

［3］董晓红：《高校创业教育管理模式与质量评价研究》，博士学位论文，天津大学，2009 年。

［4］黄敏：《基于协同创新的大学学科创新生态系统模型构建的研究》，博士学位论文，第三军医大学，2011 年。

［5］李晶：《组织创业气氛及其对创业绩效影响机制研究》，博士学位论文，浙江大学，2008 年。

［6］林文伟：《大学创业教育价值研究》，博士学位论文，华东师范大学，2011 年。

［7］王雁：《创业型大学：美国研究型大学模式变革的研究》，博士学位论文，浙江大学，2005 年。

［8］卓泽林：《美国高校全校性创业教育的经验研究》，博士学位论文，华东师范大学，2017 年。

四、英文参考文献

［1］Peredor, A. M. & McLean, M., "Social Entrepreneurship: A Critical Review of the Concept", *Journal of World Business*, 2006, Vol. 41.

［2］Akar & Hüseyin & Yildiz Burcu Dogan, "The Role of Personal Values in Social Entrepreneurship", *Universal Journal of Educational Research*, 2018, Vol. 6.

[3] Alegre Inés, Susanna Kislenko & Jasmina Berbegal-Mirabent, "Organized Chaos: Mapping the Definitions of Social Entrepreneurship", *Journal of Social Entrepreneurship*, 2017, Vol. 8.

[4] Alexander Meache, *Ontology Learning for the Semantic Web*, Norwell: Kluwer Academic Publishers, 2002.

[5] Alford, S. H. & Brown, L. D. & Letts, C. W., *Social Entrepreneurship: Leadership that Facilitates Societal Transformatio*, Working Paper, Center for Public Leadership, in John F. Kennedy School of Government, 2004.

[6] Ana Maria Peredo & Murdith McLean, "Social Entrepreneurship: A Critical Review of the Concept", *Journal of World Business*, 2006, Vol. 41.

[7] Andrew Wolk, "Social Entrepreneurship and Government: A New Breed of Entrepreneurs Developing Solutions to Social Problems", www.sba.gov, Working Paper, 2006.

[8] Arthur, C. & Brooks, *Social Entrepreneurship: A Modern Approach to Social Value Creation*, Pearson Prentice Hall, 1st International Edition, 2008.

[9] Asceline Groot & Ben Dankbaar, "Does Social Innovation Require Social Entrepreneurship?", *Technology Innovation Management Review*, 2014, Vol. 4.

[10] Austin, J. & Stevenson, H. & Wei-Skillern, J., "Social and Commercial Entrepreneurship: Same, Different, or Both?", *Entrepreneurship Theory and Practice*, 2006, Vol. 30(1).

[11] Bacq, S. & Janssen, F., "The Multiple Faces of Social Entrepreneurship: A Review of Definitional Issues Based on Geographical and Thematic Criteria", *Entrepreneurship & Regional Development*, 2011, Vol. 23.

[12] Barna (Eds.), "'Old Stone Mill' Bought by Middlebury College for Student Art Studios", *Rutland Business Journal*, 2008, Vol. 25.

[13] Bowers, M.R.& Bowers, C.& Ican, G., "Academically Based Entrepreneurship Centers: An Exploration of Structure and Function", *Journal of Entrepreneurship Educaitdon*, 2006, Vol. 9.

[14] Brock, D. D., "Social Entrepreneurship Teaching Resources Handbook for Faculty Engaged in Teaching and Research in Social Entrepreneurship", Ashoka's Global Academy for social Entrepreneurship, March 2008, 9.

[15] Brock, D. D. & Steiner, S., "Social Entrepreneurship Education: Is it Achieving the Desired Aims?", *Ssrn Electronic Journal*, 2009.

[16] Campbell, S., "Social Entrepreneurship: How to Develop New Social-Purpose Business Ventures", *Health Care Strategic Management*, 1997, Vol. 16.

[17] Carrington, P. J. & Scott, J. & Wasserman, S., *Models and Methods in Social Network Analysis*, Cambridge University Press, 2005.

[18] Carson, D. & Gilmore, A., "Entrepreneurship Centers in Universities: What is Their Purpose and Function?", *European Journal of Marketing*, 2000, Vol. 34.

［19］Chell,E.,"Social Enterprise and Entrepreneurship towards a Convergent Theory of the Entrepreneurial Process",*International Small Business Journal*,2007,Vol. 25.

［20］Chen,C.,*CiteSpace II: Detecting and Visualizing Emerging Trends and Transient Patterns in Scientific Literature*,John Wiley & Sons,Inc.,2006.

［21］Chen,S.,"Creating Sustainable International Social Ventures",*Thunderbird International Business Review*,2012,Vol. 54.

［22］Christensen,C. & Horn,M.,"Colleges in Crisis: Disruptive Change Comes to American Higher Education",*Harvard Magazine*,2011,Vol. 2011.

［23］Cornelius,N. & Todres,M.,& Janjuha-Jivraj,S. & Woods,A. & Wallace,J.,"Corporate Social Responsibility and the Social Enterprise",*Journal of Business Ethics*,2008,Vol. 81.

［24］Brock,D. D.,*Social Entrepreneurship Teaching Resources Handbook*,Byrum School of Business,Wingate University,2009.

［25］Young.,D. R.,*Entrepreneurship and the Behivor of Nonprofit Oragnizations: Elements of a Theory*,The Economics of Nonprofit Institutions: Studies in Structure and Policy,1986.

［26］Dacin,P.A.& Dacin,M.T.& Matear,M.,"Social Entrepreneurship:Why We Don't Need a New Theory and how We Move forward from Here",*Academy of Management Perspectives*,2010,Vol. 24.

［27］Dacin,M.T.& Dacin,P.A.& Tracey,P.,"Social Entrepreneurship:A Critique and Future Directions",*Organization Science*,2011,Vol. 22.

［28］Dees,J.G. & Eliasi,J.,"The Challenges of Combining Social and Commercial Enterprise",*Business Ethics Quarterly*,2007,Vol. 2007.

［29］Dees,J.G.,"A Tale of Two Cultures:Charity,Problem Solving,and the Future of Social Entrepreneurship",*Journal of Business Ethics*,2012,Vol. 111.

［30］Dees,J. G.,"Taking Social Entrepreneurship Seriously",*Society*,2007,Vol. 44(3).

［31］Dees,J. G.,*Social Enterprise:Private Initiatives for the Common Good*,Harvard Business School Note,Cambridge,MA:Harvard Business School Press,1994.

［32］Dees,J.& Gregory,*The Meaning of Social Entrepreneurship*,Social Entrepreneurship Funders Working Group,1998.

［33］Defourny,J.& Nyssens,M.,"Conceptions of Social Enterprise and Social Entrepreneurship in Europe and the United States:Convergences and Divergences",*Journal of Social Entrepreneurship*,2010,Vol. 1.

［34］Desa,G.& Basu,S.,"Optimization or Bricolage? Overcoming Resource Constraints in Global Social Entrepreneurship",*Strategic Entrepreneurship Journal*,2013,Vol. 7.

［35］Desa, G.,"Resource Mobilizatioxa in International Social Entrepreneurship: Bricolage as a Mechanism of Institutional Transformation",*Entrepreneurship Theory and Prac-*

tice,2012,Vol. 36.

[36] Di Domenico, M. & Haugh, H. & Tracey, P., "Social Bricolage: Theorizing Social Vaiuc Creation in Social Enterprises", *Entrepreneurship Theory and Practice*,2010,Vol. 34.

[37] Dorado,S.,Social Entrepreneurial Ventures: Different Values so Different Process of Creations, *Journal of Developmental Entrepreneurship*,2006,Vol.11(4).

[38] Erin W., "Reflections and Insights on Teaching Social Entrepreneurship: An Interview with Greg Dees", *Academy of Management Learning & Education*,2012,Vol. 11(3).

[39] Manfredi, F., "Social Responsibility in the Concept of the Social Enterprise as a Cognitive System", *International Journal of Public Administration*,2005,Vol. 28.

[40] Fauchart, E. & Gruber, M., "Darwinians, Communitarians, and Missionaries: The Role of Founder Identity in Entrepreneurship", *Academy of Management Journal*, 2011,Vol. 54.

[41] Finkle,T.A. & Kuratko,D.F. & Goldsby,M.G., "An Examination of Entrepreneurship Centers in the United States: A National Survey", *Journal of Small Business Management*, 2006,Vol. 44.

[42] Finkle, T. A.& Kuratko, D. F.& Goldsby, M.G., "An Examination of the Financial Challenges of Entrepreneurship Centers Throughout the World", *Journal of Small Business & Entrepreneurship*,2013,Vol. 26.

[43] Finkle,T.A.,Menzies,T.V.,Kuratko,D.F.& Goldsby M.G., "Financial Activities of Entrepreneurship Centers in the United States", *Journal of Business & Entrepreneurship*, 2012,Vol. 23.

[44] Fontenot, O. A., *Adaption, Continuity, and Change: How Three Public Liberal Arts Colleges are Responding to the Changing Landscape of American Higher Education*,Pennsylvania: The University of Pennsylvania,2016.

[45] Forrester,J.W., "Industrial Dynamics: A Major Breakthrough for Decision Makers", *Harvard Business Review*,1958,Vol. 36.

[46] Fowler,A., "NGOs as a Moment in History: Beyond Aid to Social Entrepreneurship or Civic Innovation", *Third World Quarterly*,2000,Vol. 21.

[47] Frumkin,P., "Between Nonprofit Management and Social Entrepreneurship", *Public Administration Review*,2013,Vol. 73.

[48] G. S. Mort, J., Weerawardena & Carnegie, K., "Social Entrepreneurship: Towards Conceptualization", *International Journal of Nonprofit and Voluntary Sector Marketing*, 2003,Vol. 08.

[49] Gatewood,E.J.& WestIII,G.P., "Responding to Opportunity and Need", *Peer Review*,2005,Vol. 7.

[50] Janouskova,Hak,T.& Moldan,S.B., *Sustainable Development Goals: A Need for Relevant Indicator*,Ecol.Indic,2016.

[51] Haugh, H., "The Role of Social Enterprise in Regional Development", *International Journal of Entrepreneurship and Small Business*, 2005, Vol. 2.

[52] Haugh, H., "Community-led Social Venture Creation", *Entrepreneurship Theory and Practice*, 2007, Vol. 31.

[53] Hmieleski, K. M. & Baron, R. A., "Entrepreneurs' Optimism and New Venture Performance: A Social Cognitive Perspective", *Academy of Management Journal*, 2009, Vol. 52.

[54] Holden Thorp & Buck Goldstein., *Engines of Innovation: The Entrepreneurial University in the Twenty-first Century*, Chapel Hill: The University of North Carolina Press, 2010.

[55] Hopkins, D., *Social Entreprepreneurship: "Real World" Activations of the Liberal Arts Education*, Middlebury College, 2007.

[56] Howorth & Carole & Susan, M. Smith & Caroline Parkinson, "Social Learning and Social Entrepreneurship Education", *Academy of Management Learning & Education*, 2012, Vol. 11.

[57] Kostetska, I., Berezyak, I., "Social Entrepreneurship as an Innovative Solution Mechanism of Social Problems of Society", *Studies for Rural Business and Infrastructure*, 2014, Vol. 36.

[58] Boschee, J., "Eight Basic Principles for Non-profit Entrepreneurs", *Non-profit World*, 2001, Vol. 19.

[59] Mair, J. & Marti, I., "Social Entrepreneurship Research: A Source of Explanation, Prediction, and Delight", *Journal of World Business*, 2006, Vol. 41(1).

[60] Dees, J. & Emerson, J. & Economy, P., *Enterprising Nonprofits: A Toolkit for Social Entrepreneurs*, Academy of Management Learning & Education, 2001.

[61] J. Thompson. G. & Alvy& A. Lee., "Social Entrepreneurship: A New Look at the People and the Potential", *Management Decision*, 2000, Vol. 38.

[62] Jacques Defourny & Marthe Nyssens, "Conceptions of Social Enterprise and Social Entrepreneurship in Europe and the United States: Convergences and Divergences", *Journal of Social Entrepreneurship*, 2010, Vol. 1.

[63] Jensen & Tine Lynfort, "A Holistic Person Perspective in Measuring Entrepreneurship Education Impact – Social Entrepreneurship Education at the Humanities", *The International Journal of Management Education*, 2014, Vol. 12.

[64] J. G. Dees. & J. Elias, "The Challenges of Combining Social and Commercial Enterprise", *Business Ethics Quarterly*, 1998, Vol. 8.

[65] Kai Hockerts, Chapter Submitted for Publication in Handbook of Research in Social Entrepreneurship(Eds.), Johanna Mair, Jeff Robertson, and Kai Hockerts, Palgrave, 2006.

[66] Katz, J. A., "The Chronology and Intellectual Trajectory of American Entrepreneurship Education 1876−1999", *Journal of Business Venturing*, 2003, Vol. 18.

[67] Katz & Jerome, A., "Fully Mature but not fully Legitimate: A Different Perspective

on the State of Entrepreneurship Education", *Journal of Small Business Management*, 2008, Vol 46.

[68] Katz, J. A. & Roberts, J. & Strom, R. & Freilich, A., "Perspectives on the Development of cross Campus Entrepreneurship Education", *Entrepreneurship Research Journal*, 2014, Vol. 4.

[69] Keith S. Glancey & Ronald W. McQuaid, *Entrepreneurial Economics*, Palgrave Macmillan Uk, 2000.

[70] Kickul, J. R. & Bacq, S., *Patterns in Social Entrepreneurship Research*, Edward Elgar Publishing, 2012.

[71] Kim Alter, *Social Enterprise: A Typology of the Field Contextualized in Latin America*, Working Paper, 2003.

[72] Kuratko, D. F. & Ireland, R. D. & Covin, J. G. & Hornsby, J. S., "A Model of Middle-level Managers' Entrepreneurial Behavior", *Entrepreneurship Theory and Practice*, 2005, Vol. 29(6).

[73] Kwong, C. C. Y. & Thompson, P. & Cheung, C. W., "The Effectiveness of Social Business Plan Competition in Developing Social and Civic Awareness and Participation", *Academy of Management Learning&Educaiton*, 2012, Vol. 11.

[74] Lee, M. & Battilana, J., *Uncovering the Antecedents of Hybrid Organizations: The Role of Entrepreneurs' Socialization*, 9th NYU-Stern Conference on Social Entrepreneurship, New York, NY, USA, 2012.

[75] Lepoutre, J. & Justo, R. & Terjesen, S. & Bosma, N., "Designing a Global Standardized Methodology for Measuring Social Entrepreneurship Activity: The Global Entrepreneurship Monitor Social Entrepreneurship Study", *Small Business Economics*, 2013, Vol. 40.

[76] Lester, S. W. & Kickul, J., "Does Service-Learning Add Value? Examining the Perspectives of Multiple Stakeholders", *Academy of Management Learning & Education*, 2005, Vol. 4.

[77] Lopez Cozar & Priede & Rodríguez Lopez, "Evaluating: The Legal Environment for Social Entrepreneurship in America and Europe", *Revista Galega de Economía*, 2015, Vol. 24.

[78] Luke, B., Chu, V., "Social Enterprise Versus Social Entrepreneurship: An Examination of the 'Why' and 'How' in Pursuing Social Change", *International Small Business Journal*, 2013, Vol. 31.

[79] M. London, "Social Workers as Social Change Agents: Social Innovation, Social Intrapreneurship, and Social Entrepreneurship", *Human Service Organizations Management Leadership and Governance*, 2015, Vol. 39.

[80] M. Pomerantz, "The Business of Social Entrepreneurship in a 'Down Economy'", *In Business*, 2003, Vol. 25.

[81] Marshall, R. S., "Conceptualizing the International for-Profit Social Entrepreneur",

Journal of Business Ethics, 2011, Vol. 98.

[82] Martin Roger L. & Osberg Sally, "Social Entrepreneurship: The Case for Definition", *Stanford Social Innovation Review*, 2007, Vol. 5.

[83] Mcintosh, M., *Thinking the Twenty-first Century: Ideas for New Political Economy*, UK: Greenleaf Publishing, 2015.

[84] ME Cernikovaite & MLauzikas, *Issues of Social Innovations among Social Organizations in Lithuania*, Socialiniai Tyrimai, 2011.

[85] Miller, T.L.& Grimes, M.G. & McMullen, J.S. & Vogus, T.J., "Venturing for Others with Heart and Head: How Compassion Encourages Social Entrepreneurship", *Academy of Management Review*, 2012, Vol. 37.

[86] Moizer, J.& Tracey, P., "Strategy Making in Social Enterprise: The Role of Resource Allocation and Its Effects on Organizational Sustainability", *Systems Research and Behavioral Science*, 2010, Vol. 27.

[87] Moss, T.W.& Short, J.C. & Payne, G.T. & Lumpkin, G.T., "Dual Identities in Social Ventures: An Exploratory Study", *Entrepreneurship Theory and Practice*, 2011, Vol. 35.

[88] Munoz, J.M., *International Social Entrepreneurship: Pathways to Personal and Corporate Impact*, New York: Business Expert Press, 2010.

[89] Nga, J.K.H.& Shamuganathan, G., "The Influence of Personality Traits and Demographic Factors on Social Entrepreneurship Start up Intentions", *Journal of Business Ethics*, 2010, Vol. 95.

[90] P. Brinckerhoff, *Social Entrepreneurship: The Art of Mission-based Venture Development*, New York: Wiley, 2000.

[91] Gregory, D.J.& Anderson, B.B., "Framing a Theory of Social Entrepreneurship: Building on Two Schools of Practice and Thought", *Research on Social Entrepreneurship: Understanding and Contributing to an Emerging Filrd (ARNOVA Occasional Paper Series)*, 2006, Vol. 1.

[92] P.Frumkin, *On being Nonprofit: A Conceptual and Policy Primer*, Cambridge, MA: Harvard University Press, 2002.

[93] P.Light, "Reshaping Social Entrepreneurship", *Standford Social Innovation Review*, 2006, Vol. (a), 04.

[94] Pache, A.C. & Chowdhury, I., "Social Entrepreneurs as institutionally Embedded Entrepreneurs: Toward a New Model of Social Entrepreneurship Education", *Academy of Management Learning & Education*, 2012, Vol. 11.

[95] Pascal Dey & Chris Steyaert, "Social Entrepreneurship: Critique and the Radical Enactment of the Social", *Social Enterprise Journal*, 2012, Vol. 8.

[96] Peredo, A.M.& McLean, M., "Social Entrepreneurship: A Critical Review of the Concept", *Journal of World Business*, 2006, Vol. 41.

［97］Peredo, A. M. & Chrisman, J. J., "Toward a Theory of Community-Based Enterprise", *Academy of Management Review*, 2006, Vol. 31.

［98］Phillips Wendy & Lee Hazel, et al., "Social Innovation and Social Entrepreneurship: A Systematic Review", *Group & Organization Management*, 2015, Vol. 40.

［99］Pless Nicola, M., "Social Entrepreneurship in Theory and Practice—an Introduction", *Journal of Business Ethics*, 2012, Vol. 111.

［100］Potter, J. & Halabisky, D., *The Missing Entrepreneurs: Policies for Inclusive Entrepreneurship in Europe*, Paris: OECD Publishing, 2013.

［101］Powell, W. & Owen-Smith, J., "Universities and the Market for Intellectual Property in the Life Sciences", *Journal of Policy Analysis and Management*, 1998, Vol. 17.

［102］R. Martin & S. Osberg, "Social Entrepreneurship: The Case for Definition", *Stanford Social Innovation Review*, 2007, Vol. 2007.

［103］Ren, M., "Early Challenges of Nascent Social Entrepreneurs", *Entrepreneurship Theory and Practice*, 2012, Vol. 37.

［104］Robert F. Bornstein, *Might the Rorschach be a Projective Test After All? Social Projection of an Undesired Trait Alters Rorschach Oral Dependency Scores*, Pers Assess, 2007, Vol. 88.

［105］Robert Theobald, "The Rapids of Change: Social Entrepreneurship in Turbulent Times", *Knowledge Systems*, 1987, Vol. 1.

［106］S. Zadek & S Thake, *Send in the Social Entrepreneurs*, New Statesman, 1997.

［107］S. A. Zahra, "Typology of Social Entrepreneurs", *Motives Search Processes and Ethical Challenges*, 2009, Vol. 24.

［108］Sarıkaya, Muammer & Eda Coşkun, "A New Approach in Preschool Education: Social Entrepreneurship Education", *Procedia-Social and Behavioral Sciences*, 2015, Vol. 195.

［109］Seth, S. & Kumar, S., "Social Entrepreneurship: A Growing Trend in Indian Business", *Entrepreneurial Practice Review*, 2011, Vol. 1.

［110］Shaker Zahra & Eric Gedajlovic, "A Typology of Social Entrepreneurs: Motives, Search Processes and Ethical Challenges", *Journal of Business Venturing*, 2009, Vol. 24.

［111］Sharir, M. & Lerner, M., "Gauging the Success of Social Ventures Initiated by Individual Social Entreprereurs", *Journal of World Business*, 2006, Vol. 41.

［112］Sonnino Roberta, "A Resilient Social Economy? Insights from the Community Food Sector in the UK", *Entrepreneurship & Regional Development*, 2013, Vol. 25.

［113］Spear, R. H., "Social Entrepreneurship: A Different Model", *International Journal of Social Economics*, 2006, Vol. 33.

［114］Spear, R. & Cornforth, C. & Aiken, M., "The Governance Challenges of Social Enterprises: Evidence from a UK Empirical Study", *Annals of Public and Cooperative Economics*, 2009, Vol. 80.

［115］Studer Rudi & Richard Benjamins & Dieter Fensel,"Knowledge Engineering: Principles and Methods",*Data and Knowledge Engineering*,1998,Vol. 25.

［116］Sullivan Mort,G. & Weerawardena,J. & Carnegie,K.,"Social Entrepreneurship: Towards Conceptualization ", *International Journal of Nonprofit and Voluntary Sector Marketing*,2003,Vol. 8.

［117］Mair,J. & Robinson,J. & Kai,H.,*Social Entrepreneurship*,New York:Palgrave Macmillan,2006.

［118］T. Banuri & A. Najam,"Civic Entrepreneurship:A Civil Society Perspective on Sustainable Development",*Ecological Economics*,2002,Vol. 48.

［119］Thake,S. & Zadek,S.,*Practical People,Noble Causes:How to Support Community Based Social Entrepreneurs*,New Economic Foundation,1997.

［120］Thomas,F.L.,*The World is Flat:A Brief History of the 21 Century*,New York:Farrar,Straus and Giroux Publishers,2005.

［121］Tracey,P. & Phillips,N.,"The Distinctive Challenge of Educating Social Entrepreneurs:A Postscript and Rejoinder to the Special Issue on Entrepreneurship Education",*Academy of Management Learning & Education*,2007,Vol. 6.

［122］U.Ashoka & D.Brock,*Social Entrepreneurship Education Resource Handbook*,Wanshington,DC,Ashoka U,2011.

［123］Van Ryzin,G.G. & Grossman,S. & DiPadova-Stocks,L.& Bergrud,E.,"Portrait of the Social Entrepreneur:Statistical Evidence from a US Panel",*Voluntas:International Journal of Voluntary and Nonprofit Organizations*,2009,Vol. 20.

［124］Van Sandt,C.V. & Sud,M. & Marme,C.,"Enabling the Original Intent:Catalysts for Social Entrepreneurship",*Journal of Business Ethics*,2009,Vol. 90.

［125］Visser,W.,"The Age of Responsibility:CSR 2. 0 and the New DNA of Business", *J.Bus.Syst.Gov.Ethics*,2014,Vol. 5.

［126］Wenger,Etienne & Richard Arnold McDermott & William Snyder,*Cultivating Communities of Practice:A Guide to Managing Knowledge*,Harvard Business Press,2002.

［127］Williams Colin,C. & Nadin Sara,J.,"Beyond the Entrepreneur as a Heroic Figurehead of Capitalism:Re-representing the Lived Practices of Entrepreneurs",*Entrepreneurship & Regional Development*,2013,Vol. 25.

［128］Zahra,S.A.& Gedajlovic, E. & Neubaum,D.O.& Shulman,J.M.,"A Typology of Social Entrepreneurs:Motives,Search Processes and Ethical Challenges",*Journal of Business Venturing*,2009,Vol. 24.

［129］Zahra,S. A. & Rawhouser, H. N. & Bhawe, N. &Neubaum, D. O. & Hayton, J. C., "Globalization of Social Entrepreneurship Opportunities",*Strategic Entrepreneurship Journal*, 2008,Vol. 2.

［130］Zahra,S.& Rawhouser,H.& Bhawe,N.& Neubaum,D.& Hayton,J.,"Globalization of Social Entrepreneurship", *Strategic Entrepreneurship Journal*, 2005, Vol. 2.

[131] Zahra, S. A. & Newey, L. & Li, Y., "On the Frontiers: The Implications of Social Entrepreneurship for International Entrepreneurship", *Entrepreneurship Theory and Practice*, 2014, Vol. 38.

[132] Zhao, M., "The Social Enterprise Emerges in China", *Stanford Social Innovation Review*, 2012, Vol. 2012.

本书基于全国 31 个省域 1200 多所高校社会创业教育的大数据调研,运用了知识图谱可视化分析法、比较研究法等多种研究方法,对高校社会创业教育最新发展中浮现的诸多理论与实践问题进行了全方位、多角度的分析和探讨,对我国社会创业教育的高质量发展具有重要的学术和应用价值。

国家教育咨询委员会委员钟秉林教授

本书以新时代背景下我国的社会发展和创业教育改革为背景,从本体论、系统论等多个视角出发,同时借助多学科理论知识,提出社会创业教育不仅要专注于创新创业人才的培养,更要通过"知识创新—价值转化"来提升高校自身在国家建设创新链中的贡献度。

中国高等教育学会副会长张大良教授

本书从发展的角度,围绕高校社会创业教育的"历史嬗变""现实动因"和"实践模式"等关键问题,开展了充分且翔实的论证、实证和比较研究,极富理论价值和实践启发意义。综观此书,具有逻辑线索简洁清晰、观点分析鞭辟入里和学术视野宏大宽广三大特色。

教育部教育发展研究中心副主任马陆亭教授

本书对高校社会创业教育发展的新形态、新模式和新趋势进行了分析和论证,并剖析了社会创业教育重点关注的环境、饮食、卫生、教育、安全、社会公平以及社区发展等诸多社会现实问题,理论建构深厚,并呈现出强烈的现实人文关怀,是学界在社会创业教育研究领域的一大突破性研究成果。

中国教育学会副会长周洪宇教授

责任编辑:吴焰东

封面设计:毛　淳　王欢欢

图书在版编目(CIP)数据

高校社会创业教育研究/黄兆信等 著. —北京:人民出版社,2022.12

(国家社科基金后期资助项目)

ISBN 978－7－01－024835－6

Ⅰ.①高…　Ⅱ.①黄…　Ⅲ.①高等学校-创业-教育研究-中国

　Ⅳ.①G647.38

中国版本图书馆 CIP 数据核字(2022)第 104743 号

高校社会创业教育研究

GAOXIAO SHEHUI CHUANGYE JIAOYU YANJIU

黄兆信 等　著

人 民 出 版 社 出版发行

(100706　北京市东城区隆福寺街 99 号)

中煤(北京)印务有限公司印刷　新华书店经销

2022 年 12 月第 1 版　2022 年 12 月北京第 1 次印刷

开本:710 毫米×1000 毫米 1/16　印张:18

字数:320 千字

ISBN 978－7－01－024835－6　定价:80.00 元

邮购地址 100706　北京市东城区隆福寺街 99 号

人民东方图书销售中心　电话 (010)65250042　65289539